# どうする、小学校英語？

## 狂騒曲のあとさき

大津由紀雄・亘理陽一 編著

慶應義塾大学出版会

# まえがき

大津由紀雄

　2003年12月に慶應義塾大学三田キャンパス北館ホールに定員を超える聴衆を集めて開催された公開シンポジウム「公立小学校での英語教育は必要か」からすでに20年に近い時間が経過しました。「編者の視点Ｉ」で詳しく述べるように、そのシンポジウムをきっかけに、おおよそ年に1回のペースで、小学校英語に関するシンポジウムを開きました。さらに、それに続けて、広く学校英語教育に関するシンポジウムを企画しました。幸い、それらのシンポジウムは大好評で、毎回、たくさんの方々にご参加いただきました。そして、慶應義塾大学出版会のご支援を得て、それぞれのシンポジウムをもとにした出版物も刊行され、全部で4冊となりました。ありがたいことに、これまた多くの読者を得ることができました。

　これらのシンポジウムの盛り上がりとは裏腹に、小学校英語に関する動きは企画者である、わたくしが思い描いていたのとは異なった（ほとんど逆の）方向へと進んでいったのです。実際、この文章を書いている2021年9月の時点では、小学校中学年に外国語活動（現実的には、ほぼ英語活動）が、高学年に外国語科（現実的には、ほぼ英語科）が導入済みで、さまざまな問題を抱えながらも、既定路線を何事もなかったかのように進んでいく現実があります。

書店に出かけ、英語教育、あるいは、小学校教育関連の棚に行くと、そこにはたくさんの本が並んでいます。ほとんどが、先生たちに向けて書かれた「対処本」と小学生向けの参考書です。売れ筋のものは品切れになっていたりすることもあります。こうした状況と連動して、学齢前の子どもたちを対象とする英語学校（幼稚園を含む）や塾も雨後の筍のように数多く出現しました。

しかし、たとえ意に反してでもこうした現実を受け入れてしまうほど、わたくしの心は枯れてはいません。それどころか、この現実をわたくしがあるべきと考える状態に導く方法を今後も探り続けていきたいという強い思いを持っています。友人のなかには、「なぜそこまでこだわり続けるのか。もはや、意地になっているとしか思えない」という人もいます。単なる意地であるなら、もっと時間をかけたい知的関心事がありまます。

その思いを支えているのは《ことばは思考を支える重要な基盤であり、人間だけに与えられた宝物である》という認識です。ここで道を誤ってしまうと、日本社会が取り返しがつかない状態に陥ってしまう危険性があると思っています。個人的にも、子や、孫を持つ身として、絶対に彼らにそんな形でバトンタッチしたくないという強い思いもあります。

そんな思いを抱きながら、ある考えが思い浮かびました。《さきほど触れた、慶應義塾大学出版会から刊行していただいた本をもとにした「リーディングズ」を編んでみたい。視点を決めて、4冊の中から10篇程度の論考を選び出し、原著者に現時点での「思い」を綴っていただいたものを付す。そして、それらの論考の前後に編者の文章を置く。前に置くのはわたくしの文章。後に置くのは別の方の文章がいい。その編者は中堅で、おもしろい思考ができる人。それで、いたずら心を持った人》。とそこまで考えが進んだところで、わたくしのあたまの中には明確に一人の顔が浮かんでいました。亘理陽一さんです。というより、最後の「それで、いたずら心を持った人」という条件は亘理さんを思い浮かべてから加えた、あとづけです。

幸い、亘理さんの快諾を得ることができましたので、あとは出版社です。リーディングズという形態の本は日本ではあまり例が多くありませんし、もともとの4冊も現役ですので、社内を説得するもの大変かもしれないなと思いながらも、例の4冊本の編集をしてもらった慶應義塾大学出版会の小磯勝人さんに相談しました。小磯さんはわたくしの考えを理解してくれただけでなく、喜多村直之さんと小川祥子さんという心強い編集者もこの出版プロジェクトに招き入れてくれました。

幸いは続き、出版会が出版を引き受けてくれることとなりました。つぎは収録論考の選択です。くわしくは「編者の視点Ⅰ」を参照していただきたいのですが、選択の基準を明確にすることで、苦労はしましたが、なんとか12編を選び出すことができました。つぎはそれらの論考の著者から再録と新たに付す文章の執筆の了解を得る必要があります。正直に告白すれば、少なくとも2、3人の著者からは断りの返事が来るかもしれないなと覚悟していたのですが、なんと全員から快諾の回答を得ることができました。

こうしてできあがったのがお手に取っていただいているこの本です。つくづく、この本を企画してよかったと思います。この本は小学校英語についての議論が大いに盛り上がった20年前をしみじみと懐かしむためのものではありません。この本の中心をなす12本の論考と今回書き起こされた「付記」を読むと各著者の小学校英語への思いがひしひしと伝わってきます。小学校英語に関する問題の本質がどこにあるかを探るための格好の素材であると確信しています。加えて、亘理さんの手による「編者の視点Ⅱ」は小学校英語のこれからを考える上での貴重な指針を示してくれています。
わたくし自身が書いた「編者の視点Ⅰ」は小学校英語に関する経緯を振り返りながら、現在の主張である「日本型複言語主義」についてまとめてあります。「編者の視点Ⅱ」と併せて読んでいただくと、問題の所在をあぶり出すのに役立つと確信しています。なお、各論考末にわたくしの短いコメントを添えました。わたくし自身の論考については亘理さんにコメントをお願いしました。

この本を世に送り出すために、たくさんの方々からのご支援をいただきました。再録と「付記」の執筆を快諾してくださった11人の著者のみなさん、4冊本を愛読下さることでわたくしを励ましてくれた読者のみなさん、慶應義塾大学出版会のチーム小磯のみなさん、4冊本に続き、装丁を担当してくださったデザイナーの廣田清子さん、そして、若い頭脳といたずら心で、怠惰になりがちなわたくしの背を押し続けてくれた亘理陽一さん、ありがとうございました。

この本がなにかにつけ解決済みと片づけられがちな小学校英語の問題に新たな光を当て、日本の英語教育や言語教育が本来向かうべき方向に進んでいくための先導役を務めることができるなら、それ以上の幸せはありません。

大津由紀雄

新型コロナウイルス感染症緊急事態宣言発出下の
2021年9月

目次

## 第2部　国際理解教育と多言語・多文化共生の観点から

編者の視点Ⅰ

# 小学校英語の本質を掘り下げ、言語教育の未来を拓こう

大津由紀雄

## 「英語が使える日本人」の育成のための戦略構想・行動計画と学校英語教育

２００2年7月、「「英語が使える日本人」の育成のための戦略構想――英語力・国語力増進プラン」が発表されました。翌２００3年3月には「「英語が使える日本人」の育成のための行動計画」が打ち出されました。しかし、まだこの時点では、その存在を知る人はあまり多くありませんでした。ましてや、それが学校英語教育にもたらすであろう影響について深く考えたことがある人はごく少数でした。

その年の5月25日、成蹊大学での日本英文学会第75回全国大会を締めくくる「特別シンポジアム」として企画された「このままでいいのか日本英文学会」が開催されました。大ホールがほぼ満席となる会場で、田辺洋二・大学英語教育学会（ＪＡＣＥＴ）会長が「行動計画」について滔々《とうとう》と語りだしたのです。英語関連の大学教員が大部分を占める聴衆の大部分はあっけにとられ、ことばも出ないありさまでした。たまらず、立ち上がって異論を唱えたのがこの本にもその論考が収められている斎藤兆史さんでした。しかし、斎藤さんの語ったところは壇上の発題者にはまったくと言ってよいほど理解されず、見当違いの反応が返ってきま

した。同じ場にいた筆者も強い危機感を覚え、日本英文学会は「戦略構想」「行動計画」から距離を置くべきであるという趣旨の発言をしました。

「戦略構想」や「行動計画」は突然生まれたわけではありません。本書に再録されている拙論考にも書いたとおり、「産業界からの強い要請、一般の人々の根強い英語願望（あこがれ）、英語の商品力に着目した英語産業の強力な後押し、さらには、大学などにおける英語教員のポストの確保を狙う英語教育関連の学会の動向、そして、これらの要因を巧みに連携させることによって英語教育行政に確固たる指導力を発揮しようとする文部科学省の思惑などが複合的に作用して」形成されたうねりの先にごく自然な形で生まれたものです。このうねりはその後も学校英語教育にも大きな影響を与え続けました。

ここで注意したことは、「英語が使える」という部分に如実に表現されているとおり、英語教育の実用志向が全面に打ち出されており、「国際理解」とか、「異文化コミュニケーション」とかということでさえ、「英語が使える」ようになることの、いわば、添えものという位置づけになっているという点です。そうなると、筆者が以前から言語教育の主たる目的と主張していた、ことばの構造や機能を客体化して捉えるなどということは単にかったるいだけの代物と化してしまうのは当然の帰結と言えます。

一言だけ付け加えておけば、「戦略構想」「行動計画」にも「国語力の増進」や「国語力の向上」という項目が含まれています。しかし、英語力増進一色の文書のなかでこれらの項目が浮いていることは一目瞭然です。英語力増進だけを謳ったのでは、「国語力はどうするのだ」という反論が出されるのは容易に想像できることなので、先手を打って、「国語力の増進も重要だという認識はありますよ」ということを訴えたかったのだろうと推測できます。

「戦略構想」や「行動計画」の論の構成もごく単純です。グローバル化が急速に進む現在、国際社会を生きるという視野を持ち、国際的な理解と協調を図ることは不可欠である。そのためには、国際的共通語として最も中心的な役割を果たしている英語のコミュニケーション能力を身につけることが不可欠である。しかし、学校英語教育の現状はその社会的要請に応えることができていない。そこで、学習指導要領を英語の実践的コミュニケーション能力の育成を重視したものにするとともに、指導方法の改善、教員の指導力の向上、入学者選抜の改善などの取り組みを行っていかなくてはならない。

小学校英語も、四技能入試と大学入試共通テストにおける英語民間試験の活用も、この方針の自然な帰結として出てくるというわけです。ですから、１９９８年の学習指導要領で小学校の総合的な学習の時間に、「国際理解に関する学習の一環としての外国語会話等」を行うことができるようになったときも、２００８年の学習指導要領で高学年に「外国語活動」が導入されたときも、それは一時的な仮の姿で、小学校英語を教科化することが目的地であったことは間違いありません。この点については、次節でもう一度考えてみることにしたいと思います。

記憶に新しい、英語民間試験導入を含んだ四技能（大学）入試の動きも、「戦略構想」「行動計画」を水源とする流れの（現時点における）最先端政策として理解しなくてはなりません。英語民間試験の件は白紙に戻されましたが、いま述べた理解の仕方をすれば、《そうですか、残念ですが、仕方ありません》と簡単に引き下がる相手（「相手」がだれであるかは容易に想像がつくでしょう）ではないことはよくわかるはずです。断念したのは大学入試共通テストの一環としての英語民間試験の導入であって、大学入試のなかに組み込むこと自体ではありません。お察しのとおり、四技能入試の必要性を錦の御旗にして、各大学が実施する独自入試に英語民間試験を導入するようにさまざまな働きかけが行われるはずです。事実、２０２１年７月８日に配信された時事通信社の記事は「大学入試に関する文部科学省の有識者会議（座長・三島良直東京工業大前学長）は８日、大学入学共通テストでの英語民間試験活用と記述式問題導入を正式に断念し、各大学の個別入試で推進するよう求める提言を萩生田光一文科相に提出した」と報じています。さらには、大学での英語の授業にも英語民間試験を活用するのが望ましいという流れも目に見えています。「英語民間試験で好成績をあげておくと就職に絶対有利だからね」という説明で学生や保護者を説得するのはごく簡単なことです。

このことだけからもわかるように、小学校英語の問題はそれだけで完結する問題ではありません。学校英語教育全体、あるいは、もっと広く、学校教育のあり方と関係する構造的問題なのです。ですから、小学校英語を決して局所的問題としてかたづけてしまってはなりません。まずはこのことをしっかりと心に刻み込んでおきましょう。

このように見てくると、じつにわかりやすい、単純な話なのです。しかし、こと英語の話になると理性的に考えることができなくなるよう時間をかけて呪文をかけられてしまった人々の心にはその単純な話すらその本質を見破るのが困難なのです。まずはその呪文から解放されること、それが肝心です。この本を企画した第一義的な目的はそこにあります。

ある英語民間試験開発の一翼を担いながら英語民間試験の導入に関わる文部科学省部会に関与しても利益相反にあたることはないという強弁が容認され、しかも、その発言をした張本人がその後、英語民間試験を実施する公益財団法人の会長に就くという信じられない事態が起こっているということなども知っておく必要があります。覚醒して欲しいと願います。

## 小学校英語問題は解決済み？

先に述べたように、小学校英語もこの「戦略構想」「行動計画」のなかにきちんと位置づけられています。当時は、２００２年度から新たに創設される「総合的な学習の時間」のなかで、国際理解に関する学習を行う場合、その一環として「外国語会話」を取り上げることができるようになったという段階でしたが、「行動計画」の「5　小学校の英会話活動の支援」の項があります。そこには「英会話活動」の充実についての記述が並びますが、最後に「今後の小学校英語教育の在り方に関する研究」と題された項目があります。「平成15年度［２００3年度―大津］に調査研究協力者会議を設置し、17年度までを目途として研究開発学校における研究実践の成果・課題の分析、児童の言語習得の特質に関する研究、諸外国の事例等の収集・分析など、今後、中央教育審議会における教育課程の基準の改善に係る審議において小学校の英語教育の在り方を検討する上で必要となる研究等を行う」とその後に向けた布石が打たれているのです。

こうして考えると、小学校英語を含めた学校英語教育が進んでいこうとしている方向とその到達目標がかなり鮮明に浮かび上がってきます。そして、その方向へことを運ぶためにはどんな無理も押し通します。事実、冨田祐一さんはこの本に寄せた「付記」のなかで、小学校英語の流れはご自身が大切にしたいと考えていた国際理解教育を雨宿りのために利用されてしまったことを悔いています。

この本の「付記」のなかで、直山木綿子視学官は、「小学校外国語教育の必要性について十分論議しつくしたとは言い難いまま小学校外国語教育を開始に踏み切った」と書いています。つまり、結論ありきの流れは当時の教科調査官をしても抗うことができなかったのです。そのことを悔いている視学官には「小学校外国語教育の必要性」を根本から議論する機会を設定して欲しいと強く望みます。

小学校英語に関連して、筆者が絶対に許せないことがあります。それは小学校の先生たちの努力を踏み台にし、挙句の果てにはしごをはずしてしまったという暴挙です。

小学校英語の実施にあたっては文部科学省や自治体の主導による研修が行われたことも事実ですが、小学校の先生たちの自主的な研修もきわめて盛んに行われてきました。そうした研修に何度も参加させてもらいましたが、どの研修でも先生たちはきわめて真剣に取り組んでおられました。ことに、２００８（平成20）年3月に公にされた学習指導要領によって高学年での外国語活動（現実的には「英語活動」）が必修化されてから、多くの先生たちはほとんど整備されていない環境のなかで、たくさんの独創的な授業実践を積み重ね、いわば「英語活動文化」と呼んでもよい、独自の授業形態を作り上げるよう必死に努力してきました。そのとき、先生たちの心を支えたのは「英語活動では先生は児童に英語を教える存在である必要はない。児童とともに英語を学び、学習者のモデルとなるべきなのだ」という魔法の呪文でした（本書収録の松川論考を参照）。しかし、教室に、モデルも含め学習者だけしかいないというのでは困ります。適切なフィードバックを与えてくれる存在がどうしても必要だからです。そんな無理難題を与えられても、なんとか工夫を凝らして英語活動を充実させようと先生たちは努力を重ね、「英語活動文化」を築こうとしたのです。

ところが、せっかく、そうやって築き上げてきた英語活動文化も、教科化という、新たな事態によって崩壊寸前の状況です。《英語活動文化は中学年で活用できる》というのが虎の門周辺の弁明のようですが、一度でも小学生に接したことのあるかたなら、3・4年生と5・6年生はまったく別の認知主体であるということはすぐに理解できるはずです。

じつは、公立学校での小学校英語の試みは今回が初めてのことではありません。江利川春雄『日本人は英語をどう学んできたか――英語教育の社会文化史』（研究社、２００８年）を読むと明治時代にも高等小学校で英語が教えられていたことがわかります。江利川さんが編集した『英語教育史重要文献集成』（ゆまに書房、２０１７年）の第1巻「小学校英語」として、その時使われていた教科書が復刻されています。しかし、小学校の一教科だった英語科は１９１２（明治45）年に廃止されてしまいます。注目しなくてはいけないのは廃止の理由です。①教える力量を備えた教員が圧倒的に不足したこと、②当初思い描いていた効果が上がらなかったこと、③小中連携が十分図れなかったことなどがその理由なのですが、いずれも現在の小学校英語の問題点と瓜ふたつです。歴史から学ぶべきことはたくさんあります。

小学校英語が抱えるさまざまな問題によるしわよせは、結局のところ、実践現場である小学校の先生たちに押しつけられるという、これまた、いまも昔も変わらない展開が見られるというのが実情です。筆者のところに寄せられた、先生たちからの相談メールはすでに千通をはるかに超えました。

とは言うものの、２０１７（平成29）年に学習指導要領が改訂されたときは、もう２００８年のような議論の盛り上がりはありませんでした。なかば当然のように、小学校英語の高学年での教科化と英語活動の中学年への引き下げが導入されました。小学校英語に反対していた人たちの間にも一種のあきらめのようなものを感じました。ずっと筆者と一緒に反対の論陣を張り続けてきた人から「残念でしたね。空しさばかりが残ります」というメールを受け取ったのもこの頃です。

しかし、筆者はそういった空虚感のようなものは感じませんでした。むしろ、《これからが勝負だな！》

と思いました。「勝負」などと書くとお叱りを受けそうですが、この勝負は己との勝負です。自分の考えをどうやってより精緻なものにできるか、どうすれば少しでも多くの人たちに理解してもらえるか、それはまさにこれからの努力にかかってくると感じました。

念のために付け加えておきます。小学校英語に関連した「成功例」がないわけではありません。しかし、ここで重要なのは成功例を挙げることではなく、現状に苦しむ、多くの先生たちに寄り添い、問題の解決に向かって行動することだと確信します。

小学校英語は決して解決済みの問題ではありません。原点に戻って、その在るべき姿を探り、その実現に向けて、努力を重ねる必要があるのです。この本はそうした機運を高め、小学校英語の望まれる将来像を描く手助けになればとの願いから企画されたものです。

## この本の構成と再録にあたっての選択基準

まず、この本の中核である、12編の論考とそれに関連する部分について説明します。12編の論考は「まえがき」で触れた4つのシンポジウムに関連して出版された次の4冊の本から選び出したものです。いずれも、大津由紀雄編著、慶應義塾大学出版会刊です。

『小学校での英語教育は必要か』２００４年
『小学校での英語教育は必要ない！』２００５年
『日本の英語教育に必要なこと――小学校英語と英語教育政策』２００６年

## 『危機に立つ日本の英語教育』2009年

「リーディングズ」という形態を採るこの本を編むにあたって、対象本4冊に収められた、対談を含めて53編の論考から12編の論考を選び出すのはいろいろな意味で大変な作業でした。亘理さんとともに当初「目安」として立てた基準は、ごく常識的に、2000年代初頭の小学校英語に関する状況や議論を理解するために重要であること、あるいは（and/or）、これからの小学校英語、学校英語教育を考えるうえで重要な視点・論点を含んでいることという2点でした。

しかし、ほとんどの論考がこれらの基準を満たしてしまうことはすぐにわかりました。そこで、取り上げるテーマを絞り、そのテーマにあったものを選び出すことにしました。設定したテーマは、「小学校英語に関する論点整理」、「教科調査官による証言」、「言語教育政策」、「比較政策」の4つです。ほかにも「教育学・心理学・英語教育史などからの専門的見解」、「英語教育に関する具体的提言」など捨てがたいテーマがいくつかあったのですが、今回は断念せざるを得ませんでした。

それで問題が解決されたのであればよかったのですが、それでも候補論考は目標であった12編のほぼ倍近くありました。そこで最終的な絞り込みのために、選ばれたテーマについてできるだけ包括的な記述をしている論考という基準を設定しました。この段階での選考も難事でしたが、なんとか12編を選び出しました。

今回、53編すべてを読み直し、改めて感じたのは、各論考の質の高さです。小学校英語に対する立場や視点は異なっていても、学校英語教育のあり方やもっと広く学校教育に関する深い思索の跡が感じられ、いま読んでもシンポジウム開催当時の熱気が蘇ります。時間の経過とともにこれらの論考を埋もれた状態にしてしまうのはどう考えても知的財産の損失以外のなにものでもなく、今回、このような形で、より多くの方々の目に触れることが叶ったことを編者としてうれしく思います。

この本を編むにあたり、編者は選んだ12編の論考の著者に連絡し、再録の許可を得るとともに、論考に書かれたことに対する現時点での思いを「付記」として書いていただきたいと依頼しました。12編の原論考と「付記」のそれぞれに対し、編者の大津が「大津のひとこと」を準備しました。ただし、大津の論考に対してはもう一人の編者である亘理が「亘理のひとこと」を書きました。

この、原論考＋「付記」＋「大津／亘理のひとこと」がこの本の中核になります。

その中核部分を挟んで、冒頭に大津による「編者の視点Ⅰ」を、末尾に亘理による「編者の視点Ⅱ」を配してあります。「編者の視点Ⅰ」はいま読んでいただいている文章で、小学校英語に関するこれまでの経緯と大津の思い、この本を企画した理由と出版までの経緯、この本の構成と再録論考の選択基準、論考解題、小学校英語に関連する大津の提案としての「日本型複言語主義」の説明などを取り上げています。「編者の視点Ⅱ」には亘理の視点からの小学校英語の評価と課題、将来への展望などが書かれています。

なお、巻末に、小学校英語に関する近年の動きについてまとめた年表を添えておきました。

## この本に再録した論考の解題

さきほど書いたように、この本には12編の論考が収められています。それらの論考は（非常に大雑把ではありますが）３つの観点から、グループに分類されています。

〔言語教育と学校英語教育の観点から〕
松川禮子　「小学校英語活動の現在から考える」
大津由紀雄　「公立小学校での英語教育――必要性なし、益なし、害あり、よって廃すべし」
山田雄一郎　「学校英語教育とは何か」
斎藤兆史　「小学校英語必修化の議論にひそむ落し穴」

松川禮子さんはシンポジウム当時から小学校英語に関心を持つ人たちの多くにとって精神的支柱とでも言える存在でした。今回再録した論考は松川さんの小学校英語に対する考えを包括的にまとめたものです。先に触れた「戦略構想」「行動計画」の枠組みのなかで小学校英語を捉えようとする立場との違いを感じ取ってほしいと思います。個人的な思いで恐縮ですが、松川さんのように理性的に論じる人がいたからこそ、その後の展開次第では小学校英語の将来に希望を持つことができるかもしれないと考えることができました。

拙論は、副題どおり、「戦略構想」「行動計画」の流れのなかに位置づけられた小学校英語は理論的にも、現実的にも、その基盤が脆弱で、益するところがなく、逆に害するところがあるので、廃するべきであるということを論じたものです。さらに、松川さんが唱えていた、小学校英語において教員が果たすべき役割は「英語（の使い手）のモデル」というよりも「学習者のモデル」であるという考えを批判的に検討していま す。最後に、この文章の末尾で述べる「日本型複言語主義」に通じる「代案」を提示しています。

山田雄一郎さんは、学校英語教育はそもそも目的も持たずにここまでやってきてしまったのではないか、その過去を清算することから始めないと学校英語教育を立て直すことはできないと言います。さらに、山田さんは「戦略構想」「行動計画」の一環として位置づけられた小学校英語に対して危惧の念を抱いていることに触れ、「いったん事が始まると、それに至る経緯は忘れ去られてしまう」と述べます。実際、その後の現実は山田さんの予測したとおりの展開になってしまいました。

斎藤兆史さんは「学校英語教育において、安直な達成感は得られるが絶対に頂上に辿り着かないような道に学習者を導くのは正しくありません」と強い口調で「実用コミュニケーション中心の英語教育」に警告を発します。そして、その実用コミュニケーション中心主義の理念に則った小学校英語の導入に反対の意見を表明します。さらに、斎藤さんは、小学校英語の導入に積極的にかかわった中嶋嶺雄さんの論理と事実認識に関する問題点を的確に指摘しています。

〈国際理解教育と多言語・多文化共生の観点から〉

冨田祐一　「国際理解教育の一環としての外国語会話肯定論——競争原理から共生原理へ」

鳥飼玖美子　「小学校英語教育——異文化コミュニケーションの視点から」

山川智子　「多言語共生社会における言語教育——多様な言語への気づきをきっかけに」

野山広　「多文化共生社会に対応した言語の教育と政策——「何で日本語やるの?」という観点から」

冨田祐一さんは「総合的な学習の時間」における「国際理解教育の一環としての外国語会話」というものの本来のねらいやあり方を述べ、その妥当性を主張します。多言語多文化化を認めたうえで、競争原理ではなく、共生原理に基づく実践が求められていることを論じつつも、そこから逸脱した形で小学校英語の導入が図られているのではないかという危惧を訴えます。不幸にして、その危惧は現実となってしまいました。後半に書かれている冨田さん自身の「国際理解教育の一環としての外国語会話」論は、だからこそ耳を傾ける必要があります。

鳥飼玖美子さんは異文化コミュニケーションの視点から小学校英語のあり方を考察します。「異文化理解」、「コミュニケーション」、「多文化共生」、「地球語」という基礎概念を検討したあと、学校英語教育に理念と一貫性が不可欠であることを論じます。そのうえで、小学校においては「異なる存在への気づきを芽生えさせること」と「「ことば」についての感性を育てること」が最重要課題であると主張します。なお、鳥飼さんの最近の著作に『異文化コミュニケーション学』（岩波新書、２０２１年）があります。

山川智子さんは小学校英語の導入に関して英語偏重の傾向に拍車がかかるのではないかという危惧を表明します。そのうえで、多言語化が進む日本社会で大切なことの一つに「多様な言語への気づき」があると指摘します。そして、欧州で広まる「複言語主義」（原論考においては「複数言語主義」）という考えを解説します。多様な言語への気づきが一人ひとりの言語意識を高めることにつながる。だからこそ、英語偏重の傾向は断つ必要があると説得力を持って論じます。

野山広さんは言語の教育を多文化共生社会に対応できるようになるための異文化対応訓練の一環として位置づけることが重要であると主張します。その立場に立てば、小学校で行う言語教育の対象言語は英語である必要はなく、大半の児童の生活言語である日本語であるのが自然であると論じます。日本語教育の専門家として多文化共生推進プロジェクトに多くかかわってきた野山さん御自身の体験を活かし、国のレベルや地域のレベルでのさまざまな実践例が紹介されており、有益です。

〔公教育としての英語教育という観点から〕
菅正隆　「日本の英語教育の現状と課題」
バトラー後藤裕子　「小学校での外国語教育――期待すること、考慮すべきこと」
直山木綿子　「小学校英語の必要性の主張のあとに必要なこと」
津田正　「君と世間との戦いでは世間を支援せよ！――世間の期待と公立の小学校英語教育」

菅正隆さんは小学校高学年に外国語活動、現実的にはほぼ英語活動が導入されたときの教科調査官です。今回の論考は直接的には中学校と高等学校における英語教育の現状と課題について検討を加えたものですが、その延長線上に小学校英語の導入があるのですから、その考えをきちんと理解しておく必要があります。提示されたデータを見る限り、授業の内容が理解できない生徒がたくさんいることがわかります。そのことと小学校英語の問題がどう関連するのか、「付記」も併せてお読みください。

バトラー後藤裕子さんは外国語教育の世界規模での動向を概観した後、さまざまな研究例や実践例を引きながら、小学校への外国語教育導入・促進に関してどんな点に注意を払わなくてはいけないかを検討します。ことに、バトラーさんが「包括的な小学校教育の枠組み」と呼ぶもののなかで、言語教育を単なる語学学習の機会と捉えるのではなく、小学生の認知・情緒発達状態を活かすことが重要であるという指摘は他の多くの論考の主張につながります。

直山木綿子さんは菅さんの後を継いで、教科調査官に就きました。シンポジウム当時は京都市で指導主事をしていましたが、以前から同市で実証授業や研究をされ、優れた実績を上げていました。論考のなかで、国際理解に関する学習の一環として取り組む小学校英語は中学校以降の英語教育に接続するものではないと明言しています。その後、高学年に外国語活動が導入されることになりますが、そこでも直山さんはその考えを保持していました。つまり、直山さんの小学校英語に関する原点をこの論考に見出すことができます。

津田正さんは「付記」のなかで「君と世間との戦いでは世間を支援せよ」という原論考のタイトルは「世間の、英語教育の現状についての無理解と無知についての怒り」に対する「最大限の逆説的表現」であったと種明かししています。小学校英語の問題を考えるとき、英語教育関係者と世間の間のコミュニケーションの問題を忘れてはならないと警告します。津田さんは、また、忘れられた感がある、金谷憲さんらによる「ELEC Crossroads Project 政策提言」の意義を再評価します。重要な点です。

再録した原論考を読み返してみると、いずれも現在の問題に通じる、小学校英語問題の原点を論じていることがわかります。現時点で書かれた「付記」を併せて読むことによって、その現在性がさらに鮮明になります。それだけで、この本を編むことの意義が半ば達成された気がします。

## 小学校英語の今後に向けた筆者の提案

ここまで読み進んだところで、小学校英語やもっと広く学校英語教育の現状は多様な問題を抱えており、根本的な再出発が必要であることは少なくともなんとなく感じ取ってもらえたのではないかと思います。次の問題はどんな再出発の仕方が求められているのか、現状をどう変えることによって、その再出発が可能になるのかを明らかにすることです。この節ではその問題を取り上げることにします。

ことばは人間だけに与えられた宝物で、生物学的にヒトに近く、優れた認知能力を持つことが明らかにされているチンパンジーやボノボでもことばだけは手に入れることができないということを認識することが出発の第一歩です。ことばという宝物を手に入れた人間は思考の幅と深さを活用することができるようになりました。さらに文字も手にしてからは思索の結果を、時空を超えて他の人々と共有することが可能になりました。つまり、ことばは人間の知的生活を根幹で支える、なにを以っても代えることができない武器であるのです。ことばの教育を考えるとき、この認識を出発点にすることがなにより重要です。

ことばは人間の思考を支える重要な基盤であるのですが、その力を十分に活用するためには、ことばを制御（コントロール）する力を身につけることが必要になります。ことばとはどんな仕組みで、どんな性質を持つのかを理解し、その仕組みをどのように利用すると、その力を発揮させることができるのかを計算できるようになることが必要です。筆者はこの認識を育むことが小学校段階での言語教育の中核であるべきと考えます。

抽象的な話で理解しにくいかもしれませんから、具体例を挙げましょう。

ことばはコミュニケーションの手段として使われることがありますが、話し手・書き手（煩雑なので、以下、単に「話し手」）が伝えたい情報を聞き手・読み手（以下、「聞き手」）に正確に伝えるためには、話し手の側で、使う言語表現を制御しなくてはなりません。例えば、（1）を見てみましょう。

（1）翔太と亜矢の詩を読みました

「誰かが、誰かが書いた詩を読んだ」という情報は間違いなく伝わるのですが、問題は「誰か」と「誰か」がそれぞれ誰であるかという点です。お気づきかと思いますが、（1）はこの点で2つの可能性を許すのです。一つは、

（2）翔太と萩原朔太郎の詩を読みました

を念頭に置いてもらえれば、わかるのではないでしょうか。つまり、「話し手が翔太と一緒に、亜矢が書いた詩を読んだ」という意味です。

もう一つの意味は、

（3）西脇順三郎と萩原朔太郎の詩を読みました

を思い浮かべれば浮き出てきます。つまり、「話し手が翔太と亜矢が書いた詩を読んだ」という意味です。

ということは、話し手は（2）タイプの意味を意図して（1）を発話したのに、聞き手は（3）タイプの意味で受け取ってしまう、あるいは、その逆という事態が発生する可能性があるということです。

一般的に言うと、ことばはある言語表現が2つ以上の意味を持ちうること（この性質を「あいまい性 ambiguity」と呼びます）を許容するので、情報の伝達という観点からすると、誤解が生じうるということになります。もちろん、問題の言語表現（たとえば、1）の前後の文脈や発話状況などが機能して、実際に

は誤解が生じない場合もありますが、いつもそういうわけにはいかないことはご承知のとおりです。

そこで、このような誤解を避けるために、話し手はできるだけあいまい性を持った言語表現を避ける努力をするとか、可能な場合には韻律等を使って伝えたい意味が（もう一つの意味を遮って）前面に出るように工夫するとかということが必要になってきます。たとえば、（1）であれば、（2）タイプの意味を伝えたいときには（1）の代わりに（4）を使い、（3）タイプの意味を伝えたいときには（5）を使うといった具合です。

（4）翔太と一緒に亜矢の詩を読みました
（5）翔太の詩と亜矢の詩を読みました

（5）を見たときに、（3）タイプには（3）以外にもう一つの意味があることに気づいた読者もおいででしょう。そのもう一つの意味を伝えたければ、たとえば、（6）を使えば（1）のあいまい性を回避できます。

（6）翔太と亜矢が一緒に書いた詩を読みました

例示したようなあいまい性の回避を工夫できるためには、まず、あいまい性の存在に気づかなくてはなりません。さらに、あいまい性を回避し、発話意図が的確に伝わる言語表現を作り出すことができなくてはなりません。このように、「ことばとはどんな仕組みで、どんな性質を持つのか」を理解し、その仕組みをどのように利用すると、その力を発揮させることができるのかを計算できるようになるために必要になってくるのが「ことばへの気づき（metalinguistic awareness）」です。

「ことばへの気づき」について詳しくは後述する『ことばの力を育む』と『日本語からはじめる小学校英語――ことばの力を育むためのマニュアル』などを参照していただければ幸いです。ここでは手短に「言語知識やその運用（発話や理解など）を客体化して捉えること」としておきます。挙げてある具体例に即して考えていただければ結構です。

ことばをコミュニケーションの手段として使うとき、もう一つ注意しなくてはいけないのは「意図しない限り、できるだけ複雑な構造は避ける」という点です。例を挙げましょう。

（7）私は可奈子が祐一が亜希子がクールなプレゼンをしたと評価したと言ったと思った

（7）全体の構造は「私はXと思った」です。そのXの部分に、「可奈子がYと言った」を埋めこみます。さらに、そのYの部分に「祐一がZと評価した」を埋めこみます。最後に、そのZの部分に「亜希子がクールなプレゼンをした」を埋めこんで、（7）が完成します。

このような構造をした（7）は理解が困難ですが、構造を少し変えるとずっと理解がしやすくなります。

（8）亜希子がクールなプレゼンをしたと祐一が評価したと可奈子が言ったと私は思った

文体としてはあまり勧められる文ではありませんが、少なくとも（7）に比べるとずっと理解がしやすいことは事実です。理由は（8）の場合は文頭から「だれがどうした」という主述関係が一つ一つ解決されていくからです。まず、「亜希子がクールなプレゼンをした」ことがわかります。次に、「祐一がそのように評価した」ことがわかります。さらに、「可奈子がそのように言った」ことがわかり、最後に「私はそのように思った」ということがわかるという段取りです。

それに対して、（7）は「私は」と言ったきり、「どうした」の部分がなかなか出てきません。次の「可奈子が」も同じで「どうした」のかすぐにはわかりません。さらに、その状況で、「祐一が」と来ますが、これも「どうした」のかがわかりません。その後、「亜希子がクールなプレゼンをした」という情報を挟んで、「祐一がそのように評価した」ということがわかります。そして、やっと、可奈子がそのように言ったことがわかり、最後に「私はそのように思った」ということがわかるという仕掛けです。つまり、（8）を理解するために聞き手は、「私は」「可奈子が」「祐一が」それぞれなにをしたかわからないまま、それらの情報を一旦、記憶に留めておかなくてはならないのです。作業記憶（ワーキングメモリー）と呼ばれる、記憶装置がその任に当たるのですが、保持時間も容量も限られているため、（7）はその能力を超えてしまい、理解がむずかしくなるのです。実際、（7）を紙と鉛筆を使って、作業記憶への負担を軽減し、分析的に解いていくと、（8）とほぼ同じ内容の意味が得られます。

あいまい性への気づきと構造の認識の両方が関わってくる場合もあります。（9）がその例です。

（9）健太郎は自転車で逃げた泥棒を追いかけました

これは永野賢の作例（「文脈の誤り」日本放送協会編『ことばの研究室Ⅳ』大日本雄弁会講談社、1954年、181頁）「渡辺刑事は血まみれになって逃げだした賊を追いかけた」をもとに、いくつかの単語を入れ替えて、筆者が作ったものです。

（9）は自転車に乗っていたのが、健太郎なのか、泥棒なのか、2とおりの意味を持ちうる文で、あいまい性があります。

（9）の基本構造は（10）のようになっており、文$_1$が主文（主節）、文$_2$が埋め込み文（従属節）です。埋め込み文の機能は体言「泥棒」を修飾する、日本語文法でいう「連体修飾節」、英文法風にいえば「関係節」です。

（10）［$_{文1}$健太郎は［$_{文2}$逃げた］泥棒を追いかけました］

問題は（9）では「自転車で」が主文から埋め込み文に移るところにあるという点で、「自転車で」を主文の一部として解釈する可能性（その場合は自転車に乗っていたのは健太郎）と埋め込み文の一部として解釈する可能性（自転車に乗っていたのは泥棒）がいずれも許容され、あいまい性が生じます。

（9）のような文を使う場合は、伝えたい意味（発話意図）をはっきりと認識し、そのうえで、その意味が確実に聞き手に伝わるように工夫する必要があります。書きことばであれば、読点（「テン」）を打つことで伝えたい意味が明確になりますし、話しことばであれば、韻律を工夫することによって同じ効果が期待できます。

（11）健太郎は自転車で、逃げた泥棒を追いかけました（「自転車で」は主文の一部）

（12）健太郎は、自転車で逃げた泥棒を追いかけました（「自転車で」は埋め込み文の一部）

筆者が小学校段階での言語教育の中核となるべきと考えているところの一端を例を挙げて説明しました。ここで重要なことが2つあります。一つは、この種の訓練は直感が利く母語を使って始めるべきであるということです。もう一つは、いま述べた考え方と小学校英語との関連です。ことばをコントロールして使うことがある程度できるようになってから、外国語を導入することは意義のあることです。母語と外国語の両方を使って、ことばへの気づきを（母語だけの場合に比べて）より豊かにすることができるようになります。しかし、そのきっかけ作りはあくまで母語によるべきであるという第一点を忘れてはなりません。

これで、この節の冒頭に掲げた、「小学校英語はどんな再出発の仕方が求められているのか、現状をどう変えることによって、その再出発が可能になるのか」について筆者の考えを提示する準備が整いました。

この節でこれまで述べたところをまとめると、小学校での言語教育では、まず直感が利く母語を利用して、ことばへの気づきを高めておくことが重要であるということになります。それはすでに示したように、母語を効果的に使うために役立ちます。しかし、ことばへの気づきを高めておくことはそれだけに留まるものではありません。ことばへの気づきは外国語を学習するための基盤を形成することになるのです。

外国語学習は母語獲得や狭義の第二言語獲得（生活言語として接触することによって、自然に母語以外の言語を身につける過程。この狭義の第二言語獲得と外国語学習を「広義の第二言語獲得」と呼びます。多くの場合、「狭義の」「広義の」という部分を省いてしまうので、注意が必要です）の場合とは、①対象言語との触れ合いの量、②対象言語との触れ合いの場面の多様性、③対象言語を身につけることのひっ迫度、④内的動機づけ、そして、決定的な⑤母語の存在などの点で大きな違いがあります。外国語学習においては意識的な学習が重要な役割を果たし、そのために大切な基盤となるのがことばへの気づきなのです。

ここでも具体的な例を挙げることにしましょう。

（13）（14）を比べるとわかるように、日本語でも、英語でも、文のなかで必須の要素は動詞の性質によって決まります。

（13）莉子が優斗を追いかけた

（14）Riko chased Yuto

「追いかける」も、chaseも、その意味から《追いかけるという行為の主体》と《追いかけるという行為の対象》が必要になります。しかし、文中のどの部分が主体を表し、どの部分が対象を表すのかは日本語と英語で事情が異なります。日本語では、「追いかける」のような動作を表す動詞の場合、多くは、「が」が付された文の主語がその動作の主体を表します。また、「を」が付された、動詞の目的語がその動作の対象を表します。他方、英語では主体を表す部分は動詞 chased の前に置かれ、対象を表す部分はその後に置かれます。

このことから、英語は語順に厳しいのに対して、日本語ではさほど厳しくはないことが予想されます。（15）は（13）の語順を変えたものですが、基本的な意味にかわりはありません。それに対し、（14）の語順を変えた（16）の意味は違ったものになります。

（15）優斗を莉子が追いかけた

（16）Yuto chased Riko

ここまでの説明で、英語では語順がきわめて重要な役割を果たすことが納得できるはずです。この話はここで終わりということではなく、拡張していくことができます。2つほど、例を挙げましょう。「「が」が付された文の主語」という言い方をしましたが、（17）ではどうでしょうか。

（17）莉子は優斗を追いかけた

従来、学校英文法では、日本語の「〜が、〜は」に当たるのが主語であるという説明が一般的でしたが、これは誤りか、少なくとも誤解を招きやすいと言えます。そのことは、（18）を見れば、すぐわかります。

（18）優斗は莉子が追いかけた

この場合、「優斗」は追いかけるという行為の対象ですから、目的語です。じつは、こうした点が従来の英語教育ではきちんと教えられていない場合が多く、生徒たちにとっての学習困難点の一つになっています。「は」はさまざまな機能を持っていますが、いまここで問題になっているのは「主題（話題）（topic）」という機能です。「は」は文の主題を表すのです。主題は、通常、文頭にあって、その文がなにについて述べるかを表します。文の残りの部分は主題についての解説（コメント）です。つまり、（17）は「莉子について言えば、優斗を追いかけた」という意味を表し、（18）は「優斗について言えば、莉子が追いかけた」という意味を表します。

（17）を（13）と、（18）を（15）と比べてみるとわかるように、主語に付される「が」と目的語に付される「を」は主題化されて「は」が現れると、表面からは消えてしまいます。しかし、「に」や「から」などが付された要素が主題化される場合には、「に」や「から」は表面に残り続けます。

（19）莉子が優斗に本をあげた
（20）優斗には莉子が本をあげた
（21）莉子が優斗から本をもらった
（22）優斗からは莉子が本をもらった

これで、《「は」が出てきたら、それが付されているのは主語だ》と判断するのは短絡的に過ぎることがわかるかと思います。

もう一点は動詞が求める「必須の」要素に関連することです。もう一度、（13）を見ましょう。

（13）　莉子が優斗を追いかけた

動詞「追いかける」は追いかける主体と追いかける対象を必須の要素として求めることはすでに見たとおりですが、次の例を見てください。

（23）　A　莉子が優斗になにをしたの
　　　　B　追いかけたんだよ

Aに対するBの回答では、必須のはずの追いかける主体と追いかける対象が表現されていません。このように、日本語では必須の要素であっても、文脈から聞き手がその情報を復元できると話し手が考えた場合、その要素を表面化しなくてもよいのです。

英語の場合は事情が異なります。

（24）　A：What did Riko do to Yuto?
　　　　B：Oh, she chased him.

さすがに英語の場合でも、Riko と Yuto を繰り返すことはなく、代名詞に置き換えていますが、それでも代名詞を表面化しなくてはなりません。日本語のように、“Oh, chased.” などと言うことはできません。

このように、日本語への気づきを出発点に、英語を学び、そして、英語との対比で日本語への気づきをより豊かなものにしていく、これが学校教育のなかで求められる真の言語教育であると筆者は考えます。これまで外国語教育において、母語は「母語からの干渉」という表現に象徴されるように、なにかと悪者扱いされてきましたが、そうではなく、母語は外国語学習の支援者と位置づけることが重要であるということです。

この考えはヨーロッパで主唱され、発展してきた「複言語・複文化主義（plurilingualism and pluriculturalism、以後、単に「複言語主義」と呼ぶことにします）」の基本的な考えと同一路線上にあると言えます。もちろん、ヨーロッパと日本では言語状況が異なりますので、さまざまな点で違いはあるのですが、共同体構成員の一人ひとりが複数の言語を内在化させ、その複数の言語が有機的に関連づけられている状況を目指すべきであるという認識は共通しています。そこで、本節で略述した、筆者の考えを「日本型複言語主義」と呼ぶことにしたいと思います。

筆者はこの考えをさまざまな機会に発表しており、文部科学省の「英語教育の在り方に関する有識者会議」（２０１４年）においても委員の一人として、その重要性を繰り返し、説きました。結果として、現行の学習指導要領には外国語活動（ほぼ、英語活動）／外国語科（ほぼ、英語科）と国語科の小学校国語にはこの考えを反映したと思われる部分が何か所も出てきます。そのいくつかを挙げておきます。

①言語能力の向上を図る観点から、外国語活動及び外国語科など他教科等との関連を積極的に図り、指導の

効果を高めるようにすること（小学校国語科、第3の1の（8））

②英語の音声やリズムなどに慣れ親しむとともに、日本語との違いを知り、言葉の面白さや豊かさに気付くこと（小学校外国語活動、第1の（1））

③外国語の音声や文字、語彙、表現、文構造、言語の働きなどについて、日本語と外国語との違いに気付き、これらの知識を理解するとともに（以下、略）（小学校外国語科、第1の（1））

④児童が日本語と英語との語順等の違いや、関連のある文や文構造のまとまりを認識できるようにするために、効果的な指導ができるよう工夫すること（小学校外国語科、第2、英語、3の（2）のウの（あ））

⑤（前略）このことを踏まえ、指導に当たっては、外国語科における指導との関連を図り、相互に指導の効果を高めることが考えられる（中学校学習指導要領解説国語科、第2章の第2節の2の「言葉の働き」）

⑥日本語と外国語とを比較し、それぞれを相対的に捉えることによって、日本語の文の構成についての気付きを促すことも考えられる（中学校国語科学習指導要領解説、第3章の第2節の1の（1）のオ）

⑦音声指導に当たっては、日本語との違いに留意しながら、発音練習などを通して2の（1）のアに示す言語材料を継続して指導するとともに、音声指導の補助として、必要に応じて発音表記を用いて指導することもできることに留意すること（中学校外国語科第2の3の（2）のイ）

⑧その際、母音や子音の種類や数が英語と日本語では異なっていること、また、例えばschoolやstreet, booksなどのように英語では子音が続いたりすることなど、日本語と英語の音声の特徴や違いに十分留意する必要がある（中学校学指導要領解説外国語科第2章の第2節の2の（1）のアの（ア））

小学校英語を直接担当する、直山木綿子教科調査官（当時、現視学官）が学習指導要領に埋め込まれた、この考えの重要性について明確な認識を持っていることは筆者との対談（『初等教育資料』２０１５年８月号）における次の発言からも明白です。

大津先生と私の共通点はそこ［学校言語教育の一番の意義は母語と外国語が同じ原理によって組み立てられているという点に気づくことで、ことばへの気づきがより豊かになってくるということ――大津］です。それは外国語教育の目的と重なると考えています。外国語教育単体で考えるのではなく、母語と合わせて、言語教育としてとらえる必要がある。今は全く別のものとしてとらえている傾向があると思います。（37頁）

小学校に外国語教育が導入されたことで「ことばへの気付き」を起こすスイッチを押していると思っています。これをより充実させるには、国語教育と協働することが必要だと思います。（41頁）

このように、日本型複言語主義は教室での実践まであと一歩というところまで来ており、それを後押しすべく、筆者も『ことばの力を育む』（窪薗晴夫との共著、慶應義塾大学出版会、２００８年。通称「緑本」）と『日本語からはじめる小学校英語――ことばの力を育むためのマニュアル』（浦谷淳子・齋藤菊枝との共編、開拓社、２０１９年。通称「赤本」）の２冊を世に送り出しました。

しかし、教室での実践レベルでは、日本型複言語主義は未だ十分な拡がりを見せていません。学習指導要領を解説した出版物も何種類か出ていますが、国語教育と英語教育の関連について具体的、かつ、詳細に解説したものは見当たりません。

## 小学校英語の今後の課題

ここまで見たところで、小学校英語の今後の課題はかなり鮮明になりました。まず、なんと言っても、現在の国語科と外国語活動（現実的にはほぼ英語活動）・外国語科（現実的にはほぼ英語科）をことば科として合科することを目指すという目標を明確にすることです。そうは言っても、現実問題として、その達成のために乗り越えなくてはならない多種多様のハードルがあります。そこで、当面は国語科と外国語活動・外国語科の連携の必要性を確認し、具体的な連携作業を行い、実績を積み重ねていく必要があります。

関連して、教員養成に関するシステムを国語科と外国語活動・外国語科の連携の充実に向けて改変する必要が生じます。たとえば、言語学や音声学は必修にすべきです。同時に、現職教員に対する研修の充実も必要となります。

そして、連携の基盤形成のためには、筆者が一貫して主張してきた、「ことばへの気づき」を中核とした言語教育の構想をより充実させる必要があります。ことに、三森ゆりかが主張し、実践してきた「言語技術教育」、井上尚美による「言語論理教育」、木下是雄による「言語技術教育」、および、戸田山和久、野矢茂樹、難波博孝、福澤一吉らがそれぞれ独立に進めてきた「論理（的思考）教育」との統合を模索する必要があります。

最後に触れておきたいのが専科教員配置の問題です。英語活動はともかくとして、教科としての英語を小学校で教えるとなると、それに対応できない小学校教員が多数いることは言うまでもありません。この問題を解決するために、文部科学省や多くの自治体が進めようとしているのが英語の専科教員を配置するという方法です。しかし、それはあまりにも安直な対応策です。中学や高等学校とは違い、小学校ではほとんどの教科を学級担任が担当してきました。子どもたちのことをよく理解している学級担任が教科間の関連を調整しながら授業を進めていくという、小学校教育の誇るべき特徴を安易に専科化を進めることによって、白紙にしてしまうという危険性を十分認識しておくべきです。

小学校英語を含む学校英語教育の問題はいま分水嶺にあると筆者は考えています。「戦略構想」「行動計画」の路線に乗って、ただただ実用指向の学校英語教育に向かってひた走り続ける道を選ぶのか、ことばの力を最大限に発揮できる力を育もうとする言語教育の実現に向けた道を選ぶのか。それは単に小学校英語、学校英語教育の問題に留まることはなく、将来の日本の姿を決する重要な決断に違いありません。

# 第1部　言語教育と学校英語教育の観点から

# 1　小学校英語活動の現在から考える

松川禮子

筆者も含め日本の学校英語教育について研究してきた者の多くが、これまで公立小学校で英語を教えるということに懐疑的であったと思います。というより、深く考えたことがなかったし、イメージもなかったというのが正直なところです。それが、ここ10年ほどの間に各地で取り組まれ出した小学校での英語の授業実践を見る機会を得て、見方が変わりました。長らく英語教育の研究をしてきた者としての筆者の反省は、これまで、中学校や高等学校の既存の英語教育について分析することは行ってきたが、新しい教育実践の創造や、教育改善のための施策に関する意思決定に対して真に有用な知見を提示してきたかということです。公立小学校での英語教育を考えることは、学校英語教育というもの自体を考え直すきっかけにもなりました。ここに述べるのは、そうした見聞や体験を通して得た、公立小学校の英語教育に対する現時点での結論です。

## 公立小学校への英語教育導入の経緯と現状

公立小学校への英語学習の導入は、クラブ活動など教科外では一部の小学校で随分以前から行われていました。千葉県では１９７２年度（昭和47年度）より15の公立小学校が、クラブ活動としての英語教室を始めています。また、１９８６年度（昭和61年度）に開始された、横浜市立小学校における「国際理解教室」も、公立小学校における英語学習の先駆的事例と言えるものでした。

しかし、公立小学校に教科として英語を導入することが本格的に検討されだしたのは、１９９０年代に入ってからでした。文部省の施策の急激な進展に先鞭をつけたのは、１９８６年（昭和61年）に発表された臨時教育審議会第二次答申中の「英語教育の開始時期についても検討する」という文言でした。ついで１９９１年（平成３年）12月に、臨時行政改革推進審議会（第三次行革審）の「豊かな暮らし部会」が、小学校への英語導入を検討するよう提言しました。１９９２年（平成４年）２月には、文部省の坂元初等中等教育局長（当時）が記者会見で、文部省が小学校への英語教育導入について検討を始めることを決定したと、表明しました。そして同年５月、大阪市立真田山小学校、味原小学校が「小学校の英会話」等に関する研究開発学校として指定され、同10月から小学校で英語の授業を始めました。その後研究開発学校は各県１校までに広がり、１９９８年度（平成10年度）までには60校以上が指定を受けました。

１９９６年（平成８年）７月には、学校完全週五日制実施に伴う教育課程改定に向けて検討を重ねてきた第十五期中央教育審議会が第一次答申を発表し、この中で、小学校への英語教育の導入については、教科としての一律導入は見送られ、新設の「総合的な学習の時間」や特別活動などで、国際理解教育の一環として英会話などにふれる機会や外国の生活、文化に慣れ親しむ機会をもたせるようにする、という方針が示されました。これを受けて発足した教育課程審議会での審議を経て、１９９８年（平成10年）12月には新しい学習指導要領が告示され、２００２年度（平成14年度）から小学校では新カリキュラムが本格実施となっています。学校教育法施行規則第２章第24条の２による小学校の標準授業時数を掲げました（表参照）。現在、小学校での英語活動は３年生以上に設けられた「総合的な学習の時間」の枠を中心に実施されています。「小学校英語活動実施状況調査」（平成15年度実績について、平成16年春に調査実施）の結果、公立小学校で、何らかの形で英語活動を行ったところは約88％、そのうちの約60％が月に１回以下（年間11時間以下）の頻度だと文部科学省は公表しています。

## 公立小学校で英語を教えることがなぜ問題になるのか？

まず、公立小学校で英語を教えることがなぜ問題になるのかを考えてみたいと思います。①小学生に英語

表　各教科等の授業時数
学校教育法施行規則別表第１（第24条の２関係）

| 区分 | 各教科の授業時数 | | | | | | | | | 道徳の授業時数 | 特別活動の授業時数 | 総合的な学習の時間の授業時数 | 総授業時数 |
|---|---|---|---|---|---|---|---|---|---|---|---|---|---|
| | 国語 | 社会 | 算数 | 理科 | 生活 | 音楽 | 図画工作 | 家庭 | 体育 | | | | |
| 第１学年 | 272 | − | 114 | − | 102 | 68 | 68 | − | 90 | 34 | 34 | − | 782 |
| 第２学年 | 280 | − | 155 | − | 105 | 70 | 70 | − | 90 | 35 | 35 | − | 840 |
| 第３学年 | 235 | 70 | 150 | 70 | − | 60 | 60 | − | 90 | 35 | 35 | 105 | 910 |
| 第４学年 | 235 | 85 | 150 | 90 | − | 60 | 60 | − | 90 | 35 | 35 | 105 | 945 |
| 第５学年 | 180 | 90 | 150 | 95 | − | 50 | 50 | 60 | 90 | 35 | 35 | 110 | 945 |
| 第６学年 | 175 | 100 | 150 | 95 | − | 50 | 50 | 55 | 90 | 35 | 35 | 110 | 945 |

備考
1　この表の授業時数の１単位時間は45分とする。
2　特別活動の授業時数は、小学校学習指導要領で定める学級活動（学校給食に係るものを除く）に充てるものとする。
3　第24条第２項の場合において、道徳のほかに宗教を加えるときは、宗教の授業時数をもってこの表の道徳の授業時数の一部に代えることができる（別表第２の場合においても同様とする）。

を教える、②私立小学校で英語を教える、③公立小学校で英語を教える、この３つの事柄には違いがあります。「小学生に英語を教える」ということは、最も広い概念であり、家庭や学校外の塾や英会話教室などで小学生に英語を教えるということは、何十年も前から行われてきたことです。特に大都市圏の小学生、特に高学年では既にかなりの割合が英語を習っているという各種データがあります。

ふたつめの私立小学校で英語を教えるということは、百年以上も以前から行われてきたことです。早くは明治初年の１８７０年代に既に東京では慶應義塾幼稚舎が英語を教えています。英語教育実施校が急激に増えたのは戦後、特に１９５０年代です。２００３年（平成15年）現在、私立小学校は全国で１７９校ありますが、小池（１９９３）によれば、既に１９９２年の時点で外国語教育（圧倒的に英語教育ですが、一部フランス語教育もあります）の実施校が１２６校あったということです（日本私立小学校連盟外国語部会研究部の調査による）。

公立小学校と私立小学校を別に区別する必要はない

という考えもありますが、英語を教える環境として、大きく違う点が少なくともふたつあります。第一は、学校数の圧倒的な差です。文部科学統計要覧・文部統計要覧平成16年版によれば、平成15年現在、公立小学校の総数は2万3381校（内、分校は464校）、私立小学校は179校です。児童数は、公立小学校が711万1695人、私立小学校が6万8063人、教員数は公立小学校が40万8755人、私立小学校が3364人です。大まかに見てもすべての数値で公立小学校は、私立小学校の百倍以上の規模であり、従って影響力の大きさは比較にならないと見るべきでしょう。

第二は、私立小学校での英語教育は多くの場合、小学校教員免許をもってすべての教科を教える「小学校の先生」が担っているのではなくて、専科の「英語の先生」が教えているということです。また、データが少し古くなりますが、野上（1993）によれば、1987年時点で、日本人教師のみの学校が全体の48％、日本人と外国人で教えているのは31％、外国人教師のみで教えている学校が21％あります。外国人教師の占める比率が多いという点は、公立小学校とは大きく違う点です。

そして第三が最も本質的なことかもしれません。公立学校というのは、基本的には日本という国家が目指すビジョンに合せて子どもを教え育むところで、その意味でナショナルな空間です。国が進める一連の教育改革の流れの中には、「教育の個性化」「教育の地方分権化」「教育の自由化」という規制緩和の方向が出てきてはいますが、依然として公立学校に対しては、均一的な教育の品質保証と、それに対する国レベルでの明確な責任が要請されます。少なくとも小中学校の教育は、地理的、社会経済的、文化的な条件の違いを超えて、国民に共通の普通教育としてあるものだということです。つまり、エリート教育ではないということです。それゆえに、小学校の99％以上を占める公立小学校への英語教育導入は、やはり特別の問題なのです。

## いま行われている「英語活動」は、英語教育なのか？

公立小学校への英語導入の現在の形を何と呼ぶのかについては、2000年に文部科学省が出した『小学校英語活動実践の手引』（以下では『手引』と略す）に従って、これ以降「英語活動」と呼ぶことにします。「英語活動」という表現が用いられた理由は、『手引』には以下のように書かれています。

小学校においては、子どもの発達段階に応じて、歌、ゲーム、クイズ、ごっこ遊びなどを通して、身近な、そして、簡単な英語を聞いたり話したりする体験的な活動を中心に授業が構成されることから、この手引では、「総合的な学習の時間」で扱う英会話を「英語活動」と呼ぶことにした。（2－3頁）

これを読む限り、「英語活動」とされたのは、「体験的な活動を中心に授業が構成される」というところから来ていること、「英語活動」でも「英会話」でも大して違いがないことが分かります。文部科学省は、現在、小学校の教育課程の中での英語の位置づけは教科ではないし、次は教科にすることが規定の方針だと解釈されるのを避けるため、また、中学校の外国語教育の前倒しにしないために、「英語教育」という言葉を使うことは極力、避けているようです。また『手引』では「英語活動」という表現を採用したものの、『「英語が使える日本人」の育成のための戦略構想』（2002）以降のほとんどの文書では、「英会話活動」という表現を使っています。「英語活動」ではなく「英会話活動」という表現にこだわるのは、小学校学習指導要領の総合的な学習の時間の学習活動の展開に当たっての配慮事項に「国際理解に関する学習の一環としての外国語会話等を行うときは、……」と「会話」という字句を含む表現があるためだと思われます。

要するに、用語に混乱があるように見えるのは、学習指導要領という教育課程の根幹を定める公の文書の中に、「小学校英語活動」に対応する、明確に定義された定番的な表現がないことによります。

どのような表現を用いるかは大事なことではありますが、筆者は後でも述べるように、現在小学校で行われていることは、教科であってもなくても、「英語活動」でも、「英会話活動」でも、何らかの形で英語の学習がなされているのであるから、広い意味で英語教育にほかならないと考えています。「英語活動」という言い方は、「小学校段階にふさわしい体験的な活動」を強調した表現であり、「英会話」という言い方は、音声を中心とした指導を強調している表現であり、力点の置き方の違いでしかないように思います。

## 英語教育なのか？　国際理解教育なのか？

さらに、いま行われている「英語活動」は、英語教育なのか、国際理解教育なのかという議論もあります。結論から先に言えば、これについての筆者の考えは、英語教育であるというものです。強いて言うなら、国際理解を目指した英語教育であるというものです。まず、国際理解教育と英語教育、あるいは外国語教育は、関係はあるが別のものだということです。小学校での英語活動は学習指導要領に「国際理解に関する学習の一環として」という文言があることから、国際理解を意識して行うことが奨励されていますが、国際理解教育そのものではないことは明白だと思います。

国際理解教育というのは、国際関係に関する認識の形成、人権教育や環境教育的な面も含めた幅広いものであり、そもそも英語が関与できる部分はごく一部のように思われます。国際理解教育そのものは、日本の小学校教育の中では新しい教育内容であると思われますが、特に新学習指導要領で新設された「総合的な学習の時間」で行う学習活動の横断的・総合的な課題の例として、情報、環境、福祉・健康と並び示されたことで、本格的に取り組む学校が出てきています。国際理解教育の実際の進め方は、学校生活の全領域を通して、社会科のような教科の学習を通して、総合学習の中でのようにさまざまであり、指導内容も多様であるように見えます。

小学校の「総合的な学習の時間」で国際理解を主題にした学習をする場合でも、当然、英語を使わない国際理解教育を行う選択があると思います。それは、個々の小学校の決めることです。ブラジル出身の児童が多く在籍するような小学校では、ブラジルを主題にした学習が行われることがむしろ普通で、ブラジルの文化やポルトガル語が学習されている事例は、筆者が勤務する岐阜県にもあります。小学校における国際理解教育を俯瞰するなら、外国語を使わず、日本語だけで行うケースの方が多いと思われます。

問題は、「国際理解に関する学習の一環として」英語活動を行うということをどう考えるかです。ひとつの考え方は、英語を口にしたり耳から聞いたりして、実際に使って活動することが、英語を使わないときよりも理解が深まる方向に働くであろうから、結果として国際理解に結びつくとして、「国際理解」ということを特別に意識しないで英語中心に考えて授業を構成するというやり方です。これは、従来の中学校や高校の英語教育の考え方で、究極のところは国際理解につながる可能性があり、つなげたいけれども日常の授業ではそう深く意識しないというやり方です。

これに対してもっと国際理解を前面に出して、英語学習と融合させようという考え方もあります。英語を使いながら、同時に文化の違いや共通点を理解しようとする活動です。現在、小学校では果敢にこの難しい課題に挑戦するケースが多く見られます。

松川（1997）で紹介した岐阜県本巣郡穂積町立（現・瑞穂市立）生津小学校の場合は、研究開発学校に指定を受けた1994年（平成6年）当初は、多くの学校と同様、英語学習と国際理解教育のふたつの柱で構想を立てました。日々の授業で英語と国際理解教育の目標を具現化しようとして、缶詰や食品のパッケージの生産国の表示を使い、さまざまな国から食品を輸入していることに目を向けさせようと授業を展開しましたが、子どもの興味を引かないばかりか、英語学習の部分から浮いてしまい、とってつけたようなものになってしまったと当時の先生方が述懐しています。その結果、生津小学校は研究開発の早い時期に、英語学習と国際理解教育を切り離したのですが、その割り切り方は、ひとつの見識だと筆者は評価しました。

しかし、このような見方は、小学校における国際理解教育に識見を持たない筆者の浅知恵だったようで、その後多くの小学校が、「国際理解教育と英語教育をつなぐ」、「英語教育を通して国際理解を達成させる」という未開拓の分野に取り組みました。前述の生津小学校もその後、松川（2004a）で示されたように、国際理解教育にも比重をかけながら、英語学習と国際理解教育を融合させようという方向に再度取り組みました。「国際理解に関する学習の一環として」という文言と「総合的な学習の時間」という枠で行うという

図　小学校への英語教育導入に関する
　　ふたつの見方

公立小学校への英語導入

| 英語教育の改善 | 小学校教育課程の新しい枠組み作り |
|---|---|
| ・日本人の英語力の向上<br>・話せる英語への切り札<br>↑　↑<br>「外国語教育の改善に関する調査研究協力者会議」（'93）<br>「英語指導方法改善の推進に関する懇談会」（'01） | ・小学校カリキュラムに何を盛り込むべきか<br>・新しい枠組みに新しい教育内容を盛り込む<br>↑　↑<br>「第15期中央教育審議会」<br>「教育課程審議会」 |

ことに、真正面から取り組んだ小学校英語活動は、ここ十年あまりの間に、予想以上の新しい教育活動として展開してきたと感じています。英語に不慣れで尻込みしながらスタートした先生が、英語を単なる技能教育として捉えることを超えて、「子どもと英語との出会いを変えたい」（大阪府河内長野市立天野小学校の梅本多先生の言葉）と思うようになりました。小学校教育の実践者としての長年のキャリアを生かしながら、子どもたちのいま現在の学びを豊かにすること、子どもたちに英語を使って何を経験させれば、世界へ目を向けさせることができるかが追求されました。

　このような実践者の努力と創造性の前には、小学校の英語活動が英語学習なのか、国際理解教育なのかという問い自体が意味をもたないように思われます。

## 公立小学校への英語教育導入はどういう意味をもつのか？

　なぜ小学校に英語教育を導入するのかという、基本的な理念として、ふたつの異なる考え方があると捉えています。先にも述べたように、１９９２年頃から公立小学校への英語導入は本格的に検討され始めたわけですが、当初から導入をめぐってはふたつの異なる考え方があったと考えています。図に示したように、ひとつは、小学校から導入することが英語教育の改善に寄与できるとするものであり、それによって日本人の英語力が将来にわたって向上する、端的に言えば、話せる英語の切り札になるという考え方です。文教政策の流れの中でも、1993年の「外国語教育の改善に関する調査研究協力者会議」の報告書や、2001年の「英語指導方法等改善の推進に関する懇談会」報告などで、その時々に英語教育の改善という文脈の中で、小学校への英語教育の導入が扱われてきました。

小学校での英語教育に賛成の人も反対の人も、結局は小学校に英語が導入されることの意味を英語教育の改善という視点から捉えているように思います。賛成派は、改善できると考えるし、反対派は改善できないあるいは改悪になると考えています。その意味では、共通の物差しで小学校英語教育を見ていると言えます。これはいわば「英語教育中心的」な論議の仕方だと思います。

もうひとつの見方は、小学校への英語教育導入を「小学校教育論」として論ずるものであり、これを、小学校教育課程の新しい枠組み作りと呼びたいと思います。ご承知のように2002年度（平成14年度）から完全学校五日制がスタートし、授業時数が減り、日本の学校教育はかなりスリムになりました。これに先立って、スリム化される小学校のカリキュラムに何をどのくらい盛り込むべきかがいろいろ検討されました。戦後50年以上が経過し、学校教育全体が大きな転換期にさしかかり、21世紀の学校、21世紀に生きる子どものためのカリキュラムのあり方に再検討が加えられました。これまでのような国語、算数、理科、社会、生活、音楽、図画工作、家庭、体育という9教科に道徳、特別活動といった枠を今後も維持していくだけでいいのか。教科の統合や再編、新教科の導入の可能性が検討されました。表現科、人間科、地球科、地域・環境科などの新教科の開発研究が研究開発学校制度の枠を中心に行われました。

「現在ある教科を大幅に統合・整理する」ことが論議されたということでしたが、第15期中央教育審議会と教育課程審議会が出した結論は、現行の教科の枠をいじらず、「総合的な学習の時間」を新設したことに止まりました。「総合的な学習の時間」の新設の意味は、第一に網羅的な知識を与えることに陥りがちな「分化主義的教科教育」の欠陥を克服するために、教育課程の中に「総合性」あるいは「総合学習」を位置づけることにありました。また、環境教育、情報教育、性教育、国際理解教育などの新しい教育課題の出現が、教育課程の中に従来の教科にとらわれない枠組みを必要としていたと考えられます。

「総合的な学習の時間」の創設により、学校のカリキュラムが「教科学習」と「総合学習」というふたつの課程で構成されることになったことの意味について、佐藤（１９９６）は、「教科学習」は対応する学問分野を背景にしたエリート主義の教育の伝統を基礎にしているのに対して、「総合学習」ではこれまで学校教育では排除されてきた、生きるうえで直面する諸課題を中心とする学習に挑戦する時間だととらえています。しかし、一般にはこのような意味づけは十分理解されておらず、新カリキュラムが始まる前から、「学力低下論」による「総合学習」バッシングと教科学習重視への回帰の流れが強くなったことは記憶に新しいところです。

小学校における英語教育の導入がまず、この「総合的な学習の時間」の枠で始まったことは、多くの英語教育関係者からは妥協の産物、教科化までの時間稼ぎととられ、疑問視されました。しかし前述の両審議会の記録を読むと、それなりの論議がされたことがうかがえます。これまでの研究開発学校の「英語科」の延長ではないとか、英語のみならずアジアの言語も扱ったらどうかとか、英語と国際交流を総合化するのだとかが論じられた形跡もあります。ここではいままでの教科の枠から離れて、新しい枠組み（器）に創意工夫で新しい内容を盛り込むことが期待されたと考えることができます。後で述べるように、この導入方法は結果的には、小学校における適期教育としての英語教育の意味を明確にしたように思います。

もちろん、このふたつの導入への理念は全然別個のものではなくて、関連するものであることは確かですが、このふたつが当初から共存しているところが、小学校への英語教育導入という問題を複雑にしていると思います。さて筆者は、基本的に第二の立場で公立小学校への英語教育導入を見ています。子どもの成長のためにどういう新しい教育内容を構成していけるのかという点に、小学校英語活動の意味があると考えています。結果として、将来英語教育を改善していくことにつながるかもしれませんが、あくまで、日本の小学校でいま何を教えるべきかという模索の中での英語活動であり、英語教育のため、英語教育の改善のためとは考えていません。

以上述べてきた小学校への英語教育導入をめぐるふたつの異なる考え方は、英語教育という視点から小中高と縦に捉える見方と、小学校教育という視点から横に他教科等とのつながりの中で捉える見方というように、類別することもできます。このような小学校への英語教育導入をめぐるふたつの異なる考え方は、実は文部科学省内部にも存在するのではないかと思っています。

### 小学校英語教育は日本人の英語力向上に寄与できるか?

小学校への英語教育導入を、日本人の英語力向上という視点では見ないと述べました。最初に明確にすべきことは、たとえ小学校から高校まで一貫したカリキュラムを考えても、学校英語教育でできることには限界があるということです。せいぜい一日一時間、週数時間程度の英語の授業で、十分に英語で意思疎通ができるようにはなると考えることには、もともと無理があります。バイリンガリズムと公立小学校における英語教育を結びつけることは論外であり、バイリンガル幻想については、市川（２００４）が夢をさましてくれます。

大津（１９９３）はその著書の冒頭で、40年間英語を勉強し続け、英語を教えることを生業とし、日本で一番英語の辞書をひいて暮らしてきたと自負してきた自分が、在外研究中のアメリカの大学のキャンパスで、「教授と学生たちがくつろいで話しているときなど、ひと言もわからなかったし、いつまでたっても英語で話すのが楽になることはなかった」と述べました。それほど、日本人が英語を習得することは難しいと思います。英語の専門家である大津ほどでない一般学習者の場合、かなり一生懸命勉強したとしても、辞書に頼りながら英語の小説を読んだり、時間をかければ何とか英語の手紙が書ける、英語のスピーチの原稿が準備できる程度ではないでしょうか。

高いレベルの英語習得、つまり国際的な場面での交渉力や、英語で論文が書けるなどの英語力への到達は、現実には学校英語教育だけでは可能になりません。『英語達人列伝』（中公新書）を著した斎藤兆史氏は、日本経済新聞夕刊のコラム（２００４年3月15日〜18日に連載された「英語の達人」）で、「本当に優れた英語の使い手を育てるのはエリート教育でなければならないんです。プロの芸術家、運動選手を育てるのと同じです」と述べています。日本人が達人レベルの英語の習得を目指すなら、一流スポーツ選手や音楽家並みに膨大な時間とエネルギーをかけ、訓練し続ける必要がある、それはその通りです。『英語達人列伝』に名を連ねるほどの達人でなくとも、英語の使い手と言われるほどの人は、学校英語教育だけでそうなったのではなく、日常生活のあらゆる場面を活用し不断の努力の結果として英語力をつけていることは、過去においてもそうでしたし、今後も変わることはないと思います。

学校英語教育を改善すれば、すべての人が英語の達人になれると考えるのは、学校音楽教育を改善すればすべての人が演奏家になれると考えるのと同じくらい非現実的なことです。学校英語教育でできることと、すべきことには冷静な判断と選択が必要です。小学校英語教育が日本人の英語力向上にどれだけ寄与できるかについては、まさに条件次第であり、現実には多くの反対論者が言うとおり、多くは期待できないし、するべきでもないと思います。しかし、そのことをもって小学校英語教育を否定し去ることは、演奏家を輩出できないから小学校音楽教育は不要である、運動選手を養成できないから小学校体育教育が不要であるというのと同じことです。

英語エリートと言われるほどの人の多くが小学校英語教育の成果に懐疑的なのは、十分理解できます。彼らは、英語習得が簡単でないことを知っていますし、彼らの英語力が学校英語教育だけで達成されたものでないことも明らかだからです。しかし、公立小学校の教育はそもそもエリート教育ではないこと、達人レベルの優れた英語の使い手を育てるということと、公立小学校での英語教育とは別の問題であることを再認識する必要があります。

## 小学校英語活動の現在から、何を評価するか？

　では、公立小学校における英語教育には何ができるのでしょう。公立小学校での英語教育という教育経験は全く新しいものであり、「英語活動」の実施率が全国で80％を超えたといっても、40万人といわれる小学校教員の中で、実際に1時間でも英語の授業を行ったことのある人は、どのくらいいるのでしょうか。研究者たるもの、データに基づいて物を言いたいと考えていますが、公立小学校における英語教育の成果の可能性について、確かに何かが言えるほど、実践も研究の蓄積もないのが、本当のところだと思います。現在、文部科学省は小学校における教科「英語科」の研究開発学校を毎年、数校指定して研究を進めていますが、まだまだデータは少ないのです。それでも、できるだけ実際に教室で起こっていることを元に考えたいというのが、筆者のスタンスです。

　筆者は最初、小学校での英語教育に懐疑的だったと書きました。それが、現在、小学校英語活動を高く評価するに至ったのは、何より、その授業実践の豊かさ、独自性によるものです。「小学校英語活動はかくあるべし」とか、多分小学校ではこのような授業が展開されるだろうと頭で考えたことは、常に教室で現実に起こっていることにより覆されます。小学校英語活動が何を生み出しつつあるかその到達点について、3点挙げることにします。

### 1　多様な活動とカリキュラムの創出

　小学校の教室に入りまず驚くのは、活動の斬新なことと多様なことです。歌にチャンツに買い物ごっことか、低学年の題材といえば、色と形というように、一部には、既に小学校英語活動の内容は定番化してきたという批判もありますが、とりわけ最近は高学年の活動に工夫が見られるように思います。「国際理解に関する学習の一環として」また総合学習という異質なものを取り込むことを小学校の先生達が真面目に考えた結果、予想を超えた豊かな内容がカリキュラムに盛り込まれたように思います。

　実践事例の一部を紹介すれば、①国際交流活動、英語活動、調べ活動を関連させ、ＡＬＴ（Assistant Language Teacher）に日本文化を紹介したり、アメリカンスクールとの定期的な交流を行った佐賀県伊万里市立滝野小学校、②総合学習や教科学習と連動させ自分たちの暮らしや伝統産業を調べ、英語で伝えるポスターセッションを企画した富山県氷見市立海峰小学校、③コンピュータの創造的活用で英語活動と国際交流を連動させ、オーストラリアの小学校とビデオレター等の交流を行った熊本大学教育学部附属小学校、④各教科の内容を取り入れ、日本の歴史上の人物についてＡＬＴと話した岐阜県土岐郡笠原町立笠原小学校、⑤高校生と英語で交流する埼玉県春日部市立粕壁小学校、⑥大学生とテレビ会議で交流した大阪府河内長野市立天野小学校、⑦伝統産業「藍染め」を題材に英語で国際理解教育を行った徳島県藍住町立藍住南小学校など、いずれもこれまでの英語教育の枠を超え、子どもと英語との多様な関わり、出会いを創ろうとしたものです。

これらの活動に共通しているのは、単なる英文やスキットの練習ではなく、目的をもって英語を使うというコミュニケーションが体験されている点です。京都市東山の小学校で見た「クリスマスツリーを作ろう」という授業では、子どもたちがそれぞれ紙のクリスマスツリーを作るために、色や形の英語表現を使いました。けれど最終目的は、クリスマスツリーを作ることにあるので、授業の最後に黒板に張られた全員のツリーを前に話されたことは、ツリーのデザインやできばえに関することでした。子どもたちは使った英語の正しさや発音について評価されるのではなく、色合いの素晴らしさやシンメトリーでないデザインのユニークさについてＡＬＴから批評を受け本当に誇らしげでした。ここで子どもたちが経験したことは、英語を使った本物のコミュニケーションです。これまでの学校英語教育の中で、英語の発音のよさや英文の正しさをほめられたことのある生徒は大勢いたでしょうが、自分の描いた絵や作品を英語でほめてもらったことのある人はいるでしょうか。

子どもが本当にやってみたい活動、興味を持つ活動を掘り起こす先生たちの創造性は、ある意味で「英語教育」ということの概念やイメージを変えています。

## 2 「小学校の先生が英語を教える」という未知の経験が切り拓きつつあるもの

小学校の普通の先生が英語を教えるということは、小学校英語教育反対論の強力な根拠です。確かに、「英語力のある教師が教えるべき」というのは正論ではありますし、専科の指導者を導入すべきだという声は大きいのですが、筆者はこの「総合的な学習の時間」という新しい器に、「英語活動」という新しい教育内容を盛り込む上で、小学校の普通の先生の果たす役割は重要だと考えています。

英語に限らず教師の果たすべき機能はいろいろであり、モデル提示機能はそのひとつに過ぎません。モデル提示機能にしても先生は英語そのもののモデルではなくて、むしろ「外国語を使う日本人」というロールモデルを果たすべきだと思うのです。子どもの興味にそって英語を使う場をどう設定するかというマネジメント機能や子どもの反応を捉えて適切に反応する反応・評価機能に関しては、小学校の先生はＡＬＴや英語専科の日本人教師よりも優れていると思われます。

さらに、全教科を教えているということを生かした授業設計の能力は、前項で述べたような多彩な英語のカリキュラムを生み出すもとになっています。

「英語力のある教師が教えるべき」という「正論」を超えたところから何かが生まれていて、小学校英語活動が独自の地平を切り開きつつあるのは、担任教師の関わりに負うところが大だと思われます。

## 3 学校文化が変わりつつある

「学校文化が変わる」という表現は大げさかもしれませんが、「総合的な学習の時間」が新設されたこと、特に「英語活動」は、担任がひとりですべてを行い囲い込むいわゆる「学級王国」を変えています。ガイドのない授業を作るため、Ｔ・Ｔ（Team Teaching）が行われ、いっしょに授業プランを考えたり授業を見せ合ったり、授業協力が行われています。新しく英語活動に取り組んだ小学校の教員研修の様子をビデオで見たことがあります。お互いに教師と子ども役になってゲームをしたり歌やチャンツを練習する姿は、おかしくも涙ぐましくもありますが、だれも経験のないことに取り組もうとする小学校の先生の柔軟性や適応力、活力には圧倒されます。

また、先生自身がＡＬＴやボランティアなどで英語活動の支援に入る地域の人と付き合うことで変わっているようにも見えます。英語を話す外国人といえば、金髪碧眼のアメリカ人やイギリス人を真っ先に連想していた先生が、いまやイランやバングラディシュのＡＬＴと職員室でいっしょに授業研究をしている姿からは、確かに学校は変わっていると感じられるのです。

## 小学校での英語教育は英語優越主義や英語母語話者優越主義を助長しないか？

英語優越主義は存在するのかといえば、必ずしもそうとは言えないと思います。しかし日本人一般、特に大人の間に、英語に対する特別強い関心、必要感、憧れや怨念などの複雑な思いがあるのは確かでしょう。なぜそうなのかについては、決して英語教育だけの問題ではなく、結局は文化論になってしまいますので筆者の手には余ります。

現状での小学校英語活動を見ていると、小学校の普通の先生が授業の中で英語を使うことによって、英語を特別視する見方が次第に変わっていっているように思います。子どもよりむしろ先生自身の英語観や英語母語話者に対する見方が変わっていることが分かります。小学校の先生は一般には英語の運用能力に自信がないので、最初の一歩を踏み出すまでは躊躇する気持ちが強いけれど、実際に英語を使いＡＬＴと付き合ううちに、次第に慣れて英語を使うことに楽しみを感ずるようになる例は少なくありません。指導技術や子どもを把握する能力は小学校の先生の方がＡＬＴよりも格段に優れているので、ＡＬＴに対しても次第に注文をつけるようにまでなってきます。

小学校の先生は、中学校英語の免許をもっていなくても、少なくとも大学まで英語を学んできた人たちです。要は、英語を使う機会がなかったということなので、経験を積めばそれなりに英語が使える素地はあったのです。小学校の先生が果たすべき役割は、外国語としての英語（EFL：English as a Foreign Language）を使う大人としてのモデルを果たすことだと考えます。少なくとも現状の小学校英語活動で目指すべきは、外国語としての英語に初めて出合い、慣れ親しむことであり、そのモデルとして小学校の普通の先生に勝るものはありません。外国語を使うことは不自由でそう簡単なことではないけれど、努力して伝えようとすることで、人間的な関わりがもてるということのロールモデルを示せばいいのです。特別な人でなくても英語は使えるということを示すことが、結果としては、英語優越主義や英語母語話者優越主義を克服することになると考えます。

もちろん、小学校の先生が指導にあたり英語の研修を受けることは重要ですが、英語力のある人が教えるべきだということを強調しすぎると、結果的に英語母語話者が指導者としてベストだということになってしまいます。小学校の先生が英語を扱うことに対する過度の警戒は、どこまでも英語を特別視することになり、英語は特別の人しか扱えないものだというエリート主義に通じるものだと思います。

小学校で英語を教えることが英語優越主義に通ずるのではありません。今後も英語が、小学校の先生のような普通の立派な大人が扱えないような特別なものとしてとどまり続けること、それ自体が英語優越主義そのものだと思います。

## 小中連携（あるいは一貫性のある英語教育）について

小学校での英語活動の実施率が50％を超えた頃から、また「教科化」への動きが取りざたされるようになり、小学校と中学校の英語教育の連携ということが話題に上ることが多くなってきました。小学校英語に関連する文部科学省の研究開発学校も、現在ほとんどが小中連携をテーマにしています。

しかし、小中連携の英語教育と口で言うのは簡単ですが、実際には難しい問題を含んでいます。その難しさは第一に、小学校に英語が導入された最初から「中学校英語の前倒しではいけない」というスローガンが流布して来たことによります。ある意味では中学校英語教育を否定するところから小学校英語活動は作られてきたので、いろいろな点で小学校英語活動と中学校英語教育は異なっていると言うことができます。

二点目に、小学校の方でも、初めて英語に触れるという英語学習のスタート時に関心が集中して、継続する子どもたちの英語学習の行方というものに見通しがありませんでした。

三点目に、これは最初の問題とも関連しますが、英語教育を改善すると言っても、中学校の英語教育の何が問題だったのかが突き詰められていませんでした。したがって、中学校側から見ても、小学校に何をどこまで期待するのかが明確ではないのです。

第四に、これは英語に限ったことではありませんが、学校教育における小中、中高、高大等校種による壁は予想以上に大きいということです。

結論的には、現状での小学校英語活動と中学校英語教育を連携させることは極めて難しいと言えます。連携するには、お互いに現在行っていることをかなり変える必要が出てきます。どちらに合せるのか、それが課題です。現実的に言えば、中学校英語教育を基準に合せることの方が容易でしょうが、それは、事実上「中学校英語の前倒し」ということになるでしょう。結局は、一貫性のある英語教育の構築のためには、再度、学校英語教育の目的を検討することが必要です。

## 公立小学校での英語教育の目的

高校時代に第二外国語としてドイツ語を習い始め、現在、日本語の作家として、またドイツ語の作家として活動している多和田葉子は『エクソフォニー――母語の外へ出る旅』（岩波書店、２００３）で、「外国語とのつきあいは、「上手」「下手」という基準で計るものだと思っている人がドイツにも日本にもたくさんいる」（９頁）と述べています。さらに、「日本人が外国語と接する時には特にその言語を自分にとってどういう意味を持つものにしていきたいのかを考えないで勉強していることが多いように思う。すると、上手い、下手だけが問題になってしまう」（10頁）と続きます。

先日、京都のある小学校で、子どもたちが造形的な作品ですが、黒の紙とセロファン紙で蝶を作って、その作品を通して英語でＡＬＴの先生と話す授業を見ました。言っていることは、What color is your butterfly? とか、It's pretty. といったことですが、つまり、作品を作るプロセスで英語を使い、できた作品について英語で批評されたり、質問に答えたりするということが行われていました。こういうことを見て新鮮に思い、改めて気づかされるのは、これまで私たちは「上手い、下手」という基準でしか、英語と付き合ってこなかったということです。中学校の英語教育の授業を長年見てきましたが、授業研究が他教科と比べ深まらないといつも思っていました。それは授業を評価する尺度のほかに、常に生徒や先生の使う英語を「上手い、下手」というもうひとつの基準で見ていたからではないでしょうか。

多和田も言うように、語学にとって大事なのは、その言葉を自分にとって、児童・生徒にとって、どういう意味をもつものにしていくのかいうことだと思います。「上手い、下手」という発想の元には、自分の外部にそれを判定する絶対的な基準があります。それは理想化された native speaker です。英語教育とはそういうことなのか、より native に近づく、上手くなることが目的なのか、小学校での英語活動を見て、改めて考えさせられました。

小学校の英語活動を見て、「あんなのは本当の英語ではない」と言う人がいます。「本当の英語」とは何でしょうか？　多和田（２００３）には以下のような記述があります。

「本当のアフリカ」という物があるわけではなく、アフリカをどのように体験するか、把握するか、表現するかには無数の道がある。（87頁）

そっくりそのまま、英語にも当てはめたいと思いました。「本当の英語」という物があるわけではなく、英語と付き合うには無数の道があるのではないでしょうか。そのことを小学校英語活動は教えてくれました。

最後に、公立小学校での英語教育の目的について、現時点での考え方をまとめておきたいと思います。それは、「外国語との付き合い方を教える」ということです。「付き合い方」には、言葉そのものとの付き合いと、言葉に対する偏見との付き合いも含まれます。英語を通して外国語との付き合い方を教えるのですが、「上手い、下手」だけでない多様な英語との付き合い方、楽しみ方があることを伝えたいと思います。それが結局は「英語に慣れ親しむ」ことでもありますが、上手くなるためだけにそうするのではなく、英語と付き合うことが子ども自身にとって意味のあることに思えるような教育活動を創造することができたら、小学校で英語を教える本当の意義があるのではないでしょうか。そして、それが将来にわたっての長い外国語との付き合いの始まりになるようなら、本当の意味で一貫性のある外国語教育の一歩と言えるように思うのです。

＊本稿は大津編著（２００４）収録論考を一部修正して再録したものである。

*After Twenty Years*

付記

# 英語は小学校に何をもたらしたか？

## 1 「総合的な学習の時間」で行われたことの意味

この度再録された論考『小学校英語活動の現在から考える』における「現在」は、「総合的な学習の時間」での「国際理解教育の一環としての外国語会話等」として、英語が教えられていた時期でした。体験的な活動、すなわち英語活動の時代でした。

「総合的な学習の時間」は「ゆとり教育」をもたらした1998年（平成10年）の学習指導要領改訂の象徴でした。この改訂の背景には完全学校週5日制の導入がありました。詰め込み教育批判により教育内容の精選、授業時数の削減を行ってきたピークがここでした。減った全体枠の中で、既存の教科等をどう配置するかという課題に対して、例えば小学校では「言語科」というような合科も一部の研究開発学校では試行されていました。ですから英語を新しく入れる余裕などなかったはずですが、「総合的な学習の時間」が創設され、小学校中学年で週105単位時間、高学年で110単位時間設定され、結果的にはその枠の中に英語を入れることができるようになりました。

「総合的な学習の時間」創設の目的は、課題を設定し、教科横断的・総合的な学習を通して問題解決や探究活動に主体的に取り組む態度や資質・能力を育てるという、大変高邁なものでしたが、時間枠だけが設定され内容は学校裁量に任されました。国が示した課題の例は、国際理解、情報、環境、福祉・健康、地域課題などでした。「総合的な学習の時間」創設は、各学校が画一的でなく創意工夫を凝らしてカリキュラム開発することが期待された日本の学校教育にとっては異色の事例でした。

当時私の関心はカリキュラム開発にあり、日本では稀有な、学校を基礎にしたカリキュラム開発（School-based curriculum development）の実践例として、研究開発学校をはじめ小学校での英語のカリキュラム開発に注目し続けました。「総合的な学習の時間」で国際理解教育の一環として行われた英語の授業のなかには、歌やゲーム、児童英会話的なものもありましたが、正に看板通りの総合学習を志向したものも少なくありませんでした。中高の英語の授業を見慣れたものにとっては実に新鮮で、今振り返ると、小学校への英語教育の導入に当たって最も魅力的だったのが、この時期だと思います。

その魅力は、担当された先生がまだ英語教育の「常識」というようなものを知らず、他校の実践なども参考にせず、ご自身の得意分野を活かして英語に取り組んだことから生まれたように思います。この論考の最後に私は、公立小学校での英語教育の目的を「外国語との付き合い方を教える」と書きました。当時、中高大にあって小学校にない指導内容の代表が英語でした。英語を教えるというより、その新しい学習内容である英語と子どもたちをどのように出合わせるか、どのように子どもの興味・関心を英語と結びつけるかに、先生たちは腐心しました。同時に、先生たち自身も未知の指導内容英語とどのように関わるのか、付き合うのかが問われたのです。そこに、英語の教師ではない小学校教師としての力量が発揮され、個々の先生固有の教育実践が生まれたのです。この頃、理科が得意な先生がペットボトルで色水の実験をしたり、社会科が得意な先生が歴史上の人物を登場させたりする英語の授業を見ました。ハロウィンを地域の地蔵盆と比較して考える授業もありました。子供の興味・関心と、先生の興味・関心からくる英語への接近方法がつながって、新しい授業が創られていきました。殊に印象に残っているのは、熊本大学教育学部附属小学校で前田康裕先生が行った実践です。先生の美術・音楽のセンスとＩＣＴ技術が存分に発揮され、子どもたちが自己紹介のビデオレターを作成し海外の学校と交流したものです。背景の映像と音楽を効果的に使って、見事な出来栄えのビデオレターができました。

しかし学校裁量の時間に取り組まれた英語活動は、よく言えば多様ですが大いにばらつきのあるものでした。また、単発的、イベント的な活動に終始することがほとんどでした。いくら体験的な活動だとは言っても、長期的な見通しを持った指導や学習、系統性のあるカリキュラムが求められるようになるのは必然でした。また、「総合的な学習の時間」の枠の中で予想外に外国語会話等が取り組まれたことで、本来的な意味での総合学習を志向する研究者等がやがて、「総合的な学習の時間」から外国語を切り離したいと考えだしたことも皮肉なことでした。それが必修外国語活動創設、そして教科化に繋がっていきました。

## 2 「小学校の先生が英語を教える」という未知の経験が拓いたもの

論考の中で私が特に評価したのは、小学校の普通の先生、すなわち学級担任が教えるということでした。小学校への英語教育導入についての最大の問題は今日に至るまで一貫して、だれが教えるのかということでした。２０２１年（令和３年）１月、『「令和の日本型学校教育」の構築を目指して』と題した中教審答申が発表されました。この中で小学校高学年からの教科担任制の導入が提起され、理科、算数と並び外国語が専科指導の対象教科として例示されました。

　黎明期の先生方は小学校教員養成課程で英語教育について学んできていませんでしたから、小学校教師としての全般的な経験や子供理解の能力は高くても、英語運用能力も指導力もないのは明らかでした。国や県による研修は行われたものの、充分ではありませんでした。それでも私は、「英語力がある教師が教えるべき」という正論を越えたところから何かが生まれていると書きました。

　その何かは、一つには前項で述べたように、学級担任が英語に取り組んだことにより新しい教育実践が生まれたことです。それに加え、英語を、少なくとも大学卒である普通の小学校の先生が扱えないほどの、特別なものでなくするのに意味があったと思います。小学校文化の中に英語が入って、英語との付き合い方が、大袈裟に言えば大衆化されたのです。それはそんなに悪いことではなかったと、今も思っています。

## 3　今、改めて思うこと

　論考における「現在」は、今では過ぎ去った時代です。英語教育全体の改善や子どもの英語学力向上に小学校への英語教育導入が有益であったのか、科学的に証明することは難しいと思います。私自身が果たしたであろう役割についても、学級担任の役割を強調したことが、今日の教科化に至るまで人的な条件整備が遅れたことの一因だったことは認めざるを得ないとも思っています。

　2007年以来、私は研究の現場を離れています。当初は私も英語教育研究者の端くれでしたので、当然、英語を教えること自体に関心がありました。しかし、やがて関心は小学校教育全体に移っていきました。中学校も高校も結局のところ学校教育は、教科等を媒介として生徒を育てる一種の装置ですが、小学校は特に学級担任が一人で全ての教科等を通して児童を育てていくのです。小学校という装置の教育機能は、英語を加えることによって、果たして豊かなものになりえたか。

改めて思うのは、小学校での教科等は英語であっても他教科であっても、それ自体の学力をつけることに特化されてはいないということです。小学校の教育文化の中に英語という異質なものが入ったこと、そして、例えばそこにＡＬＴが日常的に参加するようになったことが、子どもや先生方にもたらしたものは何だったのか。そこにこそ、私が小学校英語に関わりを持ち続けてきた興味の源泉があるのだということを、本稿をしたためて、再確認しています。

## 大津のひとこと

「松川禮子」という名前を意識したとき、松川さんは、小学校英語を考える際には、学校英語教育というタテの軸と小学校教育というヨコの軸の交わりで考えなくてはいけないと強く訴えていました。そして、「中学校も高校も結局のところ学校教育は、教科等を媒介として生徒を育てる一種の装置ですが、小学校は特に学級担任が一人で全ての教科等を通して児童を育てていくのです」という基本認識のもとに形作られていった松川型小学校英語の姿はわたくしの目にも新鮮に映っていました。実際、わたくしも《行くなら、この延長線上でしかないな》と考えていました。

２００７年、松川さんからの一通のメールが飛び込んできました。岐阜大学教授から岐阜県教育長に転ずるというのです。直感的に《これはやばい！》と思いました。小学校英語の教科化へ向けた流れは本格化し始めており、この流れは食い止められない。しかし、まっとうな考えを反映した部分を少しでも多く含んだ形での教科化にもっていかなくてはならないと考えていたからです。

とは言え、県教育長になってからも（当然と言えば当然ですが）虎ノ門にはよくおいでになっていましたので、わたくしも何度か意見交換をする機会に恵まれました。岐阜までお考えを聞きに出かけたこともあります。しかし、公務多忙からなのか、県教育長という立場を配慮してからなのか、あるいは、ご自身の主義からなのか、県教育長就任以後は小学校英語について積極的に発言することはほとんどなかったように思います。

現実は松川型小学校英語とはかなり異なった方向へと流れていきました。教科化は専科教員の導入の流れを決定的なものにする勢いに手を貸しました。英語活動文化をどう今後の小学校教育に活かしていけばよいのか、教科化されてしまった小学校英語をどうすればよいのか。

松川さんは言います。「小学校での教科等は英語であっても他教科であっても、それ自体の学力をつけることに特化されてはいないという事です」。核心を突いた指摘です。そして、こうも言います。「学級担任の役割を強調したことが、今日の教科化に至るまで人的な条件整備が遅れたことの一因だったことは認めざるを得ないとも思っています」。たしかに、現象的にはそうかもしれませんが、いま、松川さんに総括していただきたいのはそこではありません。小学校の教育文化の中にこれまでとは違った異質なものを投げ入れることはその一層の活性化に重要な役割を果たすことは間違いありませんが、その「異質なもの」が英語であったことは正しい選択であったのか。この問いに対する答えこそ、いま、松川さんに語っていただきたいことなのです。そこから、小学校英語の、そして、小学校教育の将来像が見えてくるはずですから。

# 2　公立小学校での英語教育
## ――必要性なし、益なし、害あり、よって廃すべし*

大津由紀雄

### 全体的言語政策の一環としての、小学校への英語教育導入

小学校への英語教育導入(1)を論ずるにあたって、まず押さえておかなくてはならない点があります。それは、小学校への英語教育導入は、単独で打ち出された政策としてではなく、全体的言語教育政策の一環として理解されるべきものであるという点です。筆者の見るところでは、関連する流れはふたつあります。ひとつは、1990年代初頭から綿々と続く小学校への英語教育導入のための流れであり、それがいわば本流です(2)。もうひとつは、「「英語が使える日本人」の育成のための戦略構想の策定について」(2002年7月12日発表) から「「英語が使える日本人」の育成のための行動計画の策定について」(2003年3月31日発表) に至る一連の言語教育政策策定の流れです。現在、本流は後者の流れを受け、これまでにない大きなうねりを形成しています。このうねりの中で、小学校への英語教育導入を捉えないと、その本質を見失ってしまう恐れがあります。

このうねりは、産業界からの強い要請、一般の人々の根強い英語願望（あこがれ）、英語の商品力に着目した英語産業の強力な後押し、さらには、大学などにおける英語教員のポストの確保を狙う英語教育関連の学会の動向、そして、これらの要因を巧みに連携させることによって英語教育行政に確固たる指導力を発揮しようとする文部科学省の思惑などが複合的に作用して形成されたものです。したがって、このうねりに飲み込まれることなく、冷静な議論と判断が重要である

ことを主張し続けるには、かなりのエネルギーと忍耐が必要とされます。しかし、そうであっても、言語（学）、英語（学）、英語教育などに関わりを持つ者はこの事態をただただ静観するのであってはなりません。とくに、根強い英語願望を持つ一般の人々に対して、このうねりの本質をできるだけ分かりやすい形で提示し、自分で判断して結論を出すことができるよう、必要な情報（視点）を提供する努力を怠ってはならないのです。

小学校への英語教育導入をこのような文脈で理解すると、この問題を考えるときに、とかく忘れられがちになる重要な点が浮かび上がってきます。それは英語教育の目的の問題です(3)。いま述べたうねりは、英語教育は学習者の英語運用能力を育成することをその第一義的目的とするものであることを前提としています。たしかに、外国語教育において、その対象となる言語の運用能力を身につけて、その言語を使えるようになりたいという願望は、学習者にとって重要な動機づけとなります。しかし、殊、学校英語教育に関して言えば、その目的を英語の運用能力の育成だけに限ってしまう（あるいは、強調しすぎてしまう）のは非常に危険です。仮に、その考えを受け入れるのであれば、英語文化圏からの帰国子女で、英語の運用能力をすでに身につけている者は英語教育を受ける必要がないということになります。筆者はそうは思いません。この点について筆者がどのように考えているかについては、本稿の最後の部分で述べます。ここでは、学校英語教育の目的を学習者の英語運用能力を育成することと決めつけてしまうことは、英語教育の意義を矮小化してしまう危険性があることを指摘しておきたいと思います。

## 「英語を学び始める時期は早ければ早いほどよい」という議論

興味深いことに、小学校への英語教育導入の「推進派」と目される人々の間でも、この議論の不確かさはかなりはっきりと認識されているように思えます。たとえば、松川（2003、18頁）は「小学生から英語学習を始めれば発音が素晴らしくよくなるとか、早ければ早いほど有利だという考え方には、あまり科学的な根拠もないし、現状での小学校の学習環境がそれを可能にするとも考えられない」と述べています。[4] それにもかかわらず、この議論を無視できないのは、前節で述べたうねりの基盤にある、一般の人々の根強い英語願望がこの（実は、頼りない）議論に支えられているからです。そして、その願望は、ほぼ必然的に小学校への英語教育導入へと（そして、さらには、学齢期以前の早期英語教育へと）導かれていきます。

この議論の基盤にあるのは、外国語学習には臨界期（ないしは、敏感期）が存在し、その期間に外国語の学習を行うのと、その期間終了後に行うのでは達成されるところが質的に異なるという考えです。この点について考える際に、まず確認しておかなくてはならないことがあります。それは、第二言語環境での英語獲得と外国語環境での英語学習の区別です。たとえば、商社員が英語圏駐在を命じられ、家族そろって渡米したとします。その場合、必然的に英語に触れることになりますが、その生活環境自体が英語によって支えられています。英語を使わないと生活そのものが脅かされる可能性があります。このような環境で英語を身につけることを「第二言語環境での英語獲得」と呼びます。それに対して、中学校に進学した生徒が学校で英語を習うという状況があります。この場合も、英語に触れることになりますが、生活環境自体は相変わらず母語（多くの場合、日本語）によって支えられています。したがって、英語を使わなかったからといって生活が脅かされる危険性はほとんどありません。このような環境で英語を身につけることを「外国語環境での英語学習」と呼びます。第二言語環境での英語獲得と外国語環境での英語学習は英語を身につけるという点では共通しているものの、英語との接触の仕方、接触する英語の質と量、動機づけなどの点で明瞭な違いがあり、一般的には、獲得／学習の達成度にも違いが見られます。したがって、この両者を区別することなく論じることは危険です。

アメリカなど英語文化圏の大都市には、日本企業からの派遣社員らとその家族が（ひと頃ほどではないものの）多数生活しています。その中には、学齢前の幼児、小学校児童、中学・高校の生徒、それに社員夫妻と、一家揃ってやってきた家族もいます。その場合、例外なく、まず数カ月して、幼児が英語の単語をまわりの英語話者と同じ見事な発音で口に出すようになります。家族は、「やはり小さい子はことばの天才だ」と驚くとともに、ひそやかな喜びを感じます。数カ月遅れて、はじめは学校へ行くのをあれほど嫌がっていた小学生が友だちを家に連れてくるようになり、これまた見事な発音でその友だちと会話をするのを目の当たりにすることになります。彼らの話している内容が親にはちんぷんかんぷんということもまれなことではありません。さらに数カ月遅れて、中学生が英語を話しだします。この間まで、「俺の英語はジャパニーズ・イングリッシュだから、みんなにわかってもらえないんだ」などと言っていた子が、電話で明日提出の宿題の作戦を友だちと流暢な英語で相談しているというようなこともよく聞く話です。そして、高校生はさらに数カ月（あるいは、もっと）遅れて、やっと学校に馴染みはじめます。

一方、子どもたちの英語の上達に目を細めながらも、「自分たちも子どもたちのように若いときにアメリカへ来ていたらなあ！」と、くやしさを隠しきれないでいるのが、子どもたちの両親なのです。2、3年の短期滞在の場合、帰国の直前になっても英語でのやりとりがままならず、これでは日本に戻ってから恥ずかしいのでといって、こっそり、外国語としての英語を教えてくれるクラスに出はじめるという笑えない話もあります。もちろん、英語が達者に操れて、それでアメリカへ派遣になった親もいますし、個人差もかなりあります。しかし、大筋のところは大体このようなもので、海外滞在経験のある人なら、まさにそのとおりと賛成してもらえるでしょう。つまり、英語を学びはじめようとするとき、開始年齢が早ければ早いほど、その上達は早い、というのが大方のみるところです。

このような事例を根拠に外国語学習には臨界期が存在するという主張をする向きもありますが、それは第二言語環境での英語獲得の話であり、日本で英語を学ぶという外国語環境での英語学習とはまったく事情が異なります。[5] 仮に第二言語環境での英語獲得に臨界期が存在したとしても、だからと言って、外国語環境での英語学習にも臨界期が存在するということにはならないのです。

一方、外国語環境での英語学習も、やり方さえ間違えなければ、一定の英語運用能力を身につけることができることは、多くの成功例の示すところです(6)。ここで重要なことは、外国語環境での英語学習は母語としての英語獲得や第二言語環境での英語獲得とは質的に異なった学習法が有効であるという点です(7)。煎じ詰めて言えば、獲得過程やその獲得対象がほぼ無意識的である、母語としての英語獲得や第二言語環境での英語獲得とは異なり、むしろ学習過程や獲得対象を意識化させることによって学習の効率や成功率を高めることができるのです。そのためには、（対象）言語を客体化して捉える力（メタ言語能力、73頁参照）やある程度の分析能力が必要であり、そのためには、むしろ中学生期以降に学習を開始するのが適当であると考えられます。テレビのコマーシャルなどに惑わされて、子どもが母語を学ぶのと同じやり方で、大人も外国語を学ぼうと志すのは勘違いとしか言いようがありません(8)。

**国際理解に関連する議論**

小学校での英語教育は、英語運用能力の育成ではなく、国際理解を深めることを目指したものであるという議論があります(9)。この議論の最大の問題点は、英語学習と国際理解とがどのように関連するのかが不明確であるという点に集約されます(10)。たしかに、児童たちの母語である日本語のほかに外国語が存在し、外国語は日本語とは異なった体系を持つことを知ることは（個別）言語の相対性を理解させる点で意味がないとは言えません。しかし、そのための外国語として英語が選ばれなくてはならない必然性はありません。むしろ、英語優越主義を助長させるという、もくろみとは逆の効果をもたらす可能性があります。

英語優越主義というのは、英語が他の言語（たとえば、日本語）より国際共通語として適した特性を持っている（その点で優れている）という考えを指します。それは、さらに拡張されて、英語を使える人は使えない人よりも優れている。さらには、そのように優れた人によって築かれた英語文化は他の文化よりも優れているということにさえなります。言うまでもなく、英語が今日、事実上、国際共通語としての地位を得ているのは、軍事的、政治的、経済的理由によるもので、英語それ自体の特性とは無関係です。事実、数十年後にも英語が国際共通語として機能しているかどうかは定かではありません(11)。

英語優越主義の議論に対して、子どもたちは優れた言語であるということで英語を学ぶのではない、国際通用度が高いからだという反論を耳にします。たしかに、最初はそうかもしれません。しかし、学び始めたものの、英語はそうは簡単に身につかない。そういう状態のときに、英語を身につけた人に対して、単にその人が英語を操れるというだけで、畏れを感じてしまうことは想像に難くありません。街で外国人から英語で話しかけられる。その英語が理解できない。あるいは、応対できない。そんなことがあっても、恥じ入る必要はないのに、卑屈な反応をしてしまう。よく耳にする話です(12)。

英語優越主義に陥る危険性は子どもたちだけのものではありません。むしろ、英語優越主義に侵されてしまっている大人がたくさんいます。たとえば、最近こんな投稿をある新聞で目にしました(13)。

バスの中で走り回り、老婦人にぶつかって怒られた幼児がいた。母親は「英語で謝りなさい」と日本語で言った。ジョークのような話が現実にあった。

「英語子育て」ということばが生まれるほどの世の中ですから、こんなことがあっても不思議ではないでしょう。これほどまでに極端でなくても、英語に対するあこがれや畏敬の念（あるいは、その裏返しの敵意）といったものは現代日本の中にかなり根強く浸透しているのです。そうした状況から子どもたちを守ることも教育の重要な使命です。

こうした問題の根幹は次の点にあります。現代社会に国際共通語は不可欠です。願わくば、その国際共通語はだれからも等距離にある存在であって欲しい。そうでないと、不公平が生じるからです。当然考えられる方法は、だれにとっても母語ではない言語を国際共通語として機能させることです。エスペラントはそうした認識に立って創り出されました。しかし、その試みが不成功に終わったことはよく知られているところです。別の方法は現存する自然言語の中から国際共通語を選ぶという方法です。「選ぶ」といっても、その作業は意識的なものではなく、軍事的、経済的、経済的要因によって、自然に選び出されます。現在の英語はそのようにして選び出されたものです。現代世界において英語が国際共通語として機能していることは紛れもない事実で、その現実自体を変えることは現実的ではありません。しかし、それは現状を単に受け入れるだけであってよいということではありません。

真の国際理解とは、個別言語や個別文化の相対性（どの個別言語も個別文化も同質の原理を基盤にしており、あるものが他よりも質的に優れているということはない）と多様性（その多様性もある一定の制約のもとでのものである）を正しく理解することによってのみ達成されるのです。英語優越主義は本当の意味での国際理解とは正反対の極にあると言えます。

念のために付け加えておけば、筆者とて、子どもたちがバイリンガルやマルチリンガル（多言語使用者）に育っていくことが、個人にとっても、日本社会にとっても、益するところが大きいことを否定しようとしているのではありません。正しい認識がないままのバイリンガル教育としての英語教育は、学習者を英語優越主義に追い込んでしまう危険性があると警鐘を鳴らしているのです。

関連して、英語は他の多くの言語に比べて、外国語として学習しやすい言語であるという議論を耳にすることがあります。その根拠は、英語は他の印欧諸語などと比べて、動詞の形が主語の人称や数《すう》（単数、複数）などによって変化することが少なく、名詞の形も性や数や格によって変化することも（代名詞以外は）ないという点にあるようです。しかし、これらの特徴をもって、英語が学習しやすい言語であるということにはなりません。たしかに、英語はいま述べた特徴を持っていますが、そうした変化が乏しいので、そのしわ寄せが厳格な語順になって表面化しています。語順をきっちりと学習しなくてはならないのです。（現代）英語では失われてしまった動詞や名詞の変化を保持しているドイツ語などを学ぶ場合、そうした変化を学ぶのは大変ですが、一度それを身につけてしまえば、文の構造を見抜くのは楽です。さらに、ご承知のように、英語はつづり字と発音の関係がかなり間接的ですので、その学習にも手間がかかります。つまり、他の言語と比べて、英語が学習しやすいということはないのです。

本節を閉じるにあたって、次の点を付け加えておきたいと思います。筆者は、英語を学校教育の一環として教える必要はないということを主張しているのではありません。筆者も英語を使って多くの人々と意見の交換を行っており、国際共通語としての英語の重要さは十分に認識しています。ここで大切なことは、その手段としてなぜ英語が使われているのかという問題意識なのです。國弘正雄流に言えば、「そう簡単かつ一方的に英語にはかすめ取られぬぞ、という」自負、自尊心がきわめて大切なのです[14]。そうでないと、英語優越主義に陥ってしまう可能性が高いと主張しているのです。筆者はその問題意識を芽生えさせるための言語教育こそ、小学校段階で徹底的になすべきことだと考えます。より具体的な提案は本稿の最後の部分をご覧ください。

## 小学校への英語教育導入がもたらす可能性がある、もうひとつの害

小学校への英語教育導入に関連して、もうひとつ重要な点があります。「そぎ落とし（unlearning）」の問題です。そぎ落としとは、一度身につけた知識や技能を白紙に戻すことを指します。一般に、そぎ落としには、学習（learning）そのものにも増して、困難が伴います。英語教育の専門的訓練を十分に受けていない教員が英語教育を行うことは、小学生に取り返しのつかない知識や技能を身につけさせてしまう恐れがあります。

そぎ落としの問題に対して、訓練された英語教員を配置することによって解決可能であるという見解があります。理屈はそうですが、ことが全国の公立小学校に及ぶことを考えると、それがどれだけ現実的であるのか、大いに疑問が残ります。また、補助教員や補助教材の有効利用によって、この問題を回避できるという主張もありますが、それらはあくまで補助的なものであることを忘れてはなりません。英語教育の専門的訓練を受けていない者に、補助教員に対する指導や補助教材の適切な利用ができるとは思えません。

　こうした筆者の危惧に対して、松川禮子は、教師の側に完璧な英語運用能力を期待しすぎてしまうと、かえって、英語優越主義をはびこらせる原因になりかねないと反論しました(15)。しかし、筆者は、教員の側に完璧な英語運用能力を期待しているのではありません。ある程度は教員の発音が独特の癖を持ったものでもかまいません。しかし、教員が持っていないと困るものがあります。それは、しっかりとした言語観（外国語観を含む）と言語教育観です。なぜ英語を教える必要があるのかという問いに対し、教えなくてはならないとされているからであるとか、国際共通語である英語を身につけるのは問うまでもなく当然のことである、といった程度の意識しかない教員による教育がどれほど危ういものであるかはいくら強調しても強調しすぎることはありません。中学校や高等学校の英語担当教員にしても、これらの要件を満たしている者がどのくらいいるのか、筆者は懐疑的です。その意味で、言語教育政策として、まず、手をつけるべきは中学校や高等学校の英語担当教員の再教育であって、数の上だけでも、それらを大きく上回る小学校教員の再教育や新規採用教員のための訓練ではありません。

　もうひとつ、関連して指摘しておきたいことがあります。これまで、筆者はそぎ落としの問題を論ずるとき、LとRの発音を例としてあげてきました（たとえば、大津・鳥飼２００２）。しかし、LとRの例はわかりやすい反面、誤解を招きやすく、議論を誤った方向に導いてしまう可能性が高いことに気がつきました。LとRの発音の区別を日本語話者に対して教えるのは一般的に困難であり、それを効率よく指導できる教員も中学校・高等学校（そして、もっと言ってしまえば、大学）レベルであってもそう多くはいませんから、この例にこだわることは筆者の真意を誤解される恐れがあり、実際、そのような誤解も耳にしました。しかし、筆者は、単に、間違ったLとRの発音を身につけてしまった学習者に、身につけてしまったところを一度そぎ落とした上で、正しいLとRの発音を身につけるのが困難であるという特定の事例だけを考えているわけではありません。バランスのとれた言語観と言語教育観、音声学、音韻論、形態論、文法論、語用論、英語史などに関する基本的な知識と運用能力が教師の側に必要であり、それらを欠いた教師に教えられた児童の誤った知識や運用能力をそぎ落とすことが困難であることは想像に難くありません。(16)

## 小学校での英語教育に対する別の見方

小学校での英語教育の問題に長年関わってきた松川禮子はその近著（松川２００３）などで、小学校での英語教育に対する非常に興味深い見方を提示していま す。松川は「特に英語の免許を持たない学級担任の先生が、英語教育の専門家としてではなく、小学校教育の専門家としての立場で関わったことから、新しい教育内容がカリキュラムの中に盛り込まれた」（18頁）と分析しています。そして、「小学校での英語活動の教育内容としての新しさは、子どもと教師が共に、外国語や外国人という未知の世界との出会いを重ねることにある。英語を使って外国の人と共に遊び、何かを一緒にやったという経験を重ねること、その先に、異なる言語、異なる文化を超えて、人間として共通に体験できる何かがあり、喜びがあるという教育的体験の創造である」（18頁）としています。

教員の問題に関連して、松川は、教員が果たすべき役割は、「英語のモデル」というよりも、「学習者としてのモデル」であるという言い方もしています。(17)教員が英語学習に奮闘する姿を児童の前に晒すことによって教員と児童との間に築かれる可能性がある新たな関係に着目するという点は非常に興味深いものと言えます。しかし、その場合、到達目標のモデルはいったい何に求めればよいのでしょうか。誤った知識や運用能力を身につけてしまった場合、だれがそれを指摘し、それを矯正してくれるのでしょうか。(18)補助教員、あるいは、補助教材ということであるのなら、すでに指摘した問題（67～70頁）が生じることになります。教員が学習者に対して「学習者としてのモデル」を示すという考えは聞こえはよいのですが、このきわめて困難な問題を抱きかかえることになります。

教員が「学習者としてのモデル」を示すということは、教員が生徒たちと同じ（あるいは、それ以下）の技能、知識、見識しか持ち合わせていなくてもよいということではないのです。とくに、最後の「見識」の部分が重要です。ここで言う「見識」とは具体的には先ほど述べた「言語観（外国語観を含む）と言語教育観」を含みます。つまりは、言語教育のプロとしての基礎要件に欠ける人々に（名称はともかく）言語教育の一端を担わせるということはあってはならないことなのです。

また、松川（２００３、32頁）は、自分の英語の発音に自信がなく、指導に迷いを感じている小学校の先生に対してこう答えるといいます。

国際理解とコミュニケーションを重視する英語学習では、英語を母語とするアメリカ人やイギリス人の発音が絶対的なものではありませんし、発音は学習の一部に過ぎません。日本人なまりの英語でも、自信をもって大きな声で、ＡＬＴと対応してください。個々の音の発音よりもリズムやイントネーションなど発話の全体の流れを大切にして、日本語と違う英語音を子どもとともに楽しんでください。自分が完璧でなければと構えずに、「子どもと一緒にやってみよう」という姿勢が大切です（「えいごリアンＱ＆Ａ」より）（引用は松川２００３、32頁より）

この考え方は「World Englishes（世界中の諸英語）」という考え方を思い起こさせます。[19] 現代世界における英語はアメリカやイギリスだけのものでなく、多くの地域でさまざまな形が存在するという認識に基づいた英語観です。筆者は、その認識は重要で、英語教育のあるレベルにおいて、そのことを学習者に理解させることは必要なことだと思います。しかし、区別しなくてはいけないのは、その認識と英語学習の達成目標としての英語です。

ここで重要なのは、「ピジン（pidgin）」と「クレオール（creole）」の区別です。[20] ピジンとは、なんらかの理由で複数の言語が同一共同体内で接触するようになった場合、自然発生的に生まれる言語のことです。ピジンはさまざまな形態をとり、自然な状況で人間が身につけることができる自然言語（natural language）とは体系の上で本質的な違いがあります。つまり、自然言語であれば、必ず従わなくてはならない（そのように生物学的に規定されている）普遍的な原理に従ってはいないのです。ピジンが使われるようになった社会で、世代の交代を経ると、次の世代では、ピジンとは異なった体系を持った言語が使われるようになります。この世代はこの言語を母語として獲得したのです。このようにして形成された言語をクレオールと呼びます。クレオールは、ピジンとは違い、自然言語です。

さて、この区別をもとに、先ほどの議論に戻りましょう。シンガポールで使われている英語は「シングリッシュ（Singlish）」と呼ばれ、世代間伝播を経て使われてきました。シングリッシュは「アメリカ英語」や「イギリス英語」とは異なった特徴を数多く持っていますが、クレオールであり、自然言語です。それに対して、「日本人なまりの英語」はピジンであって、自然言語ではありません。「日本人なまりの英語」の英語を学習者の前で使うことに臆する必要はありません。しかし、それはどうあっても学習者の到達目標とはなり得ないという点をはっきりと認識しなくてはなりません。[21] 自然言語ではないピジンは自然発生的に生まれるものであって、その到達目標ではないのです。到達目標はあくまで自然言語として獲得された英語でなくてはなりません。では、その到達目標はだれが提示するのか？　補助教員であっても、補助教材などであってもかまいませんが、そこにはそれらを縦横に利用することができる英語教師が存在しなくてはならないのです。[22]

最後にもうひとつ付け加えておきたいことがあります。小学校への英語教育導入に関連して、条件つき賛成の立場をとる人がいます。その立場をとる人の中に、音声教育にその重点を置くべきだという条件をつける人がたくさんいます。最近の例としては、中島（２００４）[23] があります。中島は、「（前略）小学校で教える英語の内容は、児童の負担が少なく、かつ学習の基礎となり、早期学習の効果が期待できる発音、聞き取り、文章のリズムなど、口と耳を用いた訓練に徹すべきである」と述べています。議論のために、小学校における英語教育が英語の運用能力の養成を目的とすべきものとしましょう。そのとき、中島が述べるように、音声教育にその重点を置くべきだという主張はうなずけるものがあります。

しかし、問題はその具体的運用です。小学校で、だれが、どのようにして、効果的な音声教育を施すことができるのかという問題です。もちろん、そのような条件を整えることができる小学校もあるかもしれません。しかし、ことは全国の公立小学校でのことなのです。この点について大いに参考になるのは、私立小学校での英語教育です。私立小学校の中には以前から英語教育を実施しているところが多くあります。専科の教員がいたり、資格を持った英語話者の補助教員がいるなど、教育環境にも恵まれている場合も、少なくありません。では、そのような場合、少なくとも音声面において、その成果があがっているのでしょうか。寡聞にして筆者はそのような報告を目にしたことがありません。

## 小学校と中学校における英語教育

講演で筆者の主張を聞いた方から、英語優越主義を助長する危険性や英語教員の質の問題は中学校期以降に英語教育を開始する場合も同じではないかという質問を受けたことがあります。答えは否です。

まず、筆者は、以前から、小学校段階で児童の母語である日本語を対象とした、メタ言語能力養成のための言語教育を実施すべきであると主張してきました[24]。その内容については次に触れますが、そのような教育を施した後で、中学校期以降に外国語（たとえば、英語）教育を行うことで、生徒たちに個別言語の相対性を正しく認識させ、彼らに英語優越主義に陥る危険性から救うことができると考えます[25]。

教員の質については、たしかに現在の中学校・高等学校（それに、大学）の英語教員にも同様の問題があり、教員養成の改善、現職教員の再教育が急務であることは事実です。しかし、その現状に、小学校レベルでの教員の問題が上乗せされた場合、その数を考慮しただけでも、問題の深刻さの度合いが格段に増すことは容易に想像がつきます。改善が必要な現状に完全に対応しないまま、より広範囲に及ぶ問題を抱きかかえることは正しい選択ではありません。

## 言語教育は一体なんのために？――筆者の代案

ここまで、筆者がなぜ小学校への英語教育導入に反対するのかを説明してきました。この節では、筆者はその代わりに何をすべきと考えているかを述べることにします。

外国語教育としての英語教育に対する注目度に比べて、同じく言語を対象とする学科目である、母語教育としての「国語」教育[26]に関する議論はさほどの盛り上がりを見せることがありません。さらに、母語教育と外国語教育とが一体として捉えられて、「言語教育」として議論の対象となることは非常に稀と言って差し支えないでしょう。筆者は、母語教育としての「国語」教育と外国語教育としての英語教育は言語教育として連携すべきものであると考えています。

筆者の考える言語教育とは、次に挙げる、相互に有機的な関連を持った3項目を目的としたものです。なお、すでに述べたように、営みの目的とは、問題の営みは何のために行うのかという問に対する答えです。

【目的1】言語の面白さ、豊かさ、怖さを学習者に気づかせる。

【目的2】言語は人間にだけ、しかも、人間に平等に与えられた、種の特性であり、個別言語間に優劣はないことを学習者に気づかせる。

【目的3】言語を使って自己の思考を表現し、同時に、他者の言語表現の意図するところを的確に判断することの大切さを学習者に気づかせる。

以下、これらの点について、順に説明します。

**【目的1】言語の面白さ、豊かさ、怖さを学習者に気づかせる。**

学習者に言語の面白さ、豊かさ、怖さを気づかせるためには言語を客観的な対象物として捉えることが必要となります。言語を客体化する、あるいは、意識化するといってもかまいません。言語についての意識なので、「メタ言語意識」と呼ばれることもあります。ただ、この用語はいささか仰々しいので、この本では、多少厳密さを欠く恐れもありますが、単に「言語意識」と呼ぶことにしましょう。もちろん、一口に「意識」といっても、さまざまなレベルのものが考えられますが、ここでは、そこまで立ち入らないことにします[27]。なお、言語を意識化する能力を「メタ言語能力」と呼ぶこともあります。

この言語意識を利用して学習者に言語のおもしろさ

や豊かさを気づかせることができるのです。いわゆる「ことば遊び」の類がそれですが、従来のことば遊びは音や単語レベルのもの、表面的な文構造を利用したものが大部分でした。それは無理からぬことであって、ことば遊びの作者は卓越した言語意識の持ち主であっても、言語の仕組みについてはあくまで素人であるからです。

しかし、近年の言語理論研究の成果を利用すれば、もっとおもしろく、豊かなことば遊びを創案することができます。筆者はその実践例を、文法絵本（大津1996a）や文法読本（大津1996b）として出版しました。最近では、ことば遊びかるた（大津2003）の作成に携わりました。

具体例を挙げましょう。言語には文の埋め込みという構造上の特性があります。たとえば、

太郎が花子を押した

という文を考えましょう。この文をより大きな文の一部にすることができます。たとえば、

次郎が太郎が花子を押したと言った

という具合です。このとき、最初の文は「次郎が△と言った」（△は音形を持たない表現と考えてください）という文の中に埋め込まれていると言います。文の埋め込みという特性を利用すると、こんな「ことば遊び」もできます。

小さな町のなかにあるぼくのうち
小さな島のなかにある小さな町のなかにあるぼくのうち
小さな国のなかにある小さな島のなかにある小さな町のなかにあるぼくのうち
小さな星のなかにある小さな国のなかにある小さな島のなかにある小さな町のなかにあるぼくのうち
大きな宇宙のなかにある小さな星のなかにある小さな国のなかにある小さな島のなかにある小さな町のなかにあるぼくのうち

（大津1996『つかまったのはだれ？』より）

文の埋め込みのほかにも、言語が持つ興味深い特性はいろいろあります。中には言語の特性を利用してこういういたずらをする子もいます。新聞の投書欄にこんな投稿がありました。

8歳の息子の小学校では、何をしてもいいという宿題が出る。たいてい絵日記を書いていたが、ある日、見てみると、「ぼくのおとうとのえ」と書き、その下に弟に絵を描かせていた。

（朝日新聞2001年7月1日日曜版「いわせてもらお」）

これは、「XのY」という表現のX（上の例では、「ぼくのおとうと」）とY（「え」）の関係として、さまざまな可能性（「（僕が）弟を描いた絵」、「僕の弟が描いた絵」、など）が許されるという日本語の特性を利用したものです。

言語の世界のおもしろさや豊かさを学習者に実感させること、それこそがまさに言語教育の第一義的な目的であるべきだと筆者は考えます。

しかし、同時に、言語は使い方次第ではまことに怖いものでもあります。例をひとつ挙げましょう。毎年問題になる、首相や閣僚の靖国参拝についての話です。2001年にこの問題が話題になったときのことです。与党である、ある政党は、「憲法に違反する形の参拝には問題がある」といいました。しかし、かつて野党のときには、いかなる形の公式参拝も否定していたのです。この文脈で「憲法に違反する形の参拝」という表現は注意を要します。この表現が2通りの解釈を許容するという点にお気づきでしょうか。ひとつは、「（靖国）参拝は憲法に違反する形のものとそうでない形のものとがあるが、そのうちの前者」という解釈（制限的解釈）です。もうひとつは、（靖国）参拝はいかなる形のものであっても憲法に違反するという解釈（非制限的解釈）です。つまり、二番目の解釈なら、野党時代の主張と矛盾しません。しかし、与党になってからの主張は明らかに一番目の解釈に沿ったものです。意識的かどうかはわかりませんが、ことばのトリックを巧みに利用した怖い話です。このような言語のトリックに対抗するためには、研ぎ澄まされた言語意識がどうしても必要となるのです。こうした言語の怖さを認識させることも言語教育の重要な目的のひとつです。

**【目的2】言語は人間にだけ、しかも、人間に平等に与えられた、種の特性であり、個別言語間に優劣はないことを学習者に気づかせる。**

言語を獲得できるのはヒトという生物種に限られています。京都大学霊長類研究所のアイやアユムのようにすぐれた知性を示すチンパンジーであっても、音声言語はもちろん、人間の言語構造と同質の知識を獲得することはできません。一方、言語はヒトという生物種に均一的に与えられており、個人個人の心的（認知的）能力（たとえば、音楽能力）あるいは身体的特徴（たとえば、身長）によって左右されることはありません。さらに、現代の言語理論研究は、すべての個別言語は同質の原理により支配されていることを実証的に示しています。

最後に述べた点について、多少補足しておきましょう。子どもが何語を母語とするようになるかはもっぱら後天的に決められます。たとえば、両親がいずれも日本語を母語とする人であっても、何かの理由によって、生まれた子どもがスワヒリ語文化圏で育てられると、その子の母語はスワヒリ語となります。さらに、いうまでもなく、母語になりうる言語には（自然言語であるかぎり）まったく制約がありません。ということは、人間の脳は自然言語であるかぎりどの言語でも対応できる仕組みを含んでいることになります。その意味で、すべての自然言語は同質である（普遍的な基盤をもつ）と考えるのが自然です。

日本語や英語、そして、スワヒリ語など、ひとつひとつの言語（「個別言語」と呼ばれます）は表面上ずいぶん異なった体系のように見えます。実際、スワヒリ語を母語とするか、外国語として学習した人以外は、スワヒリ語を耳にしても何が話されているのか皆目見当がつきません。しかし、そのような表面上の相違にもかかわらず、個別言語には普遍的な基盤があるものと考えられるのです。先ほど見た、文の埋め込みという仕組みはそうした普遍的な基盤のひとつです。

　筆者は小学校段階では言語に対するこのような見通しをしっかりと児童に植えつけておくことが重要だと考えます。もちろん、その際、児童の母語である日本語以外の言語の性質についても触れることが必要となりますが、その言語を英語に特化してしまうのではなく、手話を含めた、さまざまな自然言語について話をすることが大切です。急いで付け加えておくと、そのような教育を行うときに、さまざまな言語の運用能力は必要であるわけではありません[28]。

　このように、（個別）言語の相対性を具体的な形で提示することによって、学習者に言語に優劣がないことを説得力をもって提示できるのです。そして、それを出発点に、より一般的に文化の相対性の理解へと進むことができれば、それこそがまさに「国際理解」の基礎を育成することにほかならないことは言うまでもありません。


**【目的3】言語を使って自己の思考を表現し、同時に、他者の言語表現の意図するところを的確に判断することの大切さを学習者に気づかせる。**


　言語は思考を表現するための手段ですが、言語知識を持っているからといって、思考の表現が上手にできるということにはなりません。そこには、持っている言語知識を巧みに利用して、思考をできるだけ過不足なく表現する技術が必要になります。この観点から、三森ゆりかの主張する「言語技術教育」（三森２００３など）[29]、福澤一吉らの主張する議論の仕方に関する教育（福澤２００２など）の試み、さらには、批判的思考（critical thinking）やイギリスの言語教育の伝統[30]などは非常に重要です。筆者が本節で展開した言語意識教育とこれらの考えを融合させることが今後の重要な課題だと思います。

　小学校段階でこのような言語教育を施した上で、中学校段階から外国語教育（現実的に考えて、その実態は概ね英語教育となるでしょう）を実施すれば、英語優越主義に陥る危険性も少なく、また、小学校段階で培われた言語意識を利用して、外国語学習の効率も現在よりもずっと高くなると期待されます。

このような考え方に則った小学校段階での言語教育の実践記録として、大津（1999）があります。文字化してしまうと、子どもたちの興奮が十分には伝えられませんが、それでも、その雰囲気は理解していただけるでしょう。また、中学校段階での言語教育のための参考資料として、大津（1996、2002－2003）を挙げておきます。

ところで、最近、小学校での英語教育を推進しようとする動きの中でも、「国語」教育の重要性が強調され始めました。たとえば、「行動計画」の中には、次のような部分が含まれています。

英語によるコミュニケーション能力の育成のため、すべての知的活動の基盤となる国語を適切に表現し正確に理解する能力を育成する。

英語の習得は母語である国語の能力が大きくかかわるものであり、英語によるコミュニケーション能力の育成のためには、その基礎として、国語を適切に表現し正確に理解する能力を育成するとともに、伝え合う力を高めることが必要である。

また、豊かな人間性や社会性を持ち、国際社会の中で主体的に生きていく日本人を育成するためには、思考力を伸ばし、豊かな表現力や言語感覚を養うとともに、国語への関心を深め、国語を尊重する態度を育てることが大切である。

母語[31]への関心を高め、母語の運用能力を磨くことの重要さを説いている点では筆者の主張と変わるところはありません。しかし、その説くところをどれだけ読んでも、ただお題目として母語教育と英語教育の関連と母語教育の重要性を唱えるだけで、両者がどのように連携したらよいのか、その連携のもとにはどのような基盤が必要なのかという点は見えてきません。

これまでも、「国語」教育と英語教育の連携ということはしばしば話題になりました。事実、英語教育の専門誌の特集などとしても何度か取り上げられたことがあります。しかし、実際のところ、その連携はほとんど進んでいません。理由は、いま述べた、「両者がどのように連携したらよいのか、その連携のもとにはどのような考えがあるのか」という点についての根本的議論が欠けているからです。その議論に根ざして、統合された「言語教育」の構築を目指していかなくてはなりません[32]。単に、ことばの上だけの連携では意味がないのです。

### 冷静な議論と判断の必要性

これまで見たところから、小学校での英語教育は、そもそもその必要性がないだけでなく、その導入を図っても、益するところよりも害するところが多いことは明らかです。したがって、それを推進するのではなく、廃するべきであり、代わって、学校教育に言語教育という視点を導入すべきだというのが筆者の結論です。

２００３年12月６日に慶應義塾大学で開催された公開シンポジウム「公立小学校での英語教育をめぐって」において、松川禮子は、基本的には小学校への英語教育導入に賛成の立場をとりながらも、その教科化は「時期尚早」[33]であると述べています。この点は非常に重要です。文部科学省の採る言語教育政策の基本姿勢は小学校における英語の教科化に向いていると思われます。その流れに身を任せてしまうのか、あるいは、とりあえず、現状で踏みとどまり、議論の必要を訴えるのか、まさに正念場を迎えています。

小学校での英語教育は時代の要請であり、もうすでに一定の勢いを得ているものであるから、いまさら後戻りはできないという議論があります。大変に危険な議論です。さまざまな社会問題、分けても教育問題はさまざまな議論を通じて、その本質をあぶりだしていく努力が不可欠です。その過程で、ある時点で下した判断が誤りであったということが明らかになれば、その過ちを認め、ことを正すことは恥ずべきことではなく、むしろ、誇るべきことです。その意味で、いまこそ、小学校への英語教育導入についての冷静な議論と判断が求められています。

### 注

＊　本稿は、２００３年12月６日、慶應義塾大学三田キャンパスにおいて開催された公開シンポジウム「公立小学校での英語教育をめぐって」で筆者が発表した同題名の論考に、当日の議論を踏まえた上で、

加筆修正したものです。

1　この辺りの事情を踏まえて、文部科学省では「英語教育」とは呼ばず、「英語活動」と称していますが、本稿では「英語教育」と呼ぶことにします。この点に関連して、小笠原林樹氏からご教示いただきました。

2　たとえば、樋口ほか（１９９７）の第1章を参照してください。

3　目的とは、何のために学校で英語を教えるのかという問いに対する答えを指します。目的論（目的は何かを論じること、あるいは、論じたもの）は英語教育の問題を議論するときの根幹に位置づけられなくてはならないものですが、英語教育をめぐるこれまでの議論ではなぜか忘れられがちでした。筆者は目的論の重要性をずっと主張してきました。興味ある読者は、たとえば、大津（１９９４）を参照してください。

4　対立する見解として、唐須（２００２）などがある。

5　第二言語環境における「臨界期」内の英語獲得であっても、さまざまな要因に影響され、その獲得に問題が生じることも稀ではありません。事例については、市川（２００４）を参照してください。

6　「達人」という称号が決して不釣合いではない、優れた先達の英語学習法については斎藤（２０００）に詳しい。しかし、もっと身近なところでも、中学生からの英語学習で立派な英語を身につけた例を探すことはさほどむずかしいことではありません。

7　たとえば、今井・野島（２００３）を参照されたい。そこでは、「学習者は母語に対して作り上げた素朴理論を無意識に外国語学習に適用してしまうため、それと異なった「正しい」科学理論を教えられても容易には受け入れられない」（１３５頁）という興味深い見解が示されています。

8　言語獲得の臨界期に関するさまざまな情報を簡潔に、しかも、わかりやすくまとめた論考として、バトラー後藤（２００３、65－79頁）があります。

9　国際理解教育一般については、佐藤（２００１）などを参照してください。

10　国際理解に関する議論の問題点については、大津・鳥飼（２００２）を参照してください。たとえば、子どものしあわせ編集部（２０００）や吉村峰子・グローブ・インターナショナル・ティーチャーズ・サークル（２００１a、b、c）は国際理解教育の実践について興味深いアイデアをたくさん提供してくれますが、なぜそれが英語教育と結びつかなくてはならないかについての説得力のある議論は見つかりません。

11　Graddol（1997）はこの問題を考えるためのよい出発点になります。

12　後で述べるように、筆者は英語を身につける努力が不要だと言っているのではありません。

13　朝日新聞朝刊2004年3月27日付、「声」欄、投稿者　根津みな子さん。

14　國弘（2000、187頁）。

15　2003年12月6日慶應義塾大学における公開シンポジウム「公立小学校での英語教育をめぐって」における発言。

16　英語を母語とする人ならだれでもこの要件を満たすということではないという点にも注意してください。

17　松川禮子、前掲書、18頁

18　松川禮子、前掲書、32頁

19　身近な文献として、本名（2003）があります。

20　関連する文献は多数ありますが、比較的最近の良書として、DeGraff（1999）があります。

21　誤解を避けるために以下を付け加えます。到達目標というのは学習者が目指す対象です。それが達成されれば、それに越したことはありませんが、そうでなくてもかまいません。

22　されば、たとえば、シングリッシュは日本人の英語学習者の到達目標足り得るかという興味深い問題は、ここでの議論と直接関係がないので、立ち入りません。

23　中島（2004）。

24　たとえば、大津（1989）。

25　大津（1995）。

26　『国語』教育」という見苦しい表現を使っている部分は、本来は、「日本語教育」となるべきものです。残念なことに、「日本語教育」は外国語としての日本語の教育を指すのに使われ、母語としての日本語の教育は「国語教育」と呼ばれています。しかし、よい代案が浮かばないので、「『国語』教育」という表現を使います。

27　もう少し正直に言えば、単に、「ここでは、そこまで立ち入らない」というだけでなく、意識とは何かという問題は哲学、認知心理学、脳科学の現代的課題のひとつであり、解明されていない点も多々あるのです。

28　たとえば、上山（1991）の第2部などが参考になります。

29　「言語技術教育」という伝統は、名称はともかく、三森以前に、木下是雄（たとえば、木下（１９８１））や井上尚美（たとえば、井上（１９８９））らによって、その基礎が築かれています。

30　たとえば、山本（２００３）。

31　筆者の主張に関わる部分では、「国語」ではなく、「母語」（ないしは、「「国語」」）を用いることにします。

32　これまでも、そうした努力が皆無であったわけではありません。たとえば、西尾・石橋（１９６７）などの試みがあります。しかし、大筋において、それが実を結ぶことはありませんでした。

33　同シンポジウムのハンドブックに収められた松川のハンドアウト、９頁。この点については、冨田祐一も同意見であると理解している。

＊本稿は大津編著（２００４）収録論考を一部修正して再録したものである。

*After Twenty Years*

付記

# 公立小学校での英語教育
## ――いまでも、必要性なし、益なし、害あり、よって廃すべし

公立小学校へ英語教育を導入すべきだという声はだいぶ以前からありましたが、導入に向けた議論はさほど強力なものではないと感じていましたので、まあ、しばらくは大丈夫だろうと高をくっていました。ところが、「編者の視点Ⅰ」の冒頭に書いたように、今世紀に入ったあたりから、小学校英語の実現へ向け、ことが急展開し始めました。

まずは、２００２年度から新たに創設された「総合的な学習の時間」のなかで、国際理解に関する学習を行う場合、その一環として「外国語会話」を取り上げることができるようになりました。鳥飼玖美子さんと一緒に書いた『小学校でなぜ英語――学校英語教育を考える』（岩波ブックレット）の「はじめに」に、「当初から小学校への英語教育の導入に反対であったわたくしたちは、もっと早く、もっと積極的に反対の論陣を張るべきであったと猛省しています」と書いたのもこの頃です。ブックレットの出版と並行して企画したのが慶應義塾大学出版会から出してもらった4冊本のもとになった一連のシンポジウムです。

なぜ小学校英語に反対したのか。失敗の実例を見ていたからです。わたくしは中学校から立教学院に学びました。立教小学校では以前から英語を教えており、充実した英語教育体制と立派なカリキュラムがあることを何度となく聞かされていました。実際、立教中学校では1年生の英語のクラスは立教小学校出身者向け

と外部小学校出身者向けの2つの英語のクラスが用意されていました。普段は50人の生徒が学べる教室を使っていましたが、英語の時間になると、外部小学校出身者はその半分の広さの教室へ移動するのです。もちろん、使う教科書も違います。立教小学校出身者に彼らの教科書を見せてもらいましたが、見たこともない単語が並んでいて、とてもむずかしそうです。

2年生になると、クラス分けはなくなります。立教小学校組も外部小学校組も一緒に英語を学ぶのです。《ついていけるかなぁ》と心配していたのですが、それは杞憂でした。読めない、書けない、聴けない、話せない生徒が大部分だったのです。しばらくすると、英語が得意だったわたくしのところに聞きに来る始末です。もちろん、英語がよくできる立教小学校出身者もいましたが、それはごく一握りでした。

まったく同じ体験をもう一度しました。慶應義塾大学で教え始めたときです。慶應義塾の小学校は「慶應義塾幼稚舎」と呼ばれ、お受験難関校です。幼稚舎は日本で初めて英語を教え始めた小学校で、立教小学校と同様に、充実した英語教育体制と立派なカリキュラムを誇っていました。その幼稚舎出身者の大部分はのちに慶應義塾大学へ進学します。つまり、わたくしが大学で接する学生の中には幼稚舎出身者が混じっているのです。実際、慶應義塾大学に所属していた二十数年間の間にかなりの数の幼稚舎出身者に出会いました。ところが、その大部分は英語が秀でているどころか、苦手意識を持っていました。立教の時と同じく、英語がよくできる幼稚舎出身者もいましたが、それはきわめて少数でした。

立教や慶應と同じように以前から英語を教えていた私立小学校はかなりありますが、わたくしの知る限り、状況は同じようでした。実際、もし小学校英語の成功を誇れる学校があるのであれば、その成功を児童募集に活用するはずですが、英語を教えているということを売りにすることはあっても、その成果を強く打ち出していた学校の存在を知りません。

教育体制が充実し、カリキュラムがきちんと整備されている私立小学校での英語教育でさえ、そのような状態なのですから、少なくとも英語の運用能力をつけるということが小学校英語の目標であるなら、全国約2万校の公立小学校での英語教育が成功するはずがないだろうと確信していました。

実際、あれから20年近くが経過した現在でも教員の問題、カリキュラムの問題は（それが活動型であれ、教科型であれ）小学校英語にとって未解決の最重要課題です。わたくしが見る限り、いまでも、「公立小学校での英語教育——必要性なし、益なし、害あり、よって廃すべし」です。


原論考の後半部分に書いた「言語教育」論もそのままでいまでも通用すると考えています。その基盤にあるのは「メタ言語意識」と呼んだ、ことばの構造や機能を客観的な対象物として捉える、心の働きです。英語で言えば、metalinguistic awarenessです。Awarenessと「意識」にはずれがありますので、その後、わたくしは「ことばへの気づき」という言い方をしています。

ことは簡単で、ことばが持つ構造や機能に気づく力を育成することがことばの教育の本質的意義であり、そのためには母語教育と外国語教育を言語教育として合体させることが重要だということです。まずは直感が利く母語を使ってことばへの気づきの発達を促進させ、母語をコントロールして使うことができるようにする。つぎに、そうして培った、ことばへの気づきを利用して、外国語を学び、母語と同質だが、異なった窓からことばを立体的に捉えることができるようにする。そうすることによって、ことばへの気づきがより充実したものになっていく。そういう構想について、この論考では未熟な部分もありますが、その時点での考えを懸命に書いているというのが今回読み返したときの感想です。

その後、欧州から「複言語・複文化主義」という考えがもたらされました。「編者の視点Ⅰ」で述べたように、今紹介した考えを最近では「日本型複言語主義」と呼んでいます。日本型複言語主義をどのように広めていくかについての考えは「編者の視点Ⅰ」を参照してください。

どんなに高邁な考えであっても、わかりやすい解説や実際に教室で使うことができる教材例が示されていなくては絵に描いた餅です。そこで、用意したのが、大津由紀雄・窪薗晴夫『ことばの力を育む』（慶應義塾大学出版会、２００８年）です。表紙の色にちなんで「緑本」の愛称で多くの先生がたに利用してもらいました。緑本の読者から、その続編を望む声を多くいただいたので、緑本より、もっと教室での実践に直結した形で作ったのが、大津由紀雄・浦谷淳子・齋藤菊枝（編）『日本語からはじめる小学校英語――ことばの力を育むためのマニュアル』（開拓社、２０１９年）です。こちらは緑本に対して、赤っぽい表紙の本で、「赤本」と呼ばれています。


振り返って、わたくしの小学校英語教育に関する考えは理論言語学者として、ことに言語心理学を研究してきた成果なしには在りえないものであることに思いを新たにします。わたくしが博士論文を準備すべく留学先に選んだＭＩＴ（マサチューセッツ工科大学）は生成文法と呼ばれる理論言語学研究の中核拠点の１つです。あまり知られていないのですが、ＭＩＴの言語学・哲学研究科では言語教育も重要な研究課題の１つとされており、わけても、ケン・ヘール先生とウェイン・オニール先生は熱心にその問題に取り組んでいました。また、ＭＩＴのすぐ近くにあるハーバード大学にも同様の関心を持った研究者がたくさんいました。

キャロル・チョムスキー先生もそのお一人です。ヘール先生も、オニール先生も、そして、キャロル・チョムスキー先生も鬼籍に入ってしまわれましたが、お三方ともわたくしの考えには1970年代後半から強い関心を示してくださっていました。

日本ではことばの教育の問題に積極的にかかわろうとする理論言語学者があまり多くありません。ことばの教育は日本の将来を左右しかねない重要な問題であることを認識し、ひとりでも多くの研究者にこうした研究プロジェクトに関心を持ってもらいたいと願っています。

## 亘理のひとこと

２００２年に『小学校でなぜ英語？』が出版された際、私は北海道でちょうど学部を卒業し、大学院に進学するところでした。既存のいわゆる文法解説書の説明に納得のいかないことが多かった私は、（大津に出会うはるか以前に）卒業論文研究の段階から理論的枠組みの一つとして大津言語（教育）論を検討する機会を得ていました。地理的・経済的制約から一連のシンポジウムには参加できませんでしたが、背伸びに必死な大学院生として、このブックレットも、そして原論考が収録された『小学校での英語教育は必要か』も当然手にすべき文献として読みました。

「編者の視点Ⅱ」でも述べている通り、17年経って読み返すと、原論考が今も変わらぬ論点を突きつけていることが分かります。それが論考の普遍性ゆえか、英語教育研究・政策の構造的問題を示しているのか、あるいはその両方かは本書全体を通じて読者に判断いただくとして、勝手に大津言語（教育）論で育った私が知っているのは、その根幹は、原論考で引用されている大津（１９８９）や、さらに遡った大津（１９８２）から一貫しているということです。原論考で提示されている言語教育の3目的の原型は、大津（１９９４）で提出され、その後、大津（２００９）などで再検討を受け現在に至るものです。付記にある通り、「言語心理学を研究してきた成果」に起因するものというわけです。２０１3年に縁あって私は「大津由紀雄教授中締め講義 言語教育編」に登壇することとなり、以上を踏まえて、不遜にも「30年経っても英語教師、英語教育研究者の間の共通認識・基本問題になり得ていないのはなぜか」と大津に問うたのですが、むしろ英語教育の側の理論言語学・言語心理学への関心の弱さが責められるべきかもしれません。

付記を読んで初めて知ったのは、小学校での英語教育の「効果」について大津は、領域や教科として導入される前から、間接的とはいえ学習者としても、そして小学校で英語教育を受けた者を教える立場としても事例を持っていたということです。これは現在、「英語イマージョン」を標榜するいくつかの小学校にも当てはまる話です。当時この話を事例として持ち出せば説得力がいっそう増したのではないかと思う一方で、経験談を披瀝して耳目を集めようとするのではなく、理性的に「必要性なし、益なし、害あり、よって廃すべし」を論じ続けてきた大津はカッコいいと、いたずら心のみでここまで来た私も背筋が伸びます。

最後に、原論考で大津が論じた「そぎ落とし」(unlearning)の問題は、教員の英語運用能力が相対的に上がっていったとしても、依然、あるいはますます大きな課題となるでしょう。その象徴は例えば、児童・生徒が発言した際の"In a sentence."(文で答えよ)という教員からの要求です。学習指導要領が話すことを「発表」と「やり取り」に分け、その指導をより重視するようになったとしても、教える側が「正しい文の形で答えなければならない」という自身の被教育経験に囚われたままでは、応答としての適切さは無視され、話し言葉の特性も理解されないままです(児童・生徒には、勇気を持って"You, too!"と返答してほしいものです)。だからこそ大津の言う通り「しっかりとした言語観(外国語観を含む)と言語教育観」を持っていることが重要になるのですが、往々にしてその論理を以て問題が個人の責任に矮小化されがちです。公教育を担う集団の成長のための、教員養成・採用・研修をトータルで捉えた条件整備の問題として引き継いで論じていくことが必要でしょう。

# 3　学校英語教育とは何か

山田雄一郎

## 学校英語教育は病んでいる

　私は、学校英語教育は構造的な病にかかっていると考えています。何の病だと聞かれても、名前がないので答えられません。ただ、症状だけははっきりしていています。まとめて言えば、「目的の喪失」です。「喪失」といえば聞こえがいいのですが、本当はそれ以前の問題です。失うべき目的そのものを見いだせずにここまでやって来たといった方が正確でしょう。敢えて過激な表現をするなら、学校英語教育は、依然として無目的状態の中で行われているということです。

　そんな馬鹿な、何をたわけたことをと皆さん方の疑念と怒りの声が聞こえてきそうです。そこで、お尋ねします。現在の学校英語教育の目的は何ですか。先生方は何を目指して教壇に立っておられますか。生徒たちは何を目標にして英語を学んでいるのでしょう。英語が話せるようになることが目的でしょうか。高校や大学の入学試験に合格することが目的でしょうか。それとも、その両方?

　確かに、生徒に英語学習の目的を尋ねれば、話せるようになりたい、受験のためだといった、だれの目にもはっきりと見える答えが返ってきます。では、改めて質問します。会話や入学試験は学校英語教育の目的なのでしょうか。義務教育は、生徒をテスト漬けにし、挨拶程度の簡単な「会話」なるものを教えることを目標にしていいのでしょうか。

　個々の生徒が何を目標に英語を学ぶかは問題ではありません。ある生徒は、中学卒業までに簡単な英語が話せるようになりたいと思っているかもしれません。会話などより入試だと意気込んで受験勉強に取り組んでいる生徒もいるでしょう。あるいは、海外旅行がしたいから、外国人とメールのやり取りがしたいからといった、もっと素朴な目的で英語を学んでいる人もいるでしょう。どんな目的で英語を学ぼうとも、それは学ぶ側の自由です。

しかし、制度としての学校英語教育に同じ自由はありません。当然ながら、学校英語教育はしかるべき目的を持って行われなくてはなりません。さらにそれは、生徒の学習の自由を奪うものであってはなりません。なぜなら、英語を学ぶ目的は、どんなに他愛ないものであれ、当人にとっては意味のある動機だからです。会話、受験、海外旅行、留学、外国での生活――学ぶ側の目的は問いません。生徒の目指すものが何であれ、それによって学校英語教育が左右されるわけではないからです。学校英語教育は、生徒の将来に対する希望を根底で支え、正しく方向づけてやるべき存在だと思うのです。

もう、結論は見えています。学校英語教育はどこまでも基礎的な英語力の定着を目的にすべきである――これが私のいいたいことです。別の言い方をするなら、生徒や社会の願望がそのまま学校英語教育の目的になってはならないということです。入試に合格するとか英語が話せるというのは基礎的な訓練を積んだ結果のはずです。学校英語教育が入試や会話を当面の目的に据えてかかれば成果主義に陥り、結果、目的と手段を短絡する「横着な」学習が横行することになります。

しかし、現実にはそのあってはならないことが主流になっています。検定教科書が会話一辺倒になったのもその一例です。受験指導に名を借りて、学校英語教育が受験ビジネスと手を結んだのもその一例です。大学がＴＯＥＩＣで占領されたのもその一例です。しかも、それらは官民あげて組織的になされているのです。なぜこんなことになったのでしょうか。われわれは、この現状をどうやって打開しようとしているのでしょうか。それとも、これをよしとしてさらに前進を続けるのでしょうか。

次の時代区分は、右に述べた私の問題意識の拠ってくるところを説明するためのものです。ここでは、明治以来の英語教育が「大衆化の過程」を軸に区分されています。これによって、大衆化と英語教育の目的にどんなつながりがあるのか、積年の病弊がどんなものなのか、これから何が起ころうとしているのかが一層はっきりするでしょう。

第1期（明治中頃まで）　エリートの時代＝西欧への関心と憧れ（超えるべきものとしての西欧）（日本人一般にとって英語は西欧を垣間見るのぞき窓）

第2期（大正前半頃まで）　広がる英語学習→大衆化の始まり＝目的の拡散（無目的化の進行）

第3期（終戦まで）　自由が制限された時代

第4期（1980年頃まで）　大衆化（＝アメリカ化）の時代、無目的の中で進む受験のための英語教育、英会話ビジネスの誕生

第5期（今日まで）　大衆化の果てに＝混乱の時代、進む世界の英語化、肥大する英語産業、先鋭化する受験指導とそれに加担する学校英語教育

第6期（現在そしてこれから）　再び制限される自由→目的の押しつけ＝強迫的英語教育の時代へ

私が学校英語教育は、そもそも目的を持たずにここまでやってきたのではないかと述べたのは、右の捉え方と関係があります。もちろん、これは大雑把な枠取りですから、首肯できぬといわれる方もいるでしょう。しかし、ここでは、紙幅の関係で議論に深入りすることができません。異論もおありでしょうが、右がそれほど的はずれな指摘ではないということで話を進めたいと思います。

その上で結論めいた言い方をするなら、学校英語教

育はこれらの過去を清算しなければならないということです。ご破算にしろというのではありません。これまでの過不足を調整して、学校英語教育を根本から見直すべきときに差し掛かっていると思うのです。右の時代的枠組みとその解釈がさほど間違っていないとすると、われわれはいま、極めて危うい段階にあると思わなくてはなりません。

私はかつて、拙著『英語教育はなぜ間違うのか』（筑摩書房、２００５）の中で、次のように述べました。

母語は、教えられるものではない。それは、獲得されるものである。母語は、子どもにとって生きるための手段であり、その学習は発見的かつ創造的である。一方、われわれの英語学習はどうだろうか。日本人にとって、日本語は生きるための道具である。それがなければ生活のあらゆる面に不便が生じる。しかし、英語はそうではない。英語は、日本人の母語でないのはもちろん、日本の社会の第二の言語でも第三の言語でもない。それは、われわれの生活の外にあるもので、たとえば、シンガポール人にとっての英語とは事情が全く違っている。だから、われわれはこれまで、生活の言語ではなく、あくまで教室の言語として英語に接してきた。それは、それでいいのである。問題は、われわれの認識の方にある。

英語が日本の社会の言語でない以上、それを教室の言語として扱うことは間違っていない。英語教育は、これまでずっとそうであった。ところが、いつの間にか、世間は、教室の言語に生活の言語を重ね、学校教育に会話や手紙文といった実用的な成果を求めるようになってしまった。英語は、日本社会の言語ではない。だから、教室で学んだ英語を生活の言語にするのは、どこまでも個人の問題である。これまでも、英語を自分の生活や仕事で必要とする人は、学校で習い覚えた英語に磨きをかけ、自分の目的に応じた生活の英語に仕立てていた。どうしてそうなったかはともかく、いま世間は、教育の英語を生活の英語と同義に解釈しているところがある。これは、間違いである。

（217–218頁）

この考えは、いまも変わっていません。そして、その考えに立ってこれまでの学校英語教育を振り返るとき、やはり、希望よりも懸念の方が先に立つのです。いや、懸念という言葉では穏やかなくらいです。現在の学校英語教育は、まさに窒息寸前だといってもいいでしょう。一体何が原因で、われわれはこのような事態に至ったのでしょうか。以下、順序立ててその原因を突き止め、われわれの進むべき方向を探ってみましょう。

## 言語（英語）学習は長丁場である

言語の習得には膨大な時間がかかること――この点について、現在の学校英語教育はどう考えているのでしょうか。言語習得の長い道程から見れば、学校英語教育で英語の習得を完結させることなど論外です。中学校や高等学校での英語教育は、どこをどう押しても基礎的な訓練の段階を超えることはできません。ところがどういうわけか、現在の学校英語教育にはこの認識がすっぽり抜け落ちています。少なくとも、私の目にはそのように映ります。「学校英語教育は病んでいる」と敢えて指摘する理由がここにもあります。

言語の習得には、長い時間と大変なエネルギーが必要です。しかも、そのエネルギーは子ども自身が注ぎ込むべきエネルギーです。子どもの母語獲得を見れば、こうした点は容易に想像できます。自分の子どもに母語を教える親はいません。教えようにもどうしていいかわからないはずです。同時に、親は、何もできないけれど、子どもをことばで包んでやれば十分だということも本能的に知っています。

こどもはこうした環境の中で、ことばを身につけることの必要性と便利さを自ずと感知していると思います。学習の動機として、これ以上のものはありません。さらに、四六時中、その言語のみを思考と行動のよりどころとして過ごすのですから、環境もまた理想的です。そして、これほどの条件がそろってなお、その習得に4年も5年もかかるのです。

では、第二言語の場合はどうでしょうか。ふつうに考えれば、第二の言語が第一の言語すなわち母語よりも簡単に身につくとは思えません。また、そのような事例も知りません。ただ、母語と同じような環境を与えられた場合、いつのまにか第二の言語を習得してしまうことはあるようです。もちろん、その言語が実際に話されている社会での話です。

同じ第二の言語でも、日本人にとっての英語はまた別の話です。英語は、日本人のふだんの生活には不要の言語です。一般の日本人が英語に触れるのは、学校の授業においてだけです。学校を一歩離れれば、そこは英語とは無縁の日本語の社会です。バイリンガル環境にある子どもたちの第二言語習得とは比較になりません。言語を実用的な目的で学ぶには最悪の環境だといっても言い過ぎではないでしょう。われわれ自身、これまでの経験を通して、社会において必要とされていない言語を学ぶことがいかに困難かは、十分に承知しているはずです。

しかし、わかっているからうまく対処できるということにはなりません。判断を間違えれば、とんでもない結論に飛びつくことだってあり得るのです。その典型例は、２０００年に世間を騒がせた「英語公用語化」論です。それは、端的に言うなら、日本人は英語が下手だ、英語の習得には時間がかかる、ならいっそのこと英語を日本人の日常言語にすればよいという、実に底の浅い筋立てから生まれたものでした。社会全体を英語化すればやがて英語バイリンガルの日本人が増えるだろうという発想自体、言語習得の何たるかを、はたまた公用語の何たるかをまるで理解していないことの証左ですが、油断するとこのようなところにまで話が飛んでいくのです。

## 学校英語教育だけでは話せるようにならない

いま、言語の習得は長丁場だという話をしました。それが自明の理だとして、それでは、なぜ学校英語教育はそれを無視するようなことをするのでしょうか。週数回の授業だけで英語が話せるようになることなど、絶対にないと言ってよいのです。大部分の英語教師は、そのことを承知しているはずです。しかし、実際はそれを裏切るようなことばかりが起こっています。

その甚だしい例は、２００２年に文部科学省が発表した「『英語が使える日本人』の育成のための戦略構想」（以下、「戦略構想」）です。とくに、その最初の部分に示されている達成目標は、学校英語教育の本質をねじ曲げているのではと疑われるような内容になっています。なお、「戦略構想」の文言は、翌2003年に発表された「『英語が使える日本人』の育成のための行動計画」（以下、「行動計画」）において整理整頓されています。次の引用は、その「行動計画」からのもので、達成目標の部分は「国民全体に求められる英語力」と「専門分野に必要な英語力や国際社会に活躍する人材等に求められる英語力」とに分けて次のように書かれています。

国民全体に求められる英語力

「中学校・高等学校を卒業したら英語でコミュニケーションができる」

○中学校卒業段階―挨拶や応対、身近な暮らしに関わる話題などについて平易なコミュニケーションができる（卒業者の平均が実用英語技能検定（英検）3級程度）

○高等学校卒業段階―日常的な話題について通常のコミュニケーションができる（卒業者の平均が英検準2級～2級程度）

専門分野に必要な英語力や国際社会に活躍する人材等に求められる英語力

「大学を卒業したら仕事で英語が使える」

○各大学が、仕事で英語が使える人材を育成する観点から、達成目標を設定

この記述は、いくつかの矛盾を含んでいます。言語習得の難しさ云々の以前に、学校英語教育の現実を直視すれば、とてもこのような方向性は打ち出せないはずです。しかし、現実には、これが国家の戦略構想として公表されるのです。日本の言語政策がいかに底の浅いものであるかがよくわかります。右の目標設定は何がよくないのか、以下、私の考えを「理念的な問題」と「現実的な問題」のふたつの視点から整理して示します。

**【理念的な問題】**

挨拶や応対、身近な暮らしや日常的な話題について

のコミュニケーション能力というのは、日常言語の世界の話です。社会で使われていない英語についてその種の能力を身につけさせようというのは、将来それを使うときが来るから準備をしておけという意味に違いありません。平均的な日本人にとって、そのような日常はいつ訪れるのでしょうか。生徒にしてみれば、ふだんの生活とは無縁の英語表現を、いつ訪れるとも知れない場面のために覚えろといわれているわけです。これは、例えるなら、韓国の英語村を頭の中でやれといわれているようなものです。英語村なら空間だけは変化しますからまだ我慢ができますが、同じことを頭の中だけでやるのはだれにとっても簡単ではありません。しかもそれをする当人は、基礎学習段階にある中学生や高校生です。また、何とか覚えられたとしても、使う場面がなければそれを維持することはできません。その補完装置として持ち出されたのが、英語村ならぬ検定試験です。試験の点数を目標に据えることによって空想を現実に結びつけようとしているのです。日本の英語教育はいつになったら試験と手を切れるのでしょうか。試験の結果に左右されるような学びが、言語学習の基本である発見と創造につながるとは到底考えられません。

以上をまとめて言えば、義務教育課程である中学校はあくまでも基礎教育を主眼とすべきです。子どもたちが将来さまざまな方向に歩み出していくための、基礎的な知力と体力を鍛える期間です。現実的に考えれば、高等学校の立場も大差ありません。そのようなところに、基礎学力づくりとはおよそかけ離れた英会話学習を持ち込むのは、腰の据わった教育政策とはいえません。

**【現実的な問題】**

理念的な問題と切り離して考えた場合でも、「行動計画」の到達目標は矛盾に充ちています。平均的な生徒が、中学卒業段階で自分の身のまわりのことを英語で話す、あるいは高校卒業段階で日常的な話題について英語で通常のコミュニケーションができるなど、あり得ないことです。

また、その判断基準として示されている英検3級、準2級～2級は、こうしたコミュニケーション能力を保証するものではありません。それに、英検3級や2級は、以前より中学校や高等学校が指導の参考にしてきた数値です。これらを合わせ考えると、「戦略構想」の到達目標を作成した人たちに十分な考えと準備があったとは到底思えないのです。

もうひとつ、現在の学校英語教育を疲弊させている元凶として入試があります。入試そのものが悪いわけではありません。入試に合格することを至上命題のようにして進められる英語教育が問題なのです。

先ほどの時代区分において示したように、学校英語教育が受験ビジネスに取り込まれていくのは１９８０年前後からのことです。もちろん、受験準備学校のようなものは戦前からいくつもありました。三大予備校と呼ばれてきた河合塾、駿台予備校、代々木ゼミナールの前身は、いずれも戦前にあります。ただ、こうした受験ビジネスが先鋭化していくのは80年代以降です。河合塾を例に引いてその発展ぶりを見てみましょう。

河合塾の前身は、１９３３年、英文学者河合逸治が名古屋に開いた河合英学塾です。戦後ほどなくの１９５５年に現在の名前で学校法人化されています。その段階では、校舎はまだ名古屋地域に限定されていました。その後、１９７７年に駒場校を開設し、これを機に全国各地に校舎をつくっていったのです。他の2校も、その発展が80年代あたりにあるのは同じです。

その発展の中で、学校英語教育はいつの間にかこうした受験ビジネスと手を結んでしまいました。その傾向は、大学入試と向き合う高等学校において顕著です。その結果、何が起こったでしょうか。英語の学習のあらゆる側面がテストと結びつけられるようになりました。そのテストも、コンピュータによるデータ処理機能の発達とともに、次第に無機的な様相を帯びるようになりました。いまでは、大学入試の英語問題は、その大部分がコンピュータ処理の可能な選択問題に姿を変えています。大学英語教育との関係で問題視されているＴＯＥＩＣにしてもしかりです。はやりのＥラーニングも、耳新しいだけで、無機的という意味では同類です。こうして、生徒たちの英語学習は、かつてないほど無味乾燥なものとなってしまいました。学びの過程はますますやせ細り、結果だけが追い求められています。しかも、その結果は、「ことば」ではなく記号で判定されています。ことばの力を測るのに使われている方法が、まったくことばを使わないことの異常さをどう感じているのでしょうか。

## いま起ころうとしていること

さて、いろいろ述べましたが、まとめていうなら、日本の英語教育の何が問題なのでしょうか。このまま進んでいって大丈夫なのでしょうか。私には、到底そうは思えません。というよりも、これまで以上に懸念すべき事態を招こうとしているのではないか、とさえ思っています。

私が最も懸念するのは、強迫的な英語教育が生まれることです。「これからの時代は英語ができなければダメだ」という言い回しは、多くの人が見聞きしているでしょう。でも、本当にそうでしょうか。仮にそうだとして、ではどの程度できればいいというのでしょうか。外国の人と英語で不自由なく意思疎通ができなければならないのでしょうか。「行動計画」には、達成目標について次のように書かれています。

今後のグローバル化の進展の中で、「英語が使える日本人」を育成するためには、「『コミュニケーションの手段』としての英語」という観点から、初期の学習段階に於いては音声によるコミュニケーション能力を重視しながらも、「聞く」「話す」「読む」「書く」の総合的なコミュニケーション能力を身に付けることが重要である。こうした指導を通じて、国民全体のレベルで、英語により日常的な会話や簡単な情報の交換ができるような基礎的・実践的なコミュニケーション能力を身に付けるようにし、日本人全体として、英検、ＴＯＥＦＬ、ＴＯＥＩＣ等客観的指標に基づいて世界平均水準の英語力を目指すことが重要である。

学校教育においてこのような能力の育成を図るためには、各学校段階を通して一貫性のある指導を行う必要がある。このため、新学習指導要領を踏まえ、各学校段階で求められる英語力の達成目標を設定し、英語の授業の改善、英語教員の指導力向上及び指導体制の充実、英語学習のモティベーションの向上などに取り組み、接続する学校間

が連携しながら、それぞれの段階で求められる英
　　語力を着実に身に付ける指導を推進する。

この記述は、明らかに、日本人全体を対象にしていきます。「国民全体のレベルで、英語により日常的な会話や簡単な情報の交換ができるような基礎的・実践的なコミュニケーション能力を身に付ける」と書かれています。さらにその先には、「世界平均水準の英語力云々」とあります。文科省が、何をもって世界平均水準といっているのかは不明ですが、それが挨拶程度の英語を意味しているとは考えにくいでしょう。何しろ、世界に出しても恥ずかしくない英語力が目標なのですから。しかも、その水準を学校教育で達成しようとしています。日本人全員に、英語ペラペラとはいかないまでも、ペラくらいにはなれといっているのです。どう考えても、常軌を逸しているとしか思えません。文科省自身が、すでにして強迫的観念の犠牲者なのでしょうか。

こんな妄想ともいえる計画を押しつけられる国民はたまりません。しかし、実際には、それが着々と現実の衣を身に纏いつつあります。新しい学習指導要領に従えば、２０１１年度から小学校英語（＝外国語活動）が始まります。中学校の授業時間も、週３時間から週４時間になります。高等学校では、授業を英語で行うことが基本とされています。「戦略構想」に沿った「改革案」が、次々と送り出されているのです。

やっかいなのは、誤った出発点も、走り始めるとそれが見えなくなることです。これらの「改革案」にしても、支持者はたくさんいるはずです。たとえば、中学校の時間増。「賛成」の声は、たちどころにあがるでしょう。「授業は英語で！」これまた、賛同者は後を絶たないはずです。

私自身も、小学校で英語（外国語）を扱うことにことさら反対しているわけではありません（もっとも、いろいろな条件が揃ってのことですが、ここではその議論を繰り返しません）。中学校の時間増も、それ自体について反対する理由はありません。高等学校での授業を英語でという案には賛成できませんが、これをよしとする理由も理解できます。

こうして、いったん事が始まると、それに至る経緯

は忘れ去られてしまうでしょう。動き始めれば、今度は動いているものをどうするかに意識が移るからです。しかし、土台が歪んでいる限り、どんな活動もやがてはきしみを生じます。そうして、新たな「改革案」が打ち出されるのです。戦後の日本の英語教育は、その繰り返しでした。明確な理念を持たなかったため、いつの間にか、試験に振り回される英語教育に堕落してしまいました。入学試験、英語検定、ＴＯＥＩＣと、教師も生徒も、そうした試験の結果ばかり気にしています。これらの試験は、本来、勉強した成果を測るための単なる指標に過ぎません。しかし、英語を学ぶ目的が希薄なまま英語熱だけが高まったため、「試験のための勉強」がいつの間にか当然視されるようになったのです。

今回の文科省の方向づけも、基本的にこのラインを踏襲しています。言語の本質を見誤った、国としての品位を欠いた方向づけ（＝国際化に対応するために、日本人全員に日常英会話を義務づける）と安易な目標設定（＝特定の試験による点数基準）は、それを象徴しています。文科省は、英語教育全体をこのような形で規定することの罪深さに思いが至らないのでしょうか。

私に言わせれば、これは強迫的な英語教育以外の何ものでもありません。考えてもみてください。右の「改革案」に従ってどんなに力んでみても、英語上手の日本人が次々に誕生することなど考えにくいでしょう。それよりもむしろ心配なのは、失敗者が続出することです。将来日本がアメリカの植民地になるならいざ知らず、普通に考えれば、英語はどこまでも日本の社会に不要の言語です。それを承知で全国民にこれを義務づけて「さあ話せ」というのですから、これは無理難題というものです。文科省は、全国民を煽《あお》っておいて、最後は一握りの英語上手が生まれれば大成功とでも思っているのでしょうか。文科省は、そして日本の社会は、「戦略構想」に掲げられた目標値を達成できなかった人たちをどのように遇するつもりなのでしょうか。

## 最後に

ここまでの分析に大きな狂いがないとすると、理念不在の「戦略構想」は、いわば砂上の楼閣のようなものです。長い目で見れば、懸念するには及びません。放っておいても、この計画はやがて破綻するからです。その意味では、楽観も許されるでしょう。しかし、その「やがて」がどれくらいの時間なのかがわかりません。何しろ、教育、しかも言語の教育の話です。結果を待って、5年や10年はあっという間に過ぎるでしょう。いや、もっとかもしれません。その間の犠牲を思うと、これはやはり、楽観できる問題ではないのです。

踏みとどまるべきところでは、しっかりと踏みとどまるべきです。国の教育は、文科省のようなお役所に任せておけば済むものではありません。われわれ一人ひとりが、問題の所在を的確に把握し、公平な立場で自らの意見を表明することが大切です。改めてお尋ねします。読者の皆さんは、私の次のふたつの質問にどんな答えを用意されますか。

一、日常生活に不要ともいえる英語を義務教育の科目に据える意味は何でしょうか。

二、学校（小学校2年＋中学校3年＋高校3年）での授業だけで、「英語により日常的な会話や簡単な情報の交換ができる」能力が身につくでしょうか。

最初の質問は、日本という環境において英語教育を行うことの意味、つまりは理念の問題です。ふたつ目の質問は、現実的な可能性の問題です。事実として、文科省はこれを目標に掲げているわけですが、それが不可能に近いことは、これまで論じたとおりです。小学校での2年（といっても、2年間で70回の英語活動）を加えたところで、ひとつの言語を習得するのに必要な時間と努力からすれば、実際的な意味はないに等しいものです。

文科省のこれまでの施策からは、最初の問いに対する答えははっきりしません。敢えて想像すれば、「グローバル化に対応する日本人を育てること」でしょうか。しかし、ふたつ目の問いに対しては、先ほど見たとおり、はっきり「イエス」と答えています。ところで、皆さんの答えはどうなったでしょうか。

私自身の答えは、これまでの論述から、およそ想像できるでしょう。でも、ひとつだけいい残したことがあります。それを併せ、次のように述べてこの論考を終わりたいと思います。

学校英語教育だけで英語が話せるようになるなど、言語習得の本質を考えれば、あり得ない。さらに、英語あるいは言語一般は、本来、習うものではなく、学び取るべきものである。学校英語教育は、いたずらに目先の成果を求めるのではなく、言語の習得に必要な時間と努力に耐えられる、自律的な学習者を育てることにこそ主眼を置くべきである。日本語、英語、さらには言語一般の仕組みに対して興味を持ち、ことばに対して発見的・創造的な姿勢で臨み、英語学習の長丁場を自分の力で乗り越えられるような、そんな学習者を育てることが肝要である。

国の政策としての英語教育は、右のことによく配慮し、全ての学習者が、成果の如何に関わらず、等しくその恩恵にあずかるような性質のものでなくてはならない。

＊本稿は大津編著（２００９）収録論考を一部修正して再録したものである。

*After Twenty Years*

付記

# 令和補筆

拙稿「学校英語教育とは何か」が世に出てから12年が過ぎました。この間に起こった英語教育界最大の事件は、「英語が使える日本人」を育てるための国家プロジェクト、すなわち、小学校英語が動き始めたことです。と、こう書けば威勢はよいのですが、教育現場の声を聞く限り、事が目論見通りに進んでいるようには見えません。

国家の文部行政は国民の生き方に多大の影響を与えるものです。その推進には、理念と手段の論理的整合性はもとより、検証方法や教員養成など具体的な制度設計が求められます。政策決定にあたっては、思い込みやまやかしを排除することも大切です。そのあたり、小学校英語に果たして十分な覚悟と準備があったのでしょうか。

私は右の論考で、学校英語教育は病んでいると指摘し、その起因するところを次の3つの視点を軸に論じました。

①言語の習得には長い時間がかかる
②言語の習得にはそれを用いている社会の存在が必要である

③言語は学び取るもので、他人から教わるものではない

①について改めて説明する必要はないと思います。心しておくべきは、学校教育だけでは英語が使えるようにはならないということです。つまり、学習指導要領に示されている目標を学校の授業だけで達成することは不可能なのです。

一体、どうすればよいのでしょう。目標達成のためには②の条件が必須ですが、今の日本にこれを期待するのは無理というものです。日本に暮らす限り、英語でなければ片付かない物事など皆無と言ってよいでしょう。

こうして、私たちの英語学習はこれまで常に、実践する場、すなわち力試しの場がないままに行われてきました。明治以来今日まで、この状況に基本的な変化はありません。しかし、長丁場の英語学習を乗り切るには、節目節目での力試しが必要です。たどり着くべき当座のゴールがなければ、走者の息は絶えてしまいます。こうして私たちは不覚のうちに「試験」をその代用品に据えたのです。

検定試験や入学試験に合格すること——これが教師や生徒の目指すゴールです。ところが、得られた点数や合格証は言わば幻のゴールで、英語力の保証にはなりません。それは誰もが経験を通して知っているはずです。自分の英語力は、試験の判定を待つまでもなく自身で感じ取っているはずです。

私たちはそろそろ、試験から解放された自由な学びに向かうべきではないでしょうか。時代は世界を見据えています。真の英語力を目指して学ぶ時代が来ていると思います。

手始めとして、試験の点数を絶対視するのをやめ、公平な眼で自分の英語力を反省することから始めては

どうでしょうか。その手段はごく身近に用意されています。学びの基準を、試験にではなく、私たち一人一人の日常に借りるのです。日常は、社会の助けを期待できない私たちが利用できる絶好の鍛錬場です。日々のやり取りや身の回りの事物を英語でどう言えばよいのか、自分は英語で何ができ何ができないかに目を向けるのです。学ぶべきものを自らの力で見いだす習慣を身に付けるのです。根気のいる作業ですが、仕掛け自体は単純です。この操作一つで、私たちの学びは教室という限られた空間を離れることができます。あてがわれたもの、すなわち教科書や試験から自らを解放すれば、新しい地平は自ずと眼前に現れてきます。

右に述べたことは、③とも深くつながっています。英語は自ら学び取るべきもので、他人から教わるものではない——この考えが教科書や試験を超えた学びの大前提だからです。いかなる言語であれ、言語は教えるものでもなければ教わるべきものでもない、それは学び手自らが習得すべきものであるという考えは、英語教育の根本に触れる問題です。この仮説に対する自らの立ち位置を定めれば自ずとその人の英語に向き合う姿勢が決まります。

英語は、学ぶことはできる。しかし、教師がそれを生徒に教えることはできないのではないか。教師は、生徒の学習を手伝うことはできる。しかし、生徒に英語を教え込むことはできない。これは、英語に限らない。一般に、言語は誰かに教えてもらうものではない。自分で学び取るものである。学ぶ側に学ぶ意志と継続的な努力がなければ、周りの者がいくら懸命になろうともだめである。それは、子どもの母語学習を観察すればおよそ想像がつく。親は、子どもに日本語を教えようとはしない。第一、親は教えようにもその方法を知らない。もっとも、方法は知らないが、やがて子どもの口から日本語が出てくることを経験として知っている。だから、ただ、話しかけてその現れるのを待っている。一方、子どもは、親から母語を教えてもらおうと思ってはいない。そもそも親が教えようという意志を持たないのだから、それを期待しても無駄である。子どもは、その点で大人を宛にはしないが、母語を学ぶことの重要性は察知している。周りで起こっていることを理解するためには、自分で母語を学び取るしか方法はないのである。

引用は、拙著『英語教育はなぜ間違うのか』（ちくま新書、２００５年）からのものです。先ほど触れたように、②の条件を求めるのは非現実的です。そこで重要になってくるのは、①と③に立脚した具体策は何かという問題です。

私は、学校英語教育の成否は「学び手の気づき」如何にかかっていると考えています。気づきとは学び手自身がルールを発見することです。また、ルールとは生徒が感じ取るべき大きな規則のことで、学校文法の複雑さとは無縁のものです。大きな規則の意味について、現在完了を例に簡単に説明しましょう。

学校文法では現在完了を完了・経験・継続・結果に分けるのが一般です。しかし、これは曖昧かつ無用な区分で、多くの場合、生徒の誤謬と混乱を招きます。話し手の心理的態度を表す――これが現在完了の役割です。現在完了の意味（驚き・後悔・追憶・得意・安心など）は話し手の意識や判断の数だけあるわけで、4つの区分に収まるものではありません。この点に気づけば、難物の現在完了もやがて自家薬籠中のものとなるでしょう。

右は一例に過ぎません。では、現実の英語教育はどうでしょう。まず、生徒の学びは教室という狭い空間に閉じ込められます。教科書と教師がそれを一層のものとします。教科書や教師を超えて教室の外に飛び出すほどの生徒はまれでしょう。試験はこの状況に拍車をかけます。こうして、学び手の気づきは二重三重の制約の中で身動きできなくなります。それが何を意味するか、母語の場合と比べてみましょう。

母語習得には教師がいません。生活そのものが鍛錬の場です。ことばの海へ放り出された幼児は自らのセンサーを働かせ、母語のルールを摑み取ります。しかも、百人百様の鍛錬場にあって獲得するルールは一様です。まさに、不思議と驚きの世界です。

もちろん、英語を母語と同列に置くことはできません。学校に制度上の縛りが働くのは当然のことです。しかし、だからといって生徒を隘路に追いやってよいことにはなりません。本来、ことばの学習は躍動的で楽しいものです。新しいことばは新しい世界への入口です。扉の向こうには冒険の世界が広がっています。私たちは生徒に英語を教え込むことはできないかも知れません。しかし、生徒を英語の海へ船出させることはできるはずです。教師の役目とはそのための船と櫂を与えることなのだと、私は思います。

## 大津のひとこと

山田さんの原論考と付記を読んでいたら、チョムスキーのことばが思い浮かびました。「教えるということの99%は生徒たちに、教える対象に関心を持たせるということなのです。つまり、残りの1%だけが教え方の問題ということになります。（中略）関心がないのにいくら学ばせても学んだことは定着しません。学ぶということは学習者の内側から生じるものなのです。学びたいと思う心が大切なのです。学びたいという気持ちがあれば、教え方がどんなにひどくても学びは成り立ちます」（Noam Chomsky. *Language and Problems of Knowledge: the Managua Lectures*. MIT Press. pp. 181-182）。

山田さんはご自身の著作を引いてこう言います。「学ぶ側に学ぶ意志と継続的な努力がなければ、周りの者がいくら懸命になろうともだめである」。そして、こう続けます。「子どもの母語学習を観察すればおよそ想像がつく」。まさにそのとおりです。

問題は英語学習においてその「学ぶ意志と継続的な努力」をどう実現させるかです。ふたたび、山田さんのことばを借ります。「学びの基準を、試験にではなく、私たち一人一人の日常に借りるのです。日常は、社会の助けを期待できない私たちが利用できる絶好の鍛錬場です。日々のやり取りや身の回りの事物を英語でどう言えばよいのか、自分は英語で何ができ何ができないかに目を向けるのです。学ぶべきものを自らの力で見いだす習慣を身に付けるのです」。でも、どうやって「日々のやり取りや身の回りの事物を英語でどう言えばよいのか、自分は英語で何ができ何ができないか」に子どもたちの目を向けさせればよいのでしょうか。母語環境と異なり、英語が生活言語としては機能していない外国語環境の下でどのようにそれを実現させることができるのか、その術を知りたいと思います。

「英語はグローバル社会へのパスポート」などという安易なキャッチコピーがなんら英語学習の役に立たないことはもう多くの人が気づいています。英語を「国際共通語」という縛りから解放させ、「ことば」の大海に戻してやることこそが第一歩になるはずです。ことばの世界の豊かさ、奥深さ、怖さ、そして、楽しさに気づくきっかけを得ることこそが英語を「学ぶ意志と継続的な努力」の基盤になるというのがわたくしの考えです。

# 4　小学校英語必修化の議論にひそむ落し穴

斎藤兆史

## なぜ現時点において小学校に英語教育を導入してはいけないか

私が現時点での小学校における英語の必修化に反対する理由については、すでにいろいろなところに書かせていただきましたので、それをまた一からここに書き連ねることは控えたいと思います。ごく簡単にまとめておきますと、その論旨は次のようなものです。

現在考えられているような形で小学校に英語が導入されても、期待どおりの効果が出ないことは目に見えている。それどころか、十分な英語教師が確保できない以上、英語を専門としない教師が児童の語感を最初から崩してしまうなど、逆効果すら心配される。ところが、「ゆとり教育」の例を見ても明らかなとおり、ひとたび行政的な実施に導かれた教育政策は、どんなに当てが外れようと途中で止めることができない。そこで何とか帳尻を合わせるべく英語教育が強化されれば、すでに深刻な問題となっている国語力・読解力の低下が加速し、他教科における児童の学力低下が進行する。

ここで読者の皆さんは、なぜ「効果が出ないことは目に見えている」などと断言できるのかとお思いになるでしょう。やってみなければわからないではないかと。ところがどっこい、小学校での英語の授業などは、すでに明治時代からさまざまな形態で行われているのです。それどころか、現在の英語教育で問題になっているようなことは、過去二百年以上にわたる日本の英語受容・教育史の中でほぼ論じ尽くされていると言っても過言ではありません。私が主宰する斎藤英学塾では、塾生たちに対し、英語の勉強と同時に英語受容・学習・教育史の研究を奨励しています。そこには、日本語話者がどれくらい、どのようにして英語を学習すればどの程度の英語使いになるかということに関する上質の資料がたくさん埋まっているからです。それを知らずに、いま、何か大きな改革が起ころうとしていると錯覚するのは、とても危険なことです。

早期英語教育に期待している人たちは、ほんの少しでいいから、日本の英語受容史を覗いてみてください。欲を言えば、英学史研究の金字塔とも言うべき川澄哲夫編『資料日本英学史』（全3巻、大修館書店、1978、88、98年）くらいは目を通していただきたいと思いますが、時間がなければ、平泉渉・渡部昇一『英語教育大論争』（文藝春秋、1975年）だけでもいいから読んでください。実に高度な英語教育論が展開されています。

この有名な平泉・渡部論争以降、30年の間――これはまさしく実用コミュニケーション中心主義が猛威をふるった時代です――日本の英語教育は成果らしい成果を上げていません。ただ科学的教授法研究の名のもとに行われたアンケートの調査用紙がうずたかく積み上げられただけです。四半世紀近く英語教師をやってきた人間の経験から言えば、日本人の総合的な英語力はむしろ低下しています。「アンケート言語学」の助けを借りずとも、それははっきりと言えることです。どうしてこんなことになってしまったのでしょうか。簡単に言えば、次のような理屈です。

日本語と英語は、構造的にきわめて異質な言語です。表記体系、音韻体系、統語体系、さらには言葉を用いる際の文化的な前提がまるで違います。したがって、日本人がそう簡単に英語を習得することはできません。学校教育で身につけることができる英語力などは高が知れています。学校教育を終えたときに高度な英語の運用能力が身につくことを期待するほうが無理というもので、学校教育では、あくまで個々人がそれぞれの動機に合わせて学習を積み上げるための基礎力を与えることが本務となります。その基礎力が、型の訓練によって積み上げる英文法の知識であり、読解能力です。その訓練は、ピアノの稽古で言えばハノンとバイエルに相当します。そこを突き抜けないかぎり、絶対に頂上には辿り着きません。

ところが、日常会話でいいからとにかくしゃべりたい、という大衆の要望に応えるために、実用コミュニケーション中心の英語教育が推奨されるようになりました。この教育理念においては、文法などをあまり気にせず、積極的にコミュニケーションを図ることがよしとされます。そして、その理念に則った学習を行うと、たしかにある程度の達成感を得ることはできますが、土台となる文法・読解能力が不安定なために、その先高度な学習を積み上げることが難しくなります。

やり直し組の英語学習であれば、どんな英語力を身につけようが個人の勝手ですが、学校教育において、安直な達成感は得られるが絶対に頂上に辿り着かないような道に学習者を導くのは正しくありません。ところが、現実には、いまだにその道が頂上への近道だと誤解されています。学習者たちは、険しい道を辿らなくて済むならそれに越したことはないとばかりに、皆そちらに流れていくのです。

小学校に英語教育を導入しようという議論も、基本的にこの実用コミュニケーション中心主義の理念に則っています。したがって、絶対にうまくいくはずはありません。本当に日本の英語教育を立ち直らせようというのであれば、まず、この基本理念を見直し、公立中学校の英語の授業時間数を「ゆとり教育」導入前に戻し、さらに教師教育に力を入れるべきです。小学校での言語教育は、まず何より児童の国語力の養成に重点を置くべきであり、英語などは二の次です。

## 早期英語教育推進論の問題点

次に別の角度から小学校英語の問題点を考えてみたいと思います。早期英語教育推進論者の人たちは、それぞれの立場から、小学校に科目としての英語を導入すべきだと主張しています。全体的な方向性はともかく、論点として納得のいくものをお持ちの論者も少なくありません。しかしながら、多くの場合、小学校において英語を必修教科にすべきであるとの結論に至るまでの議論の中に矛盾や誤解が見受けられます。ここでは、ある新聞記事を例にとり、早期英語教育推進論の問題点を指摘してみたいと思います。

今回分析対象とするのは、２００４年8月27日付の

『朝日新聞』13面に掲載された中嶋嶺雄氏の談話です。中嶋氏は、東京外国語大学学長を務められた国際社会学者で、談話を発表した時点では国際教養大学の学長をなさっています。氏は、中央教育審議会の委員でもあり、またその下の外国語専門部会の主査も務めていらっしゃいます。早期英語教育推進の中心的な存在です。

中嶋氏は、まずグローバル化が急速に進む中、「国際言語」である英語を身につけることが日本人にとって重要であることを指摘しています。それから、アジアという特定の地域に言及しつつ、次のように述べています。

> 私はアジアでの国際会議によく出るが、英語ができなければ発信もできない。シンガポールや中国の人々が活発に話す一方、日本人は沈黙するばかりだ。これでは困る。……日本はアジアの孤児になりかねない。

国際会議などにおいては、たしかに英語が共通語として用いられることは多いかもしれません。しかしながら、いったい日本人の何割が国際会議に出るのでしょうか。おそらくは、将来的にもほんの一握りでしょう。日本人全員が国際会議で発信することを目指して英語を学習することは、ほとんど無意味とさえ思われます。

そもそもアジアで孤立しないために英語を学ぶというのは、何とも奇妙な理屈です。たしかにアジアにおいても英語が用いられる場面が多いとはいえ、英語がアジアの共通語と決まっているわけではありません。中国は、「孔子学院」という中国語教育の専門機関を作り、本格的な中国語の普及に乗り出しました。今後、商売の世界などでは、中国語が英語の地位をおびやかす可能性もあります。学術的な場においてさえ、かならずしも英語が共通語として使われるとはかぎりません。たとえば今年で7回目を迎える「東アジア4大学フォーラム」という大きい学会では、参加大学であるソウル大学、北京大学、ベトナム国家大学ハノイ校、東京大学の代表がそれぞれの国の言葉で話をします。必要とあらば同時通訳がつき、英語は使用しません。

こういう国際学会だってあるのです。

さらに言えば、アジアという限定された地域においては、たしかに英語を使うことで対等な関係で話ができるかもしれませんが、英米の学会に参加してみれば明らかなとおり、そこで用いられている程度の英語では、とても母語話者と対等な議論を戦わせることはできません。母語話者というものが存在するかぎり、英語はけっして平等な国際対話を可能ならしめる共通語になり得ないということを、ここで改めて強調しておきたいと思います。

次に中嶋氏は、言葉を覚えるのは早いほどよいという主張を裏づけるために、昔の日本人を引き合いに出します。


岡倉天心、新渡戸稲造は、いずれも十一歳で東京外国語学校（現・東京外国語大学）に入っている。江戸時代の長崎の中国語通訳唐通詞の家訓にも、漢（中国）語は幼少に教えるべきだ、とある。


英語万能の明治初期にあって天心と新渡戸が早くから英語を学びはじめたことは事実です。しかしながら、天心の場合、幼少時に英語漬けになったために県境の標識も読めなかった。ここからが普通の子どもと違うわけですが、彼はあるときそれを深く恥じて父親に国語の勉強をさせてくれとせがむわけです。そして父親は彼を寺に預けて漢文の勉強をさせました。新渡戸にしても、武家の出ですから、当然幼いときに漢文の素読を仕込まれています。しかも札幌農学校在学当時は、図書館にある本をほとんど読みつくしてしまうほどの努力をしました。このふたりが英語偏重の明治初期にあっても例外的な存在であったことは、拙著『英語達人列伝』で論じたとおりです。

それに、彼らが早くから東京外国語学校に入ったことで高度な語学力を身につけたというなら、当時同校に在籍した残りの540人（太田雄三『英語と日本人』参照）はどうなってしまったのでしょうか。『武士道』や『茶の本』みたいな見事な英文著作を発表した人がほかにいるのでしょうか。彼らがすべて理想的な国際人になったというならともかく、その追跡調査も行われていない以上、天心と新渡戸のふたりだけを見て早期英語教育が成功したと断ずることはとても危険です。

逆に、当時の行き過ぎた英語教育によって日本語の習得がうまくいかなかった例はいくらでも報告されています。たとえば、父親の意向によって6歳でアメリカに送られた津田梅子は、終生日本語の運用を苦手としました。発足当時の慶應義塾などでは、「英書を読み英語を解するようにとばかり教導し……漢書を読まずに英語ばかりを勉強するから、英書は何でも読めるが日本の手紙が読めないというような少年が出来てきた。物事がアベコベになって」云々と福澤諭吉の『福翁自伝』にちゃんと書いてあります。そういうところを無視してはいけないわけです。

また、通詞の家訓にしても、その職業の特殊性を無視して議論することはできません。江戸時代、通詞の家に生まれれば将来通詞になるように育てられるわけですから、外国語学習は早く始めたほうがいいでしょう。ある技芸の習得を人生の究極目的とするなら、それは早く始めたほうがいいに決まっています。卓球の福原愛ちゃんにしても、将来オリンピックで金メダルを取るという目標があるから、小さいときから卓球を始めたわけです。しかしながら、日本人を全員通訳にする意味はまったくありません。

さらに言えば、通詞の場合、親が立派な通詞ですから、はじめからつきっきりで正しい外国語を子どもに教え込みます。ところが、指導者に関する中嶋氏の意見はいただけません。

まず指導者をどうするかだが、あまり堅苦しく考える必要はない。地域を探せば英語の使い手はたくさんいるはずだ。

日本全国、津々浦々、英語の使い手がそれほど満遍なくいるものでしょうか。たとえいたとしても、そういう人をどうやって探し出し、どう学校教育に絡んでもらうのでしょうか。小学校の英語くらいならだれにでも教えられるだろうという安易な発想があるのかもしれませんが、どんな技芸でも最初の手解《ほど》きが一番難しいのです。そこでいい加減なことを教えたら、あとあと取り返しがつきません。

さらに中嶋氏は、中学・高校・大学の英語教育の建て直しを提言していらっしゃいます。

> 問題は大学だ。英文学専門の先生が全員に一年かけて英語の小説を読ませるような教育では困る。

氏は、『教育委員会月報』２００３年６月号の巻頭論文「進みつつある英語教育の抜本的な改善」の中でも、「『「英語が使える日本人」の育成のための行動計画の実現に向けて」大学英語教育学会（ＪＡＣＥＴ）をはじめとする英語教育関係者の方々は積極的に取り組み始めて心強い限りですが、「使える英語」への抵抗は、大学とくに国公立大学の外国語学部や文学部のなかに依然として根強いといえましょう」と書いておられるから、よほど英文学を用いた英語教育がお嫌いらしい。新渡戸稲造の「太平洋の橋になりたい」という名台詞が英文学を修めようとする理由を問われたときの答えであることを思うと、低劣な実用コミュニケーション主義が唱えられるようになって以来、英文学の人気もだいぶ落ちたものです。夏目漱石の文章を読まない国語教育があり得ないのと同様、本来、英文学作品を用いない英語教育などはあり得ないのです。

中嶋氏がどういう経緯で「英文学専門の先生が全員に一年かけて英語の小説を読ませるような教育」という極端なイメージを抱くにいたったかは知りません。そもそも、いまどきそんな外国語の授業をしている先生がいるのかどうかはなはだ疑問ですが、百歩譲って、そういう授業をしている先生がいるにせよ、大学生の語学力・読解力もどんどん低下していますから、それについて来られる学生がいるなら大したものです。逆に中嶋氏は、どのような大学英語教育を推奨していらっしゃるでしょうか。

> 入学時の英語力に差があるのだから能力別に指導すべきだ。私が学長を務める国際教養大学（秋田県）は徹底した能力別指導を採り入れ、基礎クラスでも三カ月半でイラク問題の議論が英語でできるようになっている。

「基礎クラスでも」という言い方から察するに、これは入学時の英語力が低い学生を対象としたクラスのことだろうと思われます。本格的に英語を勉強したことのある人の中でこの授業評価を信じる人がどれだけいるかわかりませんが、またしても百歩、合計二百歩譲って、これが事実通りだとしましょう。最初は英語力が低くても、大学での徹底した能力別指導によって三カ月半で国際問題などが英語で議論できるなら、小学校から英語をやる必要などどこにあるのでしょうか。むしろ、その魔法のような高等教育の方法論を伝授していただきたい。

このように、中嶋氏の唱える早期英語教育論には論理と事実認識のほころびが多すぎます。このような誤った認識に基づいて小学校において英語が教科化されれば、思いどおりの結果が得られず、現場が混乱に陥るのは目に見えています。

**質疑応答**

最後に、シンポジウムのときにお寄せいただいたものも含め、頻繁に寄せられる質問をいくつか紹介し、それに対して、この場を借りてお答えしたいと思います。

Q 「文法的に間違っていてもとりあえず相手に伝わる英語」と「正確な文法に基づいた英語」のどちらを目指すべきだと思われますか?

目指すとすれば、「正確な文法に基づいて正確に言いたいことが相手に伝わる英語」ということになるでしょう。もちろん、その教育目標に到達するのは楽ではありません。しかしながら、早い段階で「文法的に間違ってもいいから」ととりあえず何かを伝える癖がついてしまうと、その先学習を積み上げて、高度な英語で高度な内容のことを伝えることが困難になります。最初は、ゆっくり、丁寧に正しい型を覚え、その土台を固めてから実践練習をするというのが、すべての学習に共通する普遍的な法則です。

Q 〔授業において〕全て英語を使っても、生徒に文法を教えることも、長文を読ませることも可能だと思うのですが、いかがでしょう?

私がall in Englishなる教授法の問題点を指摘したことに対するご意見だと思います。たしかに私は、それをあたかも最新の教授法であるかのように錯覚して現場に押しつけたがる最近の英語教育界の風潮に対して疑問を感じています。しかしながら、もしも教師が正しい英語で授業を運営する能力を持ち、生徒がその英語をきちんと理解し、しかも授業を楽しむことができるような授業環境が整っているのであれば、すべて英語による授業も大いに結構なことだと思います。教師はそれぞれ自分の得意技を生かした授業を展開すべきであって、新しい教授法が紹介されるたびに、すぐにそれに飛びついたり、それをすべての教員に押しつけたりするような風潮が好ましくないと言っているだけです。会話を苦手とする教師が四苦八苦しながら英語で授業を行うようであれば、生徒の語感はいちじるしく狂わされ、むしろ逆効果です。

Q　小学校への英語の早期導入は、「英語帝国（優越）主義」を本当に助長するでしょうか?

小学校で英語を教えること自体が本質的に英語帝国主義を助長するとは思いません。しかしながら、現在の早期英語教育推進論に付随するものとして、世界共通語幻想、英語優先主義、母語話者至上主義、英米で開発された教授法に対する盲信などがあるように思われます。したがって、そのような偏った理念に基づいて小学校に英語教育が導入されるのであれば、結果的に英語帝国主義を助長する危険性もあります。少なくとも、総合的な学習の時間のなかで、「国際理解」のための「外国語会話」と称して実質的に英語だけを教えているような現状では、小学校で英語が必修化された場合、その危険性はきわめて高くなると言えます。

Q　英語教育との関連で日本語の乱れを指摘なさっていますが、そもそも言葉は時代によって変化していくものではないですか?

もちろん言葉は変化していくものです。しかしながら、日本語に関して問題なのは、その変化の質と速度です。過去数百年にわたる日本語と英語の変化を比べてみると、日本語のほうが統語法、語彙、表記法などの点ではるかに大きな変化をこうむっていることがわかります。

たとえば、17世紀の英語ならいまの学校文法で読めるのですが、同時期の井原西鶴の文章などは、いまの日本人にとっては外国語同然です。19世紀のものでも、ウォルター・スコットの *The Bride of Lammermoor*（1819）などは頑張れば読めますが、その訳本である坪内逍遥の『春風情話』はとても読めません。戦争直後に発表された公的な文章でも、日本語よりも英訳のほうがわかりやすい場合が少なくありません。一方の言語圏では３００年前の文章が何不自由なく読めるのに、他方では50年前の文章すら辞書を引かなければ読めないとしたら、そのふたつの言語圏における言語効率には著しい違いがあると言わざるを得ません。

英語を世界的に広めようとする人たちの中には、英語だって外来語をたくさん取り入れて変化し、豊かになってきたのだから、英語教育を推進することで母語が変化することを恐れてはいけない、というようなことを言う人がいます。しかしながら、先にも述べたとおり、英語においては、基本となる部分はきちんと保たれており、たとえば日本語からいろいろな言葉を仕入れたと言っても、sake、geisha、judo、karaoke など、それは英語の本質をおびやかすような概念ではありません。しかしながら、日本語が仕入れた英語はどうでしょうか。ケア、ニーズ、アカウンタビリティ、コンセプト、アイデンティティ、グローバル・リテラシーなどなど、われわれの思考や精神のあり方を規定するような重要概念がかなりあります。このようなカタカナ英語を「てにをは」で結んだような言葉が豊かな日本語だとは到底思えません。

カタカナ英語の氾濫に加え、最近では文法の乱れも気になります。ラ抜き言葉ならまだしも、「書き表せれない」などというおかしな言葉遣いまで歌謡曲の旋律に乗って流れるようになりました。「痴呆症」に代わる病名として登場した「認知症」（正しく理解すれば、「認知してしまう病気」の意）も、明らかに日本語として間違っています。ここまでくると、とても日本語の健全な「変化」とは言えないのではないでしょうか。

Q　現在の教育の危機的な状況（学力の低下も含めて）を打開するためには、「ゆとり教育」の根本理念であるジョン・デューイの「自由（主義）教育」の思想と理念を否定する必要があると考えますが、先生のご意見をお聞かせ願いたく存じます。

私は、デューイのプラグマティズムに興味を持っていたこともありますが、彼の教育論に関してはまったくの素人であり、それに対して批判や論評を行う資格を有しません。ただ、「ゆとり教育」の理念や、子どもは「自由に、伸び伸びと」教育すべきであるという自由主義的教育に対しては懐疑的な立場に立っています。私が名文家として敬愛するバートランド・ラッセルも、自由主義教育の理念に則ってビーコン・ヒル・スクールという学校を設立しましたが、結局、その教育はうまくいきませんでした。

子どもは子どもらしく、その個性を生かしつつ自由に伸び伸びと育てるべきだというのはたしかに俗耳に入りやすい考え方ですが、そのようなロマン主義に基づく教育は、長い目で見た場合、けっして子どもたちのためにはなりません。子どもたちが属する社会にとっても好ましいことではありません。子どもたちひとりひとりが将来一人前の大人として社会の一員となれるよう、早い時期にどうしても仕込んでおかなくてはならない規範や規律というものがあります。日本は、本来そういうものを効果的に教えるための「型」を豊富に持っている国です。

卑近な例を挙げましょう。最近の若者の中には、通勤電車の中でも平気で飲み食いをする人がいます。おそらく、だれに迷惑がかかるわけでなし、うしろめたい気持ちは毛頭ないのでしょう。しかしながら、もしみんなが通勤電車で飲み食いを始めたらどうなるか。食べ物の匂いが電車中に充満して気分が悪くなる人もいるでしょう。床に食べ物が大量にこぼれれば、衛生的な問題も出てきます。あるいは、他人の衣服を汚す危険性もあります。社会の調和を乱すそのような問題を排除するため、日本人はいちいち理屈をこねず、そのような場での飲食を「行儀が悪い」という審美的判断によって忌避してきました。行儀作法という「型」が、知らず知らずのうちに社会の調和を保ってきたのです。個性重視の教育の中で排除されつつあるそのような「型」には、見直すべきところがいっぱいあります。

これは当然英語教育についても言えることです。「子どもたちの目が輝いている」というようなきれいごとを語学政策の議論に持ち込んではいけません。日本人の英語力を向上させようというなら、少なくとも現時点においては、小学校ではまず国語力の基礎固めをし、中学校において、その基礎の上に文法や読解を中心とした型や技術を仕込むことがもっとも効果的だと私は考えます。

＊本稿は大津編著（２００５）収録論考を一部修正して再録したものである。

*After Twenty Years*

付記

# 日本人英語使用者としての手本が示せないなら、英語を教えるなかれ

## 原論文について

原論文「小学校英語必修化の議論にひそむ落とし穴」において、私は、日本の英語教育の歴史から考えても、学習に関する常識から考えても、その時点で考えられているような形で小学校に英語教育が導入されれば、期待された効果が得られないばかりか、英語教育においても、他教科の教育においても逆効果になる可能性があると論じました。この考えは変わっていませんし、発表から16年たったいま、言ったとおりでしょ、との思いを強めています。原論文後半では、当時、小学校英語必修化の旗振り役であった中嶋嶺雄氏の主張に対して批判的な考察を加えましたが、すでに氏が鬼籍の人となったいま、de mortius nil nisi bonum の教えに従い、さらなる批判を加えることは控えましょう。ただし、当時中嶋氏らが掲げる英語教育改革に同調した「大学英語教育学会（ＪＡＣＥＴ）をはじめとする英語教育関係者の方々」（中嶋嶺雄「進みつつある英語教育の抜本的な改善」、『教育委員会月報』２００３年６月号）には、猛省を促したいと思います。

原論文は『小学校での英語教育は必要ない！』という題名の本に収録されていますが、私自身は、小学校英語教育が不要であるとは必ずしも考えていません。私自身、小学校６年のときから英語塾に通い、週１回の授業ながら、高校の英語教師も務めていた優秀な先生から文法シラバスに則って英語の手ほどきを受けた

おかげで、今日、こうして英語でご飯が食べられるようになりました。私が現行の小学校英語教育に反対するのは、それが教師の質から考えても、活動の内容から考えても、およそ子どもたちのその後の英語学習に資するものとは思えないからです。

## 小学校英語活動あるある

教科化されたばかりの小学校高学年の英語授業は、現在、コロナ禍の真っ只中ということもあってほとんど目にする機会はないのですが、それまでの活動型の授業は、さまざまな形で目にする機会がありました。大学院の事例研究の授業で、インターネット上で公開されている小学校英語活動の事例について議論したこともあります。それらを見て気になったのは、ある特定のパターンの授業をよく見かけるということです。鳥飼玖美子さんと共著で出版した『迷える英語好きのために』（集英社インターナショナル、２０２０年）のなかで彼女も同じ形式の授業に言及していましたので、やはり私と同じように違和感を覚えたのでしょう。よく見かける授業とは、次のようなものです。

まず日本人教師が、多くの場合、発音も文法も間違いだらけの破調の英語（？）、いわばその教室のなかだけで、児童とのいつもの関係性や慣行に基づいてのみ理解される言語で指示を出す。そのような言語を私はかつて「教室ピジン」（classroom pidgin）と名づけました。指示を受けた児童は２人ずつ組みになり、'Hello!' と言ってお互いに手を振る。一方が 'Where do you want to go?'、'What do you want to be?' などと質問すると、他方は 'I want to go to (　)/be a(n) (　)' の空所を埋める形で、時として英語の抑揚をまったく無視した「チャンツ」の節回しに乗せて答える。すると、今度は 'Why?' という質問を投げかけられ、それに対して数語程度の答えを返すとやり取り完了。２人は“See you!”と手を振って別れ、次の組を作る。

これはいったい何のためのやり取りなのでしょうか。そもそも設定がきわめて不自然です。出会い頭に挨拶を交わし、「どこに行きたい？　何になりたい？」と聞いて答えを求め、さらにその理由を聞きだして、「それじゃ、また」と別れる。これを延々と繰り返して、児童に何を学ばせようというのでしょうか。このような活動が教室文化として定着しつつあることに危機感を覚えます。

原論文同様、ピアノの稽古の比喩を用いましょう。ピアノもまた、本来ハノンやバイエルの基礎を修め、徐々に難しい曲をさらいながら訓練していきます。ところが、そのような稽古を古臭いとして、新しい教室文化が生まれたとしましょう。ピアノが弾けない教師が、児童に「猫踏んじゃった」や「チョップスティックス」（両手の人差し指だけで弾ける簡単なワルツ）を延々と弾かせます。「今度はもっと元気よく、跳ねるように！」と教師はノリノリです。児童の方も、指示されるがままに弾きまくります。その授業の様子を見た音楽家やピアノ教師が、これはピアノの指導ではない、正しい手ほどきこそ必要な年ごろの子どもたちにこんなことをさせたら、音感も、指の感覚も狂ってしまい、正しいピアノの指導ができなくなる、と嘆きます。それに対し、先の教師はこう答えます。子どもたちが目を輝かせてこんなに元気に弾いているのに、なんてことを言うのか、そもそもこれはピアノの稽古ではなく、ピアノ活動なのだ、と。

このように書けば笑い話ですが、これはまさに私の目に映る現行の小学校英語活動です。ピアノの稽古にたとえると明らかに馬鹿馬鹿しいことが、なぜ英語教育では行われるのでしょうか。おそらくその理由の一つは、ピアノの上達がどういうことかがわかりやすいのに比べ、英語が上達するとはどういうことか、そのイメージが捉えにくいからだと思われます。それもそのはず、ピアノの先生は、発表会の最後にきちんと自身でお手本を示しますが、日本人英語教師のかなりの部分が日本人英語使用者としての手本を示さないからです。

## 日本人英語教師に必要なもの

面白いことに、目を覆いたくなるような英語活動を指揮しながら、一方で「モチベーション」だの「ファシリテーター」だの「自己効力（肯定）感」だのという気の利いた概念を用いて自身の教育理念を語る先生が少なからずいらっしゃいます。では、ご自身が「ファシリテーター」として英語活動を率い、児童の「モチベーション」や「自己効力（肯定）感」を高めた先に何があるのか。「子どもたちが将来英語に興味を持って勉強してくれれば……」。教室ピジンで子どもたちの語感を狂わせておきながら、そこを人任せにするのはあまりにも無責任ではないでしょうか。ご自身が日本人英語使用者の手本となって、きちんと英語を教えてください。それができないなら、英語教育の教壇に立つべきではありません。

いまの日本人英語教師に必要なものは、まず何を置いても英語力です。かつては英語にこだわりすぎるあまり、重箱の隅を楊枝でつつくような文法・読解指導を行い、「英語屋」と揶揄されるような教師がいたことも事実です。しかしながら、英語力不足を教材や方法論で補おうとする教師よりは「英語屋」のほうがまだましだと考えます。

これは小学校英語の指導者に限ったことではなく、日本の中学でも高校でも大学でも、英語教育の理念や方法論ばかりが先行し、教師が生徒・学生の英語使用の手本を示すという発想が希薄になっているように思われてなりません。生徒・学生のエッセイの添削はするが、そのエッセイと同じ課題で模範英作文を書いてみせることはしない。発信型英語教育の重要性を説きながら、教材として使うのは母語話者の書いた英文ばかり。これでは、日本人英語学習者たちはどこを目指していいのかわかりません。

日本人英語教師が、日本人英語使用者としての手本を示す。このきわめて当たり前のことを実践するためにも、英語そのものに対する関心を取り戻していただきたいと思っています。

## 大津のひとこと

ことばが人間の思考を支える基盤をなすことは議論の余地がありません。そして、ことばの使用の創造性がそれを下支えしているということも明白なことです。ことばを使うときにはその創造性が十分生かされることが必要で、そのためにはことばの設計図とでも言うべき文法を身につけることは必須のことです。そして、文法を効果的に使う訓練のために読解は最適の方法です。受信形態であるので、文法事項をコントロールして、学習者に与えることができます。また、書記形態であるので、時間の制約を受けることなく、繰り返し分析することが可能です。

現在の英語教育では、その「実用コミュニケーション」というきわめてあいまいな概念を用い、文法を気にせず、積極的に「実用コミュニケーション」を図ることがよしとされているのです。斎藤さんは以前からこの「実用コミュニケーション」指向の英語教育の脆さを喝破し、文法と読解の重要性を説いてきました。

今回の付記で、斎藤さんは「ご自身が日本人英語使用者の手本となって、きちんと英語を教えてください。それができないなら、英語教育の教壇に立つべきではありません」と言い切ります。実際、放送大学での斎藤さんの授業を一度でも観たことがある人であれば、なるほどと納得がいくはずです。立派なイギリス英語を自在に操り、視聴者を飽きさせません。だから、斎藤さんの指摘には耳を傾けざるを得ないのです。

一つ気をつけておかなくてはならないのは「ご自身が日本人英語使用者の手本となって、きちんと英語を教えてください」の件です。この部分は、「英語教師は英語についての正確な知識（文法を含む）を持ち、その知識を運用する力を絶えず磨いてください」という意味です。英語を母語とする人（「英語のネイティブスピーカー」）のように英語が使えなくてはいけないという意味ではありません

こう整理してみると、斎藤さんが取り上げている問題は小学校英語の問題に留まるものではなく、学校英語教育全体の問題であることがわかります。では、現状からの脱却を図るために何をしなくてはならないか。

一つは、「実用コミュニケーション」中心の英語教育の危うさを広く知ってもらう必要があります。しかし、世間の文法アレルギーはきわめて強く、そうは簡単に論破することはできません。そのとき、強い味方になってくれるのが斎藤さんのホームグラウンドともいうべき文学ではないでしょうか。

文学ほど、文法の「実用性」を教えてくれるものはないと思います。実際、最近、「文法・訳読派の逆襲」と呼ばれる現象が観察されます。文学作品の素材として、その読解から始め、鑑賞に至る指南本が何種類も出版され、売れ行きを伸ばしています。素材を詩に求めれば、中学生、いや、場合によっては小学生にも適した教材ができるはずです。

もう一つは、教員養成の仕組みを変える必要があるでしょう。そうでなければ、「日本人英語使用者の手本となって、きちんと英語を教え」ることができる先生は（突然変異を除けば）期待できないでしょうから。やはり、そこでも、文学の存在を軽視してはなりません。時としてみられる、文学と論理を対立させる考え（たとえば、「論理国語」と「文学国語」）の誤謬を正すことも教員養成の重要な役割です。

こう書き綴りながら、かつて安野光雅・大岡信・谷川俊太郎らが編んだ『にほんご』（福音館、1979年）が心に浮びました。斎藤さん、小学生に向けた『えいご』という本を編んでもらえないでしょうか。

# 第2部　国際理解教育と多言語・多文化共生の観点から

# 5 国際理解教育の一環としての外国語会話肯定論
## ――競争原理から共生原理へ

冨田祐一

### はじめに

2002年度に施行された『小学校学習指導要領』では「総合的な学習の時間」が新設され、その中で扱われるテーマのひとつとして「国際理解教育」が例示され、さらにその一環としての「外国語会話」を扱う可能性が生まれました。しかしながら、その実践にあたっては、ある種の混乱が起こっていると言ってよいでしょう。その混乱を引き起こした要因にはさまざまなことが考えられますが、私は最も重要な原因は「いったい何のためにこの制度を導入するのか」という「目的」が明らかにされていない点にあると考えています。たとえば、本書は「小学校における英語教育（以下、小学校英語）を行うべきか否か」について議論することを目指すものですが、そもそも「何のために小学校英語を行うのか」[1]という目的が明確にされていなければ、その是非を論じることはできないはずです。

したがって、本論は「国際理解教育の一環としての外国語会話」を肯定する立場に立つものではありますが、その主張を展開するにあたっては、まず目的論を明確にし、その目的論に基づく方法論を示します。議論の進め方としては、前半で、議論の混乱を避けるための「ふたつの前提」を示し、「国際理解教育の一環としての外国語会話」が小学校に導入されるに至った社会的背景を検討します。後半では、その前半の検討を踏まえた上で、「国際理解教育の一環としての外国語会話」の目的と方法を示します。そして最後の部分では、本論で十分に扱うことのできなかった「小学校の外国語教育」に対する疑問や反論への回答を示します。

本論について「小学校の英語教育への賛成論なのか反対論なのか？」と問われれば、「国際理解教育の一環としての外国語会話への賛成論」ではあるが、「本来の目的（＝国際理解教育）に基づかない小学校の英語教育に対する反対論」でもある、と答えるのが最も適切でしょう。

## ふたつの前提

現在の日本の小学校における「国際理解教育の一環としての外国語会話」を検討する際に、確認しておかなければならない前提は、以下の①と②です。これらの前提を抜きに議論を進めると議論が錯綜してしまい、問題の本質に迫ることができなくなるからです。

①現行の『小学校・学習指導要領』では「英語教育」が導入されたのではなく、「国際理解教育」の一環として外国語会話を行う可能性が生まれたのである。

②日本の小学校教育において外国語を扱うべきか否かを論じる際に、「臨界期仮説」を持ち出すのは不適切である。

**前提1：「英語教育」が導入されたのではなく「外国語会話」を行う可能性が生まれた。**

今回の『学習指導要領』で「小学校英語が導入された」と考えるのは正確ではなく、正しくは「国際理解教育の一環として外国語会話を行う可能性が生まれた」と考えるべきです。この差は、一見するとどちらでもよい問題のように見えるかもしれませんが、そのあり方をめぐる議論をする際には、とても大切なポイントです。そのことは、以下の『学習指導要領』の記述を読めば明らかです。（文部省、１９９８、３頁）

第1章「総則」第3「総合的な学習の時間の取り扱い」

3.各学校においては、2に示すねらいを踏まえ、例えば国際理解、情報、環境、福祉・健康などの横断的・総合的な課題、児童の興味・関心に基づく課題、地域や学校の特色に応じた課題などについて、学校の実態に応じた学習活動を行うものとする。

5.（3）国際理解に関する学習の一環としての外国語会話等を行うときは、学校の実態等に応じ、児童が外国語に触れたり、外国の生活や文化などに慣れ親しんだりするなど小学校段階にふさわしい体験的な学習が行われるようにすること。

（傍線は筆者による）

この文章を「小学校に英語教育が導入された」と拡大解釈する人も少なくないようですが、少なくとも文言の上では、「小学校に英語教育を導入する」とはどこにも書かれていません。

ここで示されている内容について、重要なポイントをまとめると、以下の3点になるでしょう。

①「国際理解に関する学習の一環としての外国語会話等」とされており、外国語会話を実施するための目的が「国際理解に関する学習（＝国際理解教育）」であることが示されている。

②「外国語会話等」とされており、「英会話」とは指定されていないため、目的に応じて（英語以外の）多様な言語を扱うこともできることになっている。

③「外国語会話等」を行うときの実践例としては「外国の生活や文化などに慣れ親しむこと」が示されている。

すなわち、ここで確認すべきことは、現在の学習指導要領には「英会話をやる」などという文言は見当たらず、あくまでも「国際理解教育のために外国語会話を活用する」という主旨が示されているということです。

このように考えてくると、「小学校英語」の賛否を問うこと自体、本来はおかしなことであることが分かります。なぜならば、実施されていない「小学校の英語教育」の賛否を問うことは、実施されていない「小学校のアラビア語教育」の賛否を問うことと同様に、論理的に妙なことだからです。

以上のことから、本論では「小学校英語」が導入されたという前提にではなく、「国際理解教育の一環としての外国語会話」を行う可能性が生まれた、という前提に基づいた議論を展開することとします。

**前提2：「臨界期仮説」は、日本の小学校における外国語会話を行うことの妥当性を示す根拠にはならない。**

日本の小学校教育に英語教育を導入しようとする人たちがよく持ち出す論に「臨界期仮説に基づく早期英語教育論」というものがあります。これは「英語を臨界期（＝およそ10歳前後）よりも早く学習し始めなければ、母語話者のようにはなれない」という前提と、「英語を臨界期よりも早く学習し始めれば、母語話者のようになれる」という希望的観測に基づく教育論ですが、そのような主張を日本の小学生にあてはめることについては、以下の①～③の理由から不適切です。

①そもそも言語獲得に関する臨界期仮説とは、本来は「母語」について設定された（または一定の評価を得ている）仮説であって（Lenneberg 1967）、「第二言語」や「外国語」の臨界期仮説については、確定的な評価が得られているわけではない（Singleton & Lengyel 1995; Birdsong 1999）。したがって、臨界期仮説とは、日本の小学校のような言語的インプット量が極めて少ない状況における「外国語」の獲得過程とは、関係がない仮説である。

②中学校以降の学校教育で初めて外国語を学習し始めた人の中には、その後の努力や海外での留学や移住等の経験を経て、母語話者レベルの高い外国語の運用能力を身につける人がいる（Nikolov 2000）。したがって、小学校から外国語を学習し始めなくても、母語話者並みの外国語の運用能力を身につけることは、不可能ではない。

③日本の小学校教育の中では、大量の言語的インプットを与えることが不可能であるため、小学校で外国語を学習し始めたとしても、子どもたちの全てが母語話者レベルの外国語能力を獲得することにはならない。したがって、日本の小学生が週に一回程度外国語に触れたとしても、そのことが母語話者レベルの運用能力を獲得することを保証できるとは考えられない（Burstall 1970、白畑２００１、後藤・冨田２００１、大津・鳥飼２００２）。

右で用いられている「母語」とは、人間が誕生した直後に最初に触れ、最初に獲得する言語のことです。

「第二言語」とは、母語を習得した後に、生活言語として触れる言語のことです。たとえば、親の転勤でアメリカに移住した小学生が、生活言語としての英語に触れ、英語を獲得する場合、その子にとっての英語は「第二言語」です。これに対して、日本の小学生や中学生のように、主に学校の授業の中で英語に触れ、それを学習する場合には、その英語は「外国語」となります。

「外国語」の場合には、「第二言語」とは異なり、教室以外の場所で外国語に触れることがほとんどなく、学習者は極めて限られた量の言語的インプットにしか触れられません。これらの3つの範疇の言語（母語、第二言語、外国語）については、言語を獲得するという点では多くの共通点をもっているものの、獲得の状況、過程、言語的インプット量などの点で大きな相違があり、全く同一のものとみなすことはできません。したがって、母語の獲得にあてはまるとされる「臨界期仮説」についても、そのまま「外国語」に適用できるわけではないのです。

以上のことから、本論では「小学校における国際理解教育の一環としての外国語会話」の理論的根拠としては、「臨界期仮説」を用いないという前提で、ここからの議論を展開することとします。

## 社会的背景

初等教育に外国語を導入しようとする動きは、日本だけでなく、世界の各地でみられる傾向ですが（ＪＡＣＥＴ関西支部１９９９、２００２）、ここでは、そうした世界的動きを生み出した社会的背景について検討します。

### 「国際化」のふたつの解釈

二十世紀後半に生じた工学的技術や通信網の発達は、人々が国境を越えた活動を行うことを飛躍的に自由にし、その結果生じた「国際化」は、人的交流、情報交流、経済的交流等における爆発的拡散現象を生み出し、人々の生活や文化に大きな変化を与えました。そして、「外国語教育」もその影響を最も強く受けたもののひとつです。現代社会では、国際化に対応できる国際的人材の育成が、外国語教育に求められるようになり、そのひとつの論理的帰結として「早期外国語教育」の必要性が叫ばれるに至っているのです。

しかしながら、ここで注意すべきことは、この「国際化」という表現がもつ意味の多様性です。実は、この国際化という表現には、少なくともふたつの意味が含まれており、その曖昧性が初等教育における外国語教育の「目的」と「方法」を設定する際に重要な影響を与えているからです。

そのふたつの解釈のうちのひとつは「国際化＝グローバル化」という解釈であり、もうひとつは「国際化＝多言語多文化化」という解釈です。当然のことですが、現実の社会的動向を解釈する場合には、いずれか一方の解釈だけが絶対的に正しいということはなく、両方の解釈が成立するからこそ、ふたつの解釈が存在します。しかしながら、外国語教育のあり方を論じる場合には、ふたつの解釈のうちのいずれを重視するかによって、目的の設定の仕方が異なってくるため、この表現の解釈については、明確な自覚をもった慎重な検討が必要となります。少なくとも、外国語を学校教育の中で扱う立場にある人は、いずれの解釈に基づいて外国語を扱うかについての自分自身の認識を明確にする必要があります。

そこで、以下では、このふたつの解釈を検討し、それぞれの解釈を重視した場合の、外国語教育の目的設定のあり方と、その問題点を示すことにします。

## グローバル化と競争原理に基づく小学校の英語教育

### （1）グローバル化がもたらした競争原理

「国際化」のひとつの解釈は「グローバル化」という表現に置き変えることで得られます[2]。ここで言うグローバル化とは、簡単に言えば、現在の世界のいたる所で観察される「画一化現象」のことです。グローバル化の象徴的存在であるハンバーガーショップの名前をとって、「マクドナルド化」などと呼ばれることもあります。二十世紀後半に起こった工学的技術や通信網の飛躍的発達は、欧米を中心とする「先進諸国」の経済システムと文化を、瞬く間に世界中に拡散させ、その結果、世界には「経済システムの画一化現象」と、それに伴う「文化的画一化現象」がもたらされました。

こうした画一化現象は、主として経済界によって起こった「グローバルエコノミー」に牽引される形でその他の広い領域に拡散したものですが、その結果もたらされた世界的画一化現象のひとつの特徴は、いわゆる「世界標準（グローバルスタンダード）」を生み出した点にあると言えるでしょう。ここに至って、世界の国々は、その世界標準に「のり遅れた者（＝敗者）」と「標準を満たした者（＝勝者）」とに大別されることになったからです。そして、そのような状況にあって、人が望むことは、勝者になりたいということであり、結果として、世の中は「競争原理」に束縛されることになりました。

このような世界的レベルで起こる競争は「メガコンピティション」と呼ばれ、いまの世界のさまざまな社会的活動を動かす原動力のひとつになっています。このようにして形成された経済のマクロ構造は、当然のことながら教育の世界にも大きな影響を与え、最近では日本の教育関係者の間でも「グローバルスタンダード」や「グローバルコンピティション」という表現が広く使われるようになってきています。たとえば、日本の英語教育関係者による「日本人のＴＯＥＦＬの平均得点は、韓国よりも～点も低い」という表現は、経済関係者による「日本のＧＮＰは近い将来中国に追い抜かれてしまう」という表現と同根をもつものであり、世界的なレベルでの「競争原理」に基づくものです。

（2）グローバル化と競争原理がもたらした英会話ブーム

このようなグローバル化を背景とする競争原理に導かれた状況にあって、われわれが注意すべきことは、それらの競争のための「武器」として最も重視されているもののひとつが「英語の運用能力」であるという点です。なぜなら、このような「グローバル化」や「競争原理」に基づいて外国語教育の目的を設定する場合には、「経済的競争に打ち勝つために最も有益な武器」としての外国語が重視されることになり、最も汎用性の高い英語が、学習言語として選ばれることになるからです。

このような考え方に従っている日本の言語教育政策の典型例は、２００３年3月31日に文部科学省が発表した『「英語が使える日本人」の育成のための行動計画』（文部科学省２００３）です。その冒頭で、遠山敦子文部科学大臣は次のように述べています。

　今日においては、経済、社会のさまざまな面でグローバル化が急速に進展し、〈中略〉国際的な経済競争は激化し、メガコンペティションと呼ばれる状態が到来する中、これに対する果敢な挑戦が求められています。　　（傍線は筆者による）

　これらの表現から明らかなように、ここで求められている「人物像」とは、「経済的な競争の場面で相手を打ち負かすことのできる人物」ということになります。言い換えれば、英語教育の目的は、「世界的なレベルでの経済競争に打ち勝てる人物を育成すること」になります。

　現在の日本社会で起こっているいわゆる「英語（または英会話）ブーム」は、まさにこうした競争原理に動かされているものです。英語力に関連する競争はさまざまなレベルで起こっていますが、その現象を支える論理展開は、いずれの場合も英語教育に成功した「勝者」と「敗者」の存在を前提とした上で、英語（または英会話）を、競争構造の中に位置づけていきます。以下に示す論理展開は、その例です。

［個人間の競争構造］
＊英会話ができる人（＝勝者）はいい仕事につけるが、できない人（＝敗者）はいい仕事につけない。
＊英会話ができる人（＝勝者）はかっこいいが、できない人（＝敗者）はかっこ悪い。

［国家間の競争構造］
＊A国（＝勝者）は小学校の英語を教科化したのに、日本（＝敗者）はまだ遅れていて、小学校の英語を教科化していない。
＊B国（＝勝者）のTOEFLの受験者の平均値は～点だったのに、日本（＝敗者）の平均値は、それよりも大きく劣っていた。

［小学校間の競争構造］
＊英会話を実施している小学校（＝勝者）は社会的評判が高まるが、実施していない小学校（＝敗者）は社会的評判が下がる。

　このようなさまざまな競争構造の中に英語または英会話が組み込まれているという構図は、いわば世の中の風潮によって徐々に形作られてきたものであって、何らかの科学的根拠を基に意図的に形成されたものではありません。それだけに、いまでは半ば常識として（または一種の神話として）日本の社会全体に受け入れられ始めており、学校教育のあり方にも強い影響を与えています。

しかしながら、こうした無批判に受け入れられている概念については、疑いをはさむことが難しい分だけ、思考停止に陥ることなく慎重に検討する必要があります。英語ができると人は本当に社会で成功するのか、国民が英語が得意になると本当に日本はよい国になるのか、英語を教えるようになると本当に小学校はよくなるのか……、そうした、素朴な疑問を投げかけることが、今だからこそ、とても重要なことなのです。

（3）グローバル化と競争原理に基づく小学校英語の問題点

ここまでの議論で明らかになったように、グローバル化と競争原理に基づいた思考方法は、「小学校における外国語教育」に大きな影響を及ぼしており、経済界の人たちや小学生の保護者たちの中には、小学校に早く英語を導入してほしいという要望を述べる人も存在します。しかし、ここでわれわれがしばし立ち止まって、検討しなければならないことは、そうした思考方法で行われる「小学校の英語教育」とは、本当に現在の小学校教育をよりよいものにするのだろうか、という素朴な疑問です。

小学校教育とは、言うまでもなく「英語能力」のためだけに存在するものではありません。中学校以降の教科優先型の学校教育とは異なり、小学校とは、あくまでも人格形成の基礎を築くことを主たる目的とする「全人教育の場」です（White 1987; Sato 2004）。したがって、もしも英語を小学校に導入するのであれば、何よりも検討されるべきことは、小学校における全人教育の目的を達成するために「英語教育」はどのような貢献をするのかという点のはずです。もしも、そのような積極的な貢献が期待できない場合には、子どもたちの間に「英語能力の獲得競争」という新たな競争だけが残る可能性が出てきてしまいます。そうなってしまった場合には、本来の小学校教育の目的が阻害される恐れもあります。

　また、そのような競争原理に基づく小学校の英語教育が目指す目標は、「日本人が成人になったときに経済競争に打ち勝つための英語能力を身につけていること」ですが、本当にそのようなことが「小学校の英語教育」によって実現されるかと言えば、そのような成果を期待することはできません。なぜなら、これまでの研究結果から分かる通り、小学校で英語を「外国語」として学習し始めたとしても、それほど驚くべき学習効果が得られるわけではないからです[3]。

　日本政府が産業界における国際的競争力をつけるために企業人に英語力をつけたいと真剣に望むのであれば、現在行われている「（海外からの日本への）留学生十万人受け入れ計画」とは逆方向の主旨で「（日本から海外への）留学生数の増大計画[4]」を実行したり、中学校や高校の英語教師の海外留学枠を大幅に拡大したり、企業人の海外留学を助成する、などといった青年や成人を対象とするプロジェクトを充実させることの方が直接的な効果を上げるという意味では、ずっと有効に違いありません。

## 多言語多文化化と共生原理に基づく「国際理解教育の一環としての外国語会話」

### （1）多言語多文化化と共生原理

　一方、「国際化」を「多言語多文化化」と同義に解釈する方法もあります。この「多言語多文化化」という現象は、最近始まったことと言うよりは、むしろ元々世界に存在していた言語や文化の多様性を再認識し、その価値を認め合おうとする思想とみなされるべきものです。オーストラリアにおけるアボリジニ言語・文化の尊重、日本におけるアイヌ言語・文化の尊重といった、少数民族の言語や文化の見直しは、その典型的な例である。また、多言語政策という意味では、オーストラリアにおけるＬＯＴＥ（Languages other than English）、韓国の高校における「多様な言語の選択」制度、European Union の「母語＋二外国語」政策などがあります（ＪＡＣＥＴ関西支部２００２）。

　多様な言語や文化を尊重する思想は「多言語多文化主義」と呼ばれますが、このような考え方に基づく場合には、多様な言語や文化の存在の尊重を基礎として、互いに協調し合いながら共に生きることが重視されます。すなわち、こうした考え方の基礎には、「競争し合うこと」を尊重する「競争原理」ではなく、「共に生きること」を尊重する「共生原理」が機能しているのです。

こうした理念を、第二次世界大戦後の比較的早い時期に明確に打ち出した世界的レベルの意思表示は、1974年のユネスコのパリ大会で批准された「ユネスコの勧告」(UNESCO 1974)です。そこには、次のような指導原理が示されています。

(a)教育のあらゆるレベルと形態において、国際的次元と世界的視点をもつようにする。
(b)(国内の民族文化や他国民の文化を含む)あらゆる民族、文化、文明、価値観、及び生活様式を理解し尊重できるようにする。
(c)諸民族及び諸国民の間に地球的な相互依存関係が増大していることに気づくようにする。
(d)他者と交流する能力を身につけるようにする。
(e)個人、社会的集団、及び国家には、権利だけでなく、互いに負うべき義務があることに気づくようにする。
(f)国際的な連帯と協力が必要なことを理解できるようにする。
(g)地域共同体、国家、世界全体の諸問題の解決に参加するために、個人がレディネスをもてるようにする。

(日本語訳は筆者による)

この指導原理を見れば分かる通り、そこには「英語教育」や「英会話」を重視しなければならない、といったことは書かれておらず、(b)や(c)で示されているように、あくまでも全ての民族や文化のひとつひとつを尊重しようという姿勢があるだけです。また(d)で示されている「他者と交流する能力」とは、他者を理解しようと努め、他者と共感し合い、協力し合いながら、交流する能力を指しており、必ずしも「英語のコミュニケーション能力」を指しているわけではありません。そして、(f)に示されている国際的な連帯と協力の必要性は、本勧告が「共生原理」に基づいていることを明確に示しています。すなわち、この勧告の背景にある理念とは、多様な言語や多様な文化を尊重する「多言語多文化主義」と、世界の人々が互いに共生し合うことを尊重する「共生原理」に基づいていることになります（このユネスコの多言語多文化主義と共生原理に基づく基本理念は、最近のユネスコの方針にも貫かれていますUNESCO 2001, 2003）。

そして、これらの「多言語多文化主義」と「共生原理」に基づいて施行されている言語教育政策のひとつが日本の小学校における「国際理解教育の一環としての外国語会話」なのです。冒頭で示した『学習指導要領』の文章を素直に読む限り、「国際理解に関する学習の一環としての外国語会話等」が、競争原理に基づく「経済的競争のための武器としての英語教育」を目指すものでないことは明らかです。

（2）「国際理解教育の一環としての外国語会話」が抱える問題点

これまでの検討で明らかになったように、多言語多文化化と共生原理に基づいて行われるべき「国際理解教育の一環としての外国語会話」ですが、その実施にあたっては、少なからぬ問題が存在するようです。第一の問題は、現実の小学校における実践では、本来の目的が適切に生かされていないという点にあります。つまり、本来の「国際理解教育」を正しく理解した上で、真の意味の「国際理解教育の一環としての外国語会話」を実践している小学校の数が少なく、リップサービスとして「国際理解教育」を目標として掲げていながら、実際は単なる「英会話教育」しか行われていない例が非常に多いという現実があるのです。

この点について、大津・鳥飼（2002、8－9頁）は、次のように的確に指摘しています。

> ユネスコの二十一世紀世界へ向けての中期戦略では〈中略〉文化的要素を強化した外国語教育を奨励していますが、とりたてて英語学習への言及はありません。むしろ外国語教育と同時に、母語の役割の重要性に言及するとともに、民族的・宗教的・言語的マイノリティの権利への配慮を強く求め、グローバリゼーションが生んだアイデンティティへの覚醒を認めたうえで、文化的多様性および平和構築のための異文化間対話の重要性を指摘しています。

ユネスコが奨励する外国語教育が、母語の重要性をふまえ、文化的多様性に立脚していることを考えると、日本で実施されようとしている小学校の英会話教育は、ユネスコの提唱する「国際理解教育」の理念からはほど遠いものであるといわざるをえません。

（3）「国際理解教育の一環としての外国語会話」の実践が難しい理由

では、なぜこの「国際理解教育の一環としての外国語会話」はうまく実施されないのでしょうか。その原因としては、少なくとも以下の4点が考えられます。

①新しい試みであるため、まだ研究が進んでおらず、信頼性のおけるモデルや方法論が十分には開発されていない。

②文部科学省が2001年に発行した『小学校英語活動実践の手引』が、「国際理解教育の一環としての外国語会話のための手引」ではなく、「英会話実践の手引」になっている。

③文部科学省が2003年に示した『「英語が使える日本人」の育成のための行動計画』が、グローバル化と競争原理に基づいた「英会話」を重視している。

④文部科学大臣が、さまざまな機会をとらえて「英語の教科化」を示唆している。

右記のうち、①については、2002年に開始された新しい形態の教育方法であるため、研究が進んでいないのは、当たり前のことと言ってよいでしょう。本来であれば、この形式を少なくとも1年間程度は続けることによって、実践を積み上げることでさまざまな方法論が作りあげられる必要があります。それに対して、②〜④は、全て文部科学省の曖昧な姿勢が生み出した原因である。

まず、②の『小学校英語活動実践の手引』は、現場の教師たちが実践をする上で参考になるものとして出版されたものですが、タイトルからも分かる通り、中で示されている活動は、全て「英語」に関するものばかりです。また、この「手引」の編纂に当たったメンバーは、（小学校教育関係者を除き）全員が英語教育関係者だけで占められており、「国際理解教育」の関係者や専門家はひとりも含まれていませんでした。そのためか、この「手引」で示された内容や指導案には、国際理解教育の視点がほとんど欠落しています。これを見た小学校の現場の先生方の多くは、当然のことながら「文部（科学）省は、（国際理解教育ではなく）英語を教えることを望んでいるのだ」と解釈し、結果として「国際理解教育の一環としての外国語会話」のあり方を真剣に考えることを放棄してしまった可能性が高いと思われます[5]。

　また、③の『「英語が使える日本人」の育成のための行動計画』については、「国際理解教育」という文言はほとんど現れないばかりか、明確に「英語教育」の重要性のみを強調しています。それがよって立つ理念は、これまで何度となく繰り返している「グローバル化を背景とする競争原理」です。そして、そうした一連の文部科学省の姿勢に追い討ちをかける形で、2004年2月19日の朝日新聞には、以下の記事が掲載されました。

> 小学校で英語必修検討
>
> 文部科学省は、小学校で英語を教科として教えることを本格的に検討する方針を固めた。
>
> 〈中略〉英語は通常は中学校から習う教科だが、全国の小学校では現在、教科ではなく「総合的な学習の時間」を利用して英会話をする取り組みが広がっている。〈中略〉
>
> 当初は今年度内に省内に調査研究協力者会議を設け、二年かけて中教審で議論を始めるかどうかの「下調べ」をすることだけを決めていた。しかし、保護者らの要望も多いテーマであることから、指導要領のあり方を話し合う中教審初等中等教育分科会の教育課程部会の下に設ける英語教育の検討グループで、この議論をより早く進める方針に変更した。

　この記事は、あくまでも朝日新聞の記者が書いたものであるため、文部科学省の正式な見解ではありません[6]。しかし、このような記事を読めば、小学校の先生方が、現在実施している「国際理解教育の一環としての外国語会話」は「教科としての英語」に向けての準

図1 「社会的背景・原理」と「外国語会話」

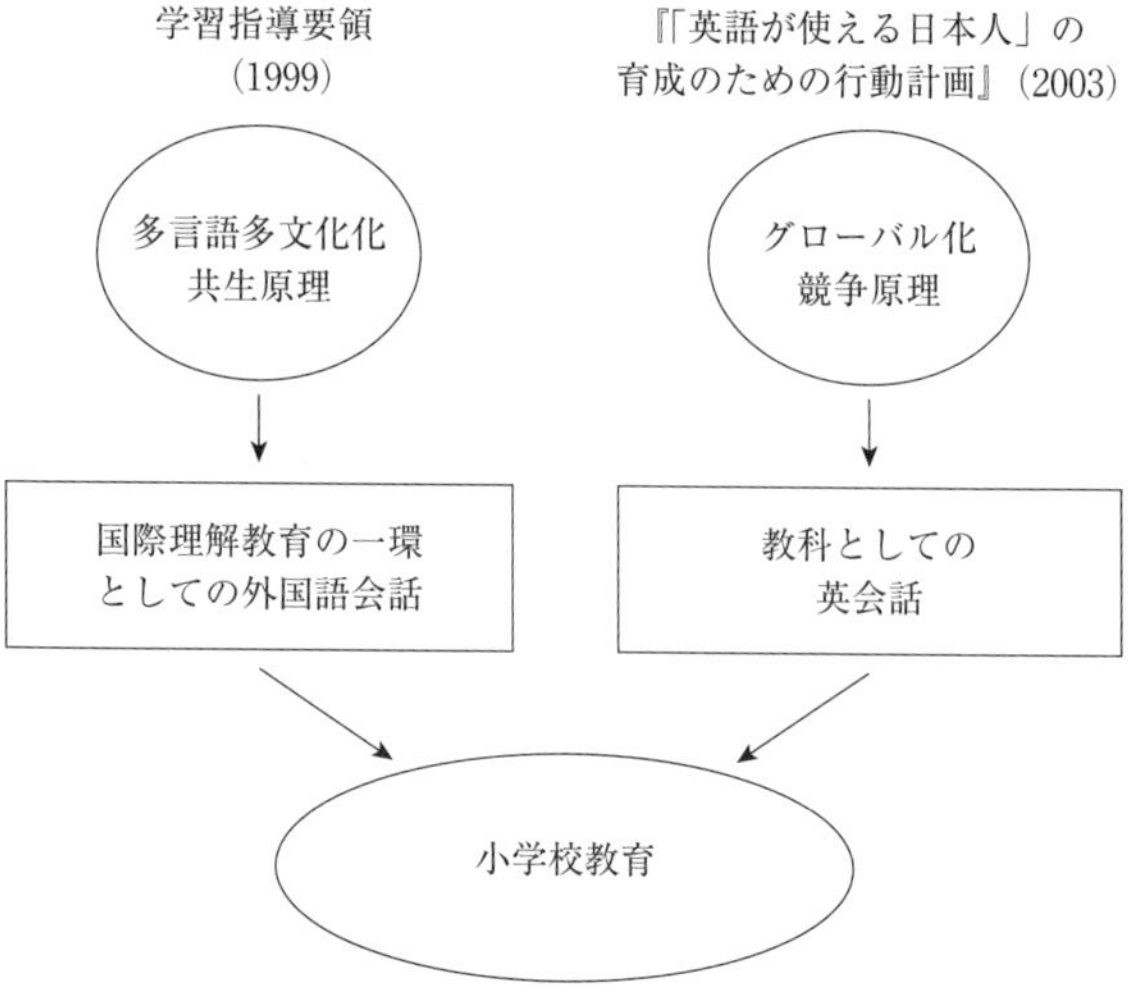


備に過ぎない、と考えるのは自然の成り行きです。このような状況を見れば、「小学校の英会話教育はユネスコの提唱する国際理解教育の理念からはほど遠いものである」という大津・鳥飼（２００２）の指摘がいかに的確なものか分かると言えるでしょう。

「国際理解教育の一環としての外国語会話」は２００２年から開始されたわけですが、ほぼ同じ時期に、全く異なる理念に基づく『「英語が使える日本人」の育成のための行動計画』が、同じ文部科学省によって示されたことは、まさに驚きに値します。こうした矛盾が同時に示されたのでは、現場が混乱しないはずがありません（図1参照）。

## 「国際理解教育の一環としての外国語会話」の目的と方法

### 「国際理解教育の一環としての外国語会話」の目的

ここまでの検討を通して得られた（中間的な）結論をまとめると、以下の三点になります。

①現行の『小学校・学習指導要領』では「英語教育」が導入されたのではなく、「国際理解教育」の一環として外国語会話を行う可能性が生まれたのである。

②日本の小学校教育において外国語を扱うべきか

否かを論じる際に、「臨界期仮説」を持ち出すのは不適切である。

③「国際理解教育の一環としての外国語会話」とは、多言語多文化化を背景とし、共生原理に基づいて実施されるものである。

そして、これらの三点に基づいて「国際理解教育の一環としての外国語会話」のあり方を検討した場合には、以下のような目的を設定できることになります。

「国際理解教育の一環としての外国語会話」の目的

多様な言語や文化をもつ人々と接したときに、差別や偏見やステレオタイプをもたずに彼らと理解し合い、協力し合い、共生できる人物を育成する。

このような人物像については、最近では「世界市民」と呼ばれることもあります。したがって、「国際理解教育の一環としての外国語会話」とは、そうした世界市民になるための基礎を養うことを究極的目的としていると言うこともできます。

**「国際理解教育の一環としての外国語会話」の方法**

では、右の目的を達成するためには、「国際理解教育の一環としての外国語会話」はどのように実施されるべきなのでしょうか。そもそも、この外国語会話とは「総合的な学習の時間」に行われるものであるため、地域や児童の事情や特性に応じて多様な実践が行われてしかるべきものです。したがって、画一的な指導方法が存在するわけではなく、百者百様のやり方が存在すると考えるべきでしょう。そこで、ここでは細部にわたる活動案等を示すのではなく、その基礎となる方針や考え方を示し、活動を成功に導くための四つの鍵を示したいと思います。

**（1）的確な手順で活動計画を立てる**

国際理解教育の一環としての外国語会話を的確に計画・実践するためには、以下の手順を踏む必要があります。

第一段階：国際理解教育の目的と目標を定める。
第二段階：目的と目標に基づく活動計画を立てる。

第三段階：計画の実施にあたって、必要があれば、
いずれかの外国語の活動を行う。

この手順を踏むことができれば、国際理解教育の理念を十分に生かした外国語会話の活動を行うことができるようになり、結果として、「何のためにやっているか」を把握した上で外国語会話に取り組むことができることになります。このようにすれば、先生方も子どもたちも、明確な目的意識に基づいた「外国語会話」を実践できるようになるのです。

しかしながら、残念なことにこうした手順を踏んでいる小学校は極めて少なく、多くの小学校が、「まず英語ありき」でスタートしてしまっています。それでは順序が逆でしょう。「何のために英語を行っているのか」とか「英語が国際理解教育とどうリンクするのか」といった検討がそっくり抜け落ちてしまうからです。結果としてそのような学校の多くは、「英語をやっていれば国際理解に役立つはずだ」といった「根拠のない論理」や、「中学校に行ったときに他の子よりも英語ができるぞ」といった「競争原理」に頼ることになってしまうのです。

## （2）できるだけ多様な外国語と文化に触れる機会をもつ

前述の通り、国際理解教育における重要な理念のひとつは、多様な言語と多様な文化の存在を認識し、その価値を認めることです。したがって、外国語会話の活動を、たとえば英語だけに限定してしまうことは、できるだけ避けた方がよいことになります。この点については、UNESCO（2001）が、言語的多様性に対する取り組みの一環として、以下の行動計画を発表しています。

> 言語的多様性について
>
> 母語に対する尊敬の念をもつ一方で、全ての教育段階において、可能な限り、できるだけ早い段階から複数の（several）言語を学習することができるように努力する。
>
> （日本語訳は筆者による）

ここで注目すべき点は、「複数の言語」を表すためにseveralという形容詞を用いている点です。日本の

文部科学省が示した行動計画においては、英語力だけが強調されている事実と比較すると対照的です。また、最近の研究によれば、子どもたちが学校教育の中でひとつだけの外国語を学んだ場合には、外国や外国文化に対するステレオタイプを持ちやすいことも明らかになっており、今後は日本の小学校においても、英語以外の多様な外国語に触れるチャンスが与えられることが望ましい（Alred, Byram & Fleming (eds.) 2003、Parmenter ２００４）と言えるでしょう。

また、文化的多様性に対する取り組みとしては、UNESCO（2003）が次のような行動計画を示しています。

指導原理Ⅲ－［Ⅲ］

教育は文化および言語の多様性を積極的に認めようとすることの価値に気づくことを促進すべきであり、そのためには、

＊教育課程の中に、少数派民族（危機に瀕している民族）の歴史、文化、言語、アイデンティティが、現実に含まれるように積極的に取り組む必要がある。

＊異文化に関するより深い理解を得るために、言語の教育と学習における文化的要素が強調されるべきである。

（日本語訳は筆者による）

ここに示されている母語教育や、少数民族の言語や文化に関する教育的取り組みについては、日本の小学校の外国語会話という枠組みでは、ほとんど検討されてこなかったことですが、今後は大いに検討されなければならないでしょう。

### （3）態度、知識、技能の三つの要素を総合的に扱う

国際理解教育の目的とは、単一の能力や技能を教育するだけで達成できるものではなく、さまざまな要素を総合的に学んだり経験することを通して、達成されるものであると考えられています。中でも「態度」「知識」「技能」の三つの領域を重視する考え方は、国際理解教育の分野で広く取り入れられています（小林・米田（編）１９９５、後藤・冨田（編著）２００１）。

図2　国際理解教育における3つの領域

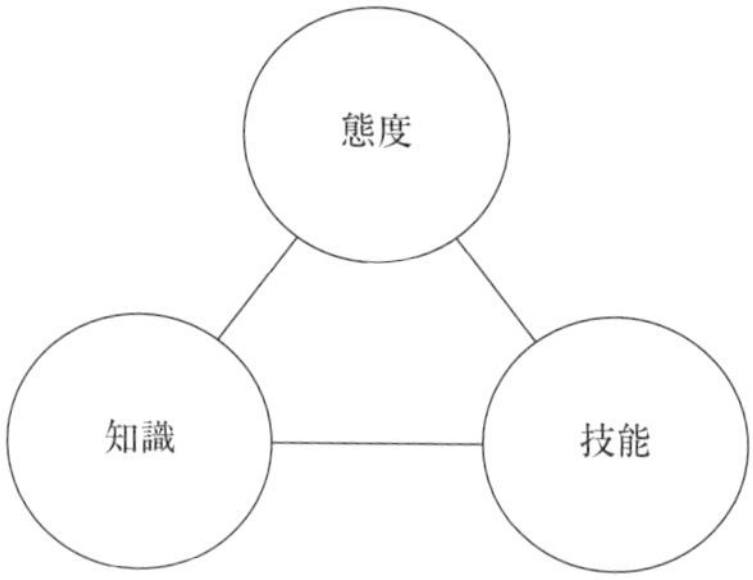


それぞれの領域で達成することが望ましいとされる内容は、およそ以下の通りです。

態度：差別、偏見、ステレオタイプ、の概念の存在を理解した上で、それらをもたずに、多様な言語や文化をもつ人々を、共感をもって受容し、協力し合う態度を身につける。

知識：偏見を持たずに、多様な言語や文化に関する知識を身につける。

技能：批判的思考力、情報収集能力、情報処理能力、対人交流能力、言語能力（日本語、英語、中国語、アラビア語、日本語手話、中国語手話、英語手話等）等を身につける。

このような各領域における目的や目標を明確にした上で、具体的な活動の目標を定めることができれば、各活動のねらいがより明確になります。そして、その活動に参加する教師や子どもたちも、自分が何をねらって、そのために何をしているかが理解しやすくなり、活動が終了した後の評価についても、的確な判断ができるようになります。

また、この三つの領域のうち、小学校段階で最も重視すべきなのは「態度」の領域だと言えます。知識や技能について高い到達度を求め過ぎると、子どもたちに過重な負担を負わせ、興味や関心を失わせてしまうことになる可能性もあるからです。

### （4）英語を扱う場合には、十分な注意を払う

先に示したように、国際理解教育の一環として外国語を扱うときには、できるだけ多様な言語を扱うことが望ましいのですが、実際に活動を計画したり援助したりする小学校の教師にとっては、自分が中学校から大学にかけて学習した英語を最も身近な外国語と感じるのは自然なことですし、結果として英語を扱う学校

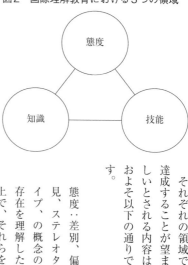

が多くなることは、おかしなことではありません[7]。

しかし、英語を国際理解教育の一環として扱う場合には、以下の三点について、十分な配慮をすることが必要になります。

①英語だけを崇拝しないように注意する。

②英語圏の文化だけを崇拝しないように注意する。

③国際語としての英語の役割を重視する。

①は、英語崇拝主義に陥らないための注意をすることを述べたものです。もしも子どもたちが、英語の活動を通じて、英語だけが外国語であるかのような誤った認識をもってしまったり、英語だけが学ぶ価値のある外国語であるといった偏見をもってしまったら、国際理解教育の一環としての外国語会話の目的に反することになります。

具体的な対策としては、主たる活動が英語を中心にしたものであった場合でも、できる限り他の言語での表現を導入することが望ましいのです。たとえば、英語での挨拶をしてみようとなった場合などでも、「じゃあ、韓国語では何て言うんだろう?」という発問をすることで、子どもたちは、多様な言語の存在と価値に気づくことができるでしょう。

②は、①と同様に、英語圏文化崇拝主義に陥る危険性について述べたものです。このための対策としては、アメリカやイギリス等の英語文化圏の出身者とだけ交流するのではなく、多様な文化圏の出身者との交流活動を通じて、できるだけ多様な文化をもつ人々と接する機会をもつことが重要です[8]。

③を実現するためには、英語の母語話者とだけの交流ではなく、非母語話者との交流の機会を作ることが大切となります。英語を通じて中国や韓国の人と交流をすることもあってよいでしょう。ただし、そのような場合には、たとえわずかであっても、中国語や韓国語による挨拶や交流の機会をもつことが、さらに重要なことです。

## 疑問や反論への回答

国際理解教育の一環としての外国語会話については、さまざまな疑問や反論が寄せられています。以下では、それらの疑問や反論に対する回答を示すことにしましょう。

**「小学校の教師は適切な発音の指導ができない。誤った発音を身につけた場合には、それを忘れてしまうことができず、かえってマイナスになる」という批判（大津2004）に対しての回答**

本論で示した通り、現在実施されているのは「英会話」や「英語教育」ではなく、「国際理解教育の一環としての外国語会話」です。したがって、そこで行われる活動の究極的目的は国際理解教育であり、「正確な英語」や「母語話者レベルの発音」を教えこむことではありません。そのような活動において教師に求められる能力は、「国際理解教育の目的や方法に関する理解力」「目的に基づくカリキュラムの設計能力」「交流活動等の企画力」等であって、外国語の高い運用能力ではありません。あくまでも国際理解を目指した活動のために必要な、最低限度の意思疎通ができれば十分です。

また、そのような文脈で扱われる外国語の中に多少の誤りがあったとしても、子どもたちの外国語の運用能力に、それほど甚大な悪影響を与えるとは考えられません。もちろん、子どもたちが外国語を使う場面がある場合には、ALTやテープ教材等の助けを借りて、一定程度練習をする必要はあると思いますが、外国語の達人になる必要はないでしょう[9]。

このことは、たとえば「総合的な学習の時間」に手話を教える場面のことを想起して戴ければ分かりやすいと思います。小学校で手話を教える先生方に対して「手話を教えるとはけしからん。素人の先生が手話を教えたりしたら、誤った手話を身につけてしまう」と批判する人がいるでしょうか。小学校で手話を教える理由は「聴覚に障害がある人たちと交流することの意義を知る」「聴覚に障害がある人たちが用いる手話を体験する」「手話を用いている人たちの気持ちに共感する」「手話には口頭による言語と同様にみごとな創造性や規則性があることを知る」「手話を使えると新たな世界が広がることを知る」といったことをねらってのことであって、子どもたちを「手話の達人」にしたいからではありません。

全く同様に、「国際理解教育の一環としての外国語」を扱う理由は、子どもたちを将来の外国語の達人に育てあげたいからではありません。したがって、教師は目的とする国際理解教育のための活動を適切に行うために支障のない範囲の外国語運用能力があればよく、逆に言えば、自分の能力に応じて実施可能な範囲の外国語活動を企画すればよいのです。

**「国際理解教育と英語教育をむすびつけることには必然性がない」という批判に対する回答**

確かに国際理解教育と「英語教育」を直接的に結びつける必然性はありません[10]。しかし、国際理解教育と「外国語会話」をリンクさせることには意義があります。国際理解に関する学習をする際に、外国語に触れることによって、国際理解教育にとって重要な意味をもつ「言語的気づき」や「文化的気づき」の場を提供できるからです。また、自分とは異なる言語や文化をもつ人々と交流する場合には、通訳を通した交流をするよりも、片言であっても自分の言葉で意志を疎通させることの方が、教育的な意味を生み出します。ただし、国際理解教育の枠組みで英語を扱う場合には、先に指摘したように、十分な配慮をすべきことは言うまでもなく、「国際語」（またはリンガフランカ）としての英語の役割を重視した活動を設定する必要があります。

**「現在多くの小学校で行われている英会話は、子どもたちにとって必要な思考力を育成しない」という批判に対する回答**

確かに現在広く行われている小学校の英会話活動の中には、子どもたちの思考力の発達についての配慮が欠けているものがあることは否定できません[11]。しかしながら、ここで再度確認すべきことは、現在実施されているのは、あくまでも「国際理解教育の一環としての外国語会話」だということです。そして、この「英会話」に向けられた批判は、「国際理解教育の一環としての外国語会話」には、あてはまりません。

国際理解教育の目的が明確に認識され、その目的達成のために適切な活動が行われた場合には、そうした心配はなくなるからです。国際理解教育にとって最も重要な要素のひとつは、子どもたちが、自分とは異なる言語や文化をもつ人々に関する情報を収集し、その情報について、ステレオタイプや偏見をもたずに、批判的に思考することです。つまり、国際理解教育の枠組みの中で思考力を育成することは、十分に可能なだけでなく、必要なことなのです。

## おわりに

本論では、「国際理解教育の一環としての外国語会話」の社会的背景、目的論、方法論等を示すことを通じて、それを実施する意義があることを主張しました。まだ実施され始めてからの日が浅いということもあって、経験の蓄積が不足しているため、この活動を適切に実践することには少なからぬ悩みや困難が伴うことも承知しています。しかしながら、われわれの視点を世界に向けたとき、そこには１９８９年のベルリンの壁の崩壊や東西の冷戦構造の終焉以来、トランスナショナルな情報交流と人的交流が加速度的な勢いをもって進行しつつあり、一方では宗教的・民族的対立が悲惨な紛争を多発させています。

そのような状況にあって、本論が主張したかったことは、われわれが小学校教育の中で目指すべきものは、他者との競争に打ち勝つための「競争原理」に基づく「英語教育」ではなく、他者との共存を目指した「共生原理」に基づく「国際理解教育の一環としての外国語会話」である、ということです。これからの世界に生きる若者にとっては、そうした教育理念が最も大切であると信じるからです。本論における検討と主張が、そうした「競争から共生への脱皮」を、少しでも後押しできるものであることを願いつつ、筆を置きたいと思います。

### 注

1　本論では、小学校において「英語を教育すること」を前提とする教育活動のことを「小学校英語」と呼び、小学校で「国際理解教育の一環として外国語を扱うこと」を前提とする教育活動のことを文部科学省の学習指導要領に基づいて「外国語会話」と呼ぶことにする。なお文部科学省（２００１）は「国際理解教育の一環としての外国語会話」の枠組みの中で英語を扱う活動のことを「英語活動」と呼んでいる。これらの小学校における外国語の扱い方に関する用語上の定義については、冨田（２００

4）を参照して戴きたい。

2　グローバル化については、他にも多様な定義がある。たとえば佐藤（２００１）は世界市民としての個人を重視した上で、国境を越えたグローバル化の重要性を指摘している。グローバル化の概念に関する包括的な論考については、Robertson（1992）が参考になる。

3　ただし、英語を小学校から学習し始めた児童と、学習していない児童との間に、英語能力の面で全く差がないというわけではない。たとえば、音韻的能力や語彙量に関する調査結果については、鈴木・冨田・アレン玉井（２００２）を参照して戴きたい。しかし、その子ども達が中学校に入ってからは、その両者の間にあった差は徐々に埋められ、やがて消滅することが報告されている。この件に関する資料として有名なものには、Burstall report として知られるBurstall（1970）がある。

4　文部科学省（２００２a、４０７頁）によれば、２００１年度の段階で、日本から海外の大学などに留学している人の数は約七万六千人（推定）で、その約八割が欧米諸国に留学している。今後の国際交流の活性化や多言語多文化社会の到来に向けての準備を整えるという意味では、アジア諸国への留学がさらに奨励されることが望ましいように思われる。

5　しかし、国際理解教育と英語活動を結びつけるための努力を継続して実行している小学校も存在する。たとえば、松川（２００４a、3頁）が紹介している岐阜県瑞穂市の生津《なまづ》小学校の実践などは注目に値する。

また、少ない例ではあるが、たとえば愛知県豊川市立代田小学校や福岡県福岡市立玄洋小学校のように、英語以外の言語（ポルトガル語、スペイン語、韓国語等）に関する外国語会話の実践を行っている小学校も存在する。今後はこうした小学校における実践の経験が広く共有される必要があると言えるであろう。両校のホームページは以下に示す通りである。

愛知県豊川市立代田小学校のホームページ
http://www.toyokawa-aic.ed.jp/daida-e/kokusai/interannai.htm

福岡県福岡市立玄洋小学校のホームページ
http://www.fuku-c.ed.jp/schoolhp/elgenyou/h14elgenyou/ibunkarikai.htm

6　筆者は2月19日の当日、文部科学省に電話をして「本当に教科化を決定したのですか?」と問い合わせてみた。その結果文部科学省の回答は「教科化を決定したのではなく、教科化を検討することを決定したのです」というものだった。しかし、新聞にこのような内容が出た場合には、一般社会の人々や教育関係者が、教科化が決定したと理解するのは自然である。文部科学省には、このような記事を出すことによって、小学校における英語の教科化への社会的風潮を少しずつ積極的な方向に向かわせようとする意図があるように思える。また、2004年現在の文部科学大臣である川村建夫氏は、キッズ英語編集部（2004）における「小学校英語必修化への道」と題されたインタビュー（2－5頁）の中で「私個人としては、ここ一年で必修化のめどをつけたいと思っていますが…」と述べ、小学校英語の教科化へ向けての社会的合意形成を急ぎたいという思惑を吐露している。

7　しかしながら、たとえばブラジルからの移民の子どもたちが多く通う小学校において、英語だけを扱いポルトガル語を扱わない、といった状況は、極めて妙なことである。そうした地域においては、ポルトガル語やブラジル文化を扱うことの方が、より自然であることは言うまでもない。

8　多様な国の人々との交流を行う活動として参考になるプロジェクトには、神奈川県横浜市の「国際理解教室」がある。このプロジェクトに関する詳しい情報については、後藤・冨田（2001）を参照いただきたい。また、注（5）に示した代田小学校や玄洋小学校の実践も非常に参考になる。

9　小学校の教師が外国語を扱う場合に求められる運用能力については、冨田（1998）を参照していただきたい。

10　大津・鳥飼（2002）や大津（2004）は、英語教育が国際理解教育とは相容れないものであると主張している。また、山田（2003）は、同様の論理に基づいて両者を分離したカリキュラムを提案している。

11　三森（2004）は、小学校で英語を教える前に、まず母語（日本語）教育における言語技術の充実を図ることが重要であると主張している。異文化を的確に理解するためには、批判的に思考することがいかに重要かに関する論考については、冨田・Parmenter（2006）を参照していただきたい。

＊本稿は大津編著（2004）収録論考を一部修正して再録したものである。

*After Twenty Years*

付記

# 誠実な議論の火の復活を願って

## 1 「国際理解教育の一環としての外国語会話」を解題する

今から18年前の2003年12月、慶應義塾大学の三田キャンパス北館ホールは、300人を超える聴衆の方々で埋まり、通常の英語教育学会とはまったく異なる熱気に包まれていました。そうした他に類を見ない雰囲気の中でパネラーの一人として、ピリピリとした緊張感を味わいながら、登壇させて戴いたことが昨日のことのように思い出されます。

そのような中で、私は、主に2つの理由から「共生原理に基づく国際理解教育の一環としての外国語会話」の意義を主張させて戴きました。そこで、「当時の主張の解題」にあたっては、まずは、その「2つの理由」の解題を試みたいと思います。

1つ目の理由は、当時の小学校の先生方が取り組まれていた「国際理解教育の一環としての外国語会話」の意味が「ねじ曲げられた形で理解されている」と思っていたことでした。「国際理解教育」には様々な定義が存在しますが、それらに共通する考え方は、個人的レベルでは「人々がお互いの相違や価値を尊重し合い、『相互協力関係を築くことを目指した教育』を行う」と言うことができますし、社会的レベルでは「第二次世界大戦で経験した悲劇の反省の上に立った『世界平和を希求する教育』を行う」であると言って良い

図　早期英語教育論者の「雨宿り論」

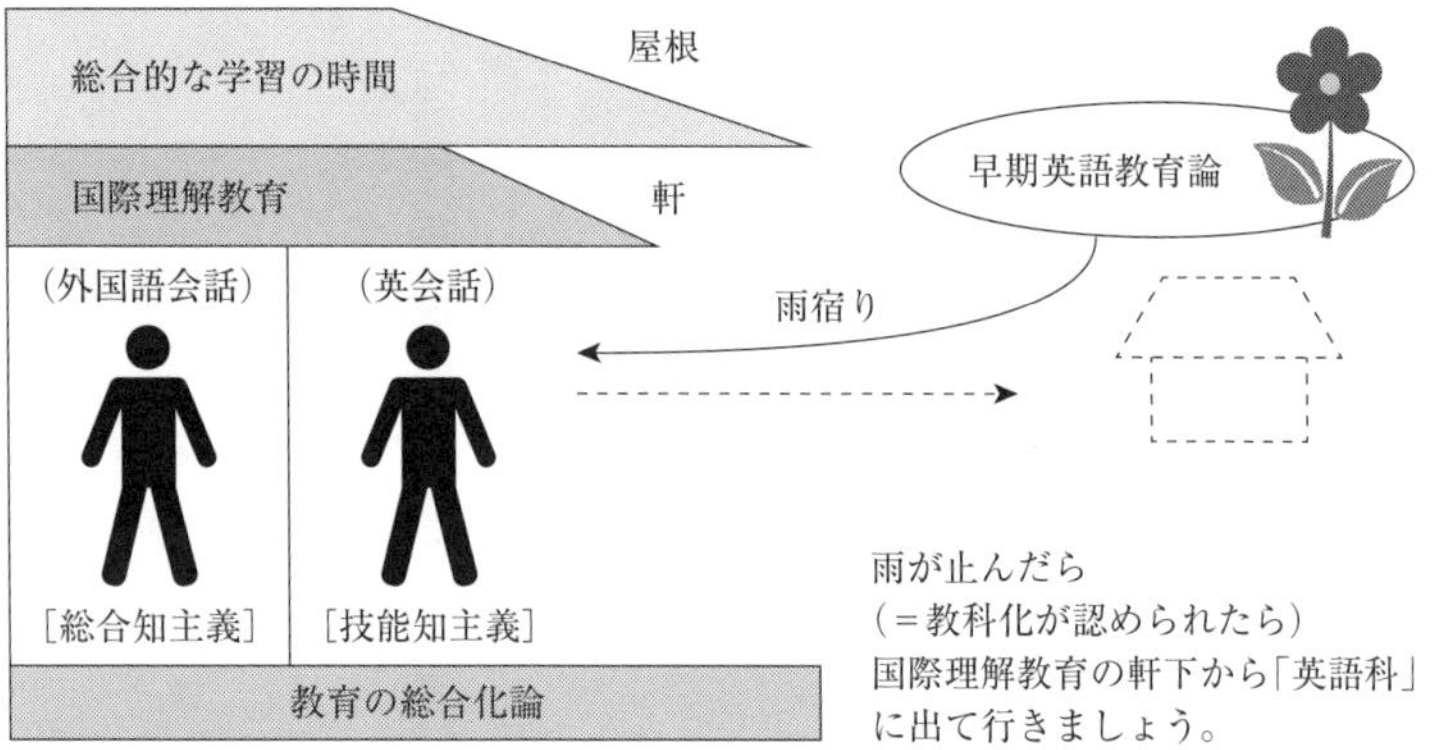


と思います。そして、その底流に流れる原理は「世界の国々の人々の平和的共生」を希求する思想です。そこで、もしも「国際理解教育の一環としての外国語会話」を行うのであれば、その「共生原理」に従うべきであると主張しました。

２つ目の理由としては、「英語を教えれば国際理解教育になる」という誤解を正したいという思いがありました。「英語教育＝国際理解教育」という形で、両者を結んでしまうことが間違っていることは、少し考えればわかることですが、当時は、そのような「実に不思議な考え方」が横行していました。もしも「国際理解教育の一環として外国語会話」を適切に実施するのであれば、そこで扱われるべき言語は、決して英語だけに限られるはずがありません。様々な国の様々な言語と文化をもつ人々と「共生すること」を目指す国際理解教育の枠組みの中で「英語のみ」が選ばれる必然性がないからです。そのようなロジックには明白な「自己矛盾」が含まれています。「国際理解教育の一環」として「外国語」を扱うのであれば、中国語、韓国語、フランス語、スペイン語、ドイツ語、ロシア語、アラビア語、アイヌ語、といった多様な言語が扱われて然るべきです。

では、なぜ、当時の「小学校英語教育推進派（早期英語教育論者）」の人達は、そうした「ねじまげられた誤解」に基づいた主張をしたのでしょうか。答えは明白です。そうしたロジックに基づく賛成派の人たちの考え方の中には、まず「英語を小学校に導入したい」という希望が先験的に存在していたからです。そして、その主張を支えるための「あとづけの根拠」として「国際理解教育」は利用されただけです。

このような形で「国際理解教育」という枠組みを一種の「軒先《のきさき》」のように利用し「英語教育」を軒下に忍び込ませようとする戦略を、冨田（2001）は「雨宿り論」と呼び、姑息な手法を用いることへの警鐘をならしたのですが、残念ながら、私の主張はあまり取り上げてもらうことはありませんでした。

## 2 小学校英語教育の今を考える

さて、1の主張を行ったシンポジウムから18年を経過した今、小学校には、第二次安倍内閣による官邸主導型の政策決定手法によって、「国際理解教育」という枠組みとは全く異なる「教科としての英語教育」が導入されました（寺沢2020）。「国際理解教育と外国語教育を結びつけること」の意義を主張してきた私から見ると、現在の小学校の外国語教育に「国際理解教育」の教育理念がまったく生かされていないことは大変残念なことです。

では、「教科としての英語」として導入された小学校の外国語教育の実態はどうなっているのでしょうか？ そのことを考えることは、とても大切ですし、とても興味があることです。あらゆる教育方法の評価をするためには、その成果を示すデータを見るしかないからです。しかしながら、残念なことに、少なくとも現時点では、その現状をはっきりと把握することは難しいと言わざるを得ません。検討・分析するためのデータが、まだ存在しないからです。開始後まだ約1年という短い時間しか経過していないため、直近の教育効果さえ得ることができません。

そこで、現在、できる範囲のこととして、私が2021年3月にうかがった「あるお母さんの声」を1つの逸話的データとして取り上げさせて戴きたいと思います。その方は、ある地方都市にお住まいで、2人の小学生のお子さんのお母さんです。彼女は、米国で研究した経験があり、「高い英語の運用能力」をお持ちです。その方がご自分のお嬢さんが受けている「小学校の英語教育」について、次のようなお話をしてくださいました。

先生、今、うちの子が家で英語の宿題をやっているんですが、どんな宿題をしていると思われます？英語の文法問題の宿題がたーくさん出てるんです。それを、毎日、ふうふう言いながらやってるんですよ。しかも、その問題の一つを見て、えーって思ってしまいました。A: Are you a boy? B: No, I (am) (not). I am a girl. っていう穴埋め問題なんです。（元首相のX氏の）女性蔑視問題があれだけ騒がれたのに、こういうジェンダーにまったく配慮しない文法問題を、小学生の内からやらされて…、しかもうちの子なんかあんまり英語ができないもんだから「英語なんて、大嫌い」って言ってます。本当にこれでいいいんですかねー。

もちろん、たった1人のお母さんの「逸話的言説」だけを取り上げて、今の小学校の英語教育の全てを評価することはできません。全国には約2万校もの公立小学校があるのですから、優れた教育的価値を生み出している小学校も少なからずあることでしょう。

しかしながら、この事例から言えることは、かつて「国際理解教育の一環としての外国語会話」を支えていた「国際理解」という教育理念は、右の「小学生が取り組んでいる問題集」には全く生かされていないということです。もしもそうだとすれば、これまで「国際理解教育」の理念を尊重し「国際理解教育の一環としての外国語会話」に取り組んできた小学校の先生方の努力や成果は、「教科としての英語教育」にほとんど生かされていないことになります。それは、とても残念なことだと思います。

## 3　これからの「小学校の英語教育」を考える

ここまでは、私がシンポジウムで主張した論点を解題した上で、極めて不十分ながら、現状の「小学校の英語教育」に関する一定の考察を試みましたが、最後に、これからのことについても、少しだけ述べてみたいと思います。前述のとおり、今始まったばかりの「教科としての英語教育」ですので、その未来の姿を論じることには無理があると思いますが、少なくとも将来やるべきと思われることを2つ挙げさせて戴きたいと思います。

1つ目は、「適切な調査」です。小学校に「教科としての英語教育」がもたらされたことで、いったい児童にはどのような変化が起こったのか？　現場の先生方にはどのような変化が起こったのか？　どのような教育的成果が生み出されたのか？　今後明らかにしたいことは山ほどあります。文部科学省の調査だけに頼るのではなく、現場の教師と研究者が協力して、活発な調査活動が起こることを期待しています。

2つ目は「民主的な議論」です。本書の出発点にあたる2003年のシンポジウムにおける「熱」が再び訪れる可能性は少ないかもしれませんが、たとえわずかであっても、その議論の火は消してしまうべきではないと思います。「教科としての英語」導入によって、世の中の小学校英語教育論は沈静化し、「どうやって教えるか?」に関する議論ばかりが目立つようになり、「そもそも教えるべきなのか?」「教えるとしたら、なぜ教えるのか?」といった根本的議論はすっかり影をひそめてしまいました。

そのような状況の中、このような形で、2003年のシンポジウムで「小学校英語教育の在り方」に関する真剣な議論を戦わせた論者が集まり、あの時の議論でおこされた炎の「残り火」に再び息を吹きかけ、今一度、民主的な議論を復活させようとする企画には、大変重要な意義があると思います。正当で、価値ある教育方法の構築は、政治的なトップダウン手法によって決められるべきものではなく、民主的な議論を忍耐強く継続することによってのみ達成されると信じているからです。

## 大津のひとこと

慶應でのシンポジウムでの冨田祐一さんの話を聴いて「雨宿り」とは言い得て妙だと感じながらも、くれぐれも母屋を取られないよう十分警戒する必要があると思いました。実際、雨が止んだところで、小学校英語の教科化を目指す人たちは（名目上の話は別にして）国際理解教育から出ていき、英語活動を経て、目指す教科化へ一目散に走り去っていきました。

シンポジウム時点でわたくしが不安を感じた理由は、共生原理そのものは尊ばれるべきものであるものの、「国際理解教育の一環としての外国語会話」という点にありました。「外国語会話」という部分で、ここは「外国語教育」とあるべきところです。もちろん、「外国語会話」という表現が使われているのは冨田さん自身がそう考えていたというのではなく、当時の学習指導要領の文言を引いただけのことだと思いますが、会話だけに矮小化させては本来の意味が失われてしまう危険性があります。

小学校英語に限らず、英語教育との関連で国際理解教育が話題になる時に、いつも疑問に思うのは、英語という特定の個別言語とそれに関連する個別文化だけを特別扱いするのは国際理解教育が目指す、ことばと文化の相対性と多様性の理解に反するのではないかという点です。言うまでもなく、いささか言い訳がましく、英語以外の個別言語を持ち出してくることで簡単に解決できるという問題ではありません。

多言語・多文化教育も一つの方法であるかと思いますが、多言語化が進む日本社会とは言え、日本の言語・文化風土の中で実践しようとするのは現実的ではないと思います。ここは地域方言や地域文化を利用したり、複言語・複文化教育の精神に則り、ことばと文化の普遍的基盤に子どもたちの目を向けさせたりするのがよいのではないでしょうか。

もう一点、今回の付記で、冨田さんは重要な指摘をしています。「『教科としての英語』導入によって、世の中の小学校英語教育論は沈静化し、『どうやって教えるか？』に関する議論ばかりが日立つようになり、『そもそも教えるべきなのか？』『教えるとしたら、なぜ教えるのか？』といった根本的議論はすっかり影をひそめてしまいました」という点です。わたくしに言わせれば、「沈静化」ではなく、「形骸化」です。この本を企画したのはそうした状況に喝を入れるため、もう一度、原点に戻って小学校英語の本質を考え直す必要があると感じたからです。

# 6　小学校英語教育
## ——異文化コミュニケーションの視点から

鳥飼玖美子

「異文化理解」とは、「異質な他者との交感」を図ることであり、「コミュニケーション」とは「自らの思いを他者の心に届けること」です。多文化共生に不可欠な異文化コミュニケーションとは、自己と異質な他者との間を繋ぐ相互作用であり、「自己」の確立、「ことば」についての認識、「差異」に対する開かれた心が前提です。小学校では、異なる存在への気づきを芽生えさせること、自らを表現すること、「ことば」についての感性を育てることが最重要課題です。

公立小学校で英会話教育を導入することの是非を議論するにあたって、いくつかの点を整理した上で、異文化コミュニケーションの視点から論じたいと思います。

まず、小学校段階での英語教育は、外国語学習の早期導入が効果的か否か、という議論が出発点となるでしょう。その点については認知心理学、言語心理学分野における第一言語習得理論、第二言語習得理論、脳と言語に関する研究に譲ることになりますが、いわゆる言語獲得の「臨界期」(critical period)については完全に証明されているわけではないこと、帰国生など外国育ちの児童と日本に生まれ育っている子どもを同列に論じることが無理であることは指摘しておきます。また、俗に「英語ができるようになる」と言いますが、その内実はいったい何なのかを正確に把握する必要もあります。これについては、本論の後半部分でバイリンガル教育からの知見を紹介します。

次に、「小学校での英語」と一般的に言う際には、公立だけでなく私立小学校も含まれるでしょうし、私学一貫校においては既に数十年前から付属小学校での英語教育を実施しているところが相当数あります。本来は、そのような私学での実績調査をふまえた上での議論が行われるべきですが、残念ながら実証的データは極めて乏しいのが現状です。小学校段階での英語学習効果については、国際理解教育の研究開発校で英語に接した児童の追跡調査がありますが（白畑２００１）、音素識別能力、発音能力、発話能力について調査した結果、「学習体験者と学習非体験者の英語運用能力とは全く変わらない」とまとめられていることだけを記しておきます。

本論が主として念頭におくのは、文部科学省による『「英語が使える日本人」の育成のための戦略構想』（２００２）であり、それを受けた翌２００３年の『「英語が使える日本人」の育成のための行動計画』に根拠を有する、「『総合的な学習の時間』の中で『国際理解教育』の一環として外国語会話等を行うことができる」（文部科学省『「英語が使える日本人」の育成のための行動計画』、２００３）、という教育政策下での全国の公立小学校における英会話教育です。ただし、この問題を論じていくと、最終的には「言語」「文化」「コミュニケーション」の問題に収斂されるので、その意味で本論は、私学も含む、日本の小学校全般を対象にしている、と考えられます。

考察にあたっては、①異文化理解、②コミュニケーション、③多文化・多言語共生、④国際共通語としての英語、という、異なった角度から分析を試みます。通常、これらの要素は「異文化コミュニケーション」という概念に括られることが多く、そのこと自体は自然なことですが、問題の所在をより明確にするために、あえて論点を分けて考えてみることにします。

## 「異文化理解とは何か」という視座から

「異文化」とは何か。「文化」という言葉が実際にどのような事象を内包しているかについては、古くはドイツの歴史家クレム（G. Klemm）、英国のタイラー（Edward Tylor）に始まり、20世紀に入ってからはウィッスラー（Clark Wissler）、レヴィ＝ストロース（Claude Levi-Strauss）などにより多様な定義がなされてきました。一例を挙げれば、第二次大戦後の米国文化人類学者のクラックホーン（Clyde Kluckhohn 1945）は、以下のように「文化」を定義しています。

「文化とは、後天的・歴史的に形成された、外面的および内面的な生活様式の体系（a system of explicit and implicit designs for living）であり、集団の全員または特定のメンバーにより共有されるものである。」（平野２０００）

さらに、文化に関する考察の前提として忘れてならないことは、文化の普遍性と個別性を分けて考える、ということでしょう。「人間が自らを守るために作り出して、周囲の自然環境と人間自らのあいだに位置させたもの」が人類に普遍的な「文化」である、と理解すると、具体的な「時と場所」により異なる自然環境に対応して自らの周りに作り出す文化も「時と場所」によって異なるはずです。「地理的な隔絶と歴史的な変化が特定のパターンをもった個別文化を作り出す」と考えられます（平野２０００）。

文化人類学者・石田英一郎による文化システム論では、普遍的な文化、個別的な文化の双方を説明する要件として、以下の４要素が挙げられています。

①部分が全体を構成し、全体は部分の総和以上の特性をもつ

②境界（boundary）をもつ

③部分がそれぞれ特有の機能をもち、全体に構造がある

④平衡回復的で、安定性がある

このうち、第二に挙げられている「境界」は、現実の世界で明確に規定されているというよりは、システムとして文化を理解しようとする際に設定される思考上のものですが、外国の文化に触れて異質性を感じることは文化の「境界」を実感することになります。文化の境界性は実は国内にも存在しますし、身近なところでも異質性の捉え方次第で、境界は存在します。そして人が「異文化」と言うときには、自らの文化の周辺に境界を設け、差異を考えることにほかならないので、それは地理的に、あるいは歴史的に、場合によっては心理的に隔絶された個別文化を指すことになりま

す。換言すれば、「異文化」とは自らと異質な他者との対峙を指し、そこには差異が存在することが前提になります。すなわち「異文化」を理解するとは、「異質な他者」を理解し、「差異」を認め、許容することを意味します。

翻って「国際理解」教育とは何か。わが国の「国際理解」教育は、世界平和を実現することを目的にユネスコ（国連教育科学文化機関）が１９７４年に提唱した「国際教育」を受ける形で導入したものです。「国際教育」とは、「国際理解、国際協力及び国際平和のための教育並びに人権および基本的自由についての教育」とされています。１９８２年に日本ユネスコ国内委員会が刊行した『国際理解教育の手引き』が挙げた基本目標は、①人権の尊重、②他国文化の理解、③世界連帯意識の育成の3点です。

そのような基本目標を有した「国際理解」教育の時間を使って「英会話」を指導することの根拠を求めるとすれば、「他国文化の理解」及び「世界連帯意識の育成」ということになるでしょうか。英語が事実上、国際共通語として定着してきている現状をふまえ、英語を学ぶことにより、「世界連帯意識の育成」への入門とする、という解釈です。しかし、その因果関係は必ずしも明確ではない上、もうひとつの目標である「他国文化の理解」については、「他国」とはすなわち「英米」である、と解釈していることになります。つまり、国際理解教育での英会話指導は他国文化＝英米、世界＝英語、という無言のメッセージを児童に伝える危険性を孕んでいることになります。他国文化は当然ながら英米文化だけではないし、世界は英語だけで成立しているわけではありません。英語の優位性に並行して、あるいは反発して、多言語主義や絶滅言語の復興運動など、個別言語とその文化を尊重していこうという流れも強くなっています。ユネスコは２００１年に『文化的多様性に関する世界宣言』を発表し、多言語主義を擁護し、「すべての人が自ら選んだ言語、とりわけ母語によって、自分を表現」することを「権利」と認め、「文化的アイデンティティを十分に尊重した質の高い教育」を求めました。日本にいると残念ながら、そのような文化多様性への流れが全く視野に入ってきません。小学生の周囲にいる大人たち自身が、国際理解の必須条件を英語であると考え、異文化とはすなわち英米文化である、と短絡している姿が日常的とさえ言えます。

　たとえば、南米からの移民が多く居住している市が、そのような人々の母語であるポルトガル語やブラジル文化を国際理解教育で取り上げるのではなく、市内全小学校で「英会話」を導入する、という事例があります。周囲に国際理解の格好の教材が存在しながら、わが町の異文化には目をつぶり、英語圏における言語と文化を国際理解の対象と考える、という姿勢は、その市に住む大人たちの価値観を子どもたちに明示していることになります。

　そもそも「異文化」とは、「他国の文化」だけが対象ではありません。地域的には同一とされる文化の中でも、ジェンダーによる文化の違いが存在し、障害者文化と健常者文化、若者文化と高齢者文化等々、多様な個別文化が考えられます。それらはすべて「異質性」「差異」という観点から「異文化」と分類することが可能であり、それぞれの固有文化の間に横たわる境界をどのように超えて「異質な他者との交感」を図るか、というのが「異文化理解」であるとするならば、英会話教育から生産されるものは極めて皮相的なことに限定されてしまうでしょう。国際理解教育が英会話に矮小化されている限り、子どもたちが、その柔軟な心で、どのように異質なものに自らを開き、他者との関係を構築していくか、という「異文化理解」教育には繋がりません。

## 「コミュニケーションとは何か」という視座から

「コミュニケーション」とは何か、という問題も古くから多くの考察がなされてきました。文化人類学では、「個々の人間の間で直接に観察される相互行為」がコミュニケーションであるとされています（リーチ１９８１）。言語と文化について応用言語学のクラムシュ（Clair Kramsch 1998）は、以下のように述べています。

> Language is the principal means whereby we conduct our social lives. When it is used in contexts of communication, it is bound up with culture in multiple and complex ways.

（言葉は私たちが社会的生活を送る際の主要な方法である。言葉がコミュニケーションという文脈で使用されるとき、それは複数かつ複雑な仕組みで文化と結びついている）

言語と文化がどのように複雑に結ばれているかについて、クラムシュは3点挙げています。

①language expresses cultural reality（言語は文化的現実を表現する）

②language embodies cultural reality（言語は文化的現実を体現する）

③language symbolizes cultural reality（言語は文化的現実を象徴する）

哲学者デリダはコミュニケーションを「『内なる声』を相手の心に届けること」であるとし、演出家スタニスラフスキーは「ことばは行動」であり、「対象の行動を変える働きがコミュニケーション」であるとしました（竹内1975）。演出家の竹内敏晴（1975）は、コミュニケーションについて「からだ全体をふりしぼって『他者』へ中身を叩きつけること」という表現を使っています。伝えたい「何か」があり、伝える相手がいるところに「コミュニケーション」が生まれることになるのです。

「思いを伝える」ためには、何よりもまず主体としての自己確立が前提です。さらに、伝える相手がいる、ということは自己と相対するものとしての「他者」を認識することが前提となるでしょう。そのように考えると、「コミュニケーション」は単なるスキルではあり得ないし、当然のことながら英会話と同義ではありません。コミュニケーションとは、自己と他者との相互作用（インターアクション）ということになります。

「コミュニケーション能力」（communicative competence）という考えは、1970年代初めに社会言語学のハイムズ（Dell Hymes 1970）が提唱したことに由来します。チョムスキー（Noam Chomsky）による「言語能力」（linguistic competence）という概念に対しハイムズは、言語を社会的文脈の中で適切に用いる「コミュニケーション能力」（communicative competence）の存在を指摘しました。以来、「コミュニケーション能力」の習得を目指した外国語教授法への摸索が始まり、いわゆるコミュニカティブ・アプローチ（communicative approach/ communicative language teaching）に結実するに至りました。

「コミュニケーション能力」が具体的にどのような要素から成り立っているかについては、既に多くの研究がなされています。たとえば、カネールとスウェイン（Michael Canale & Merrill Swain 1980; Canale 1983）は、「文法能力」（grammatical competence）、「談話能力」（discourse competence）、「社会言語的能力」（sociolinguistic competence）、「方略的能力」（strategic competence）の4要素から成る、としました。「文法能力」とは、語彙、文法、構文、音声を含む言語知識であり、「談話能力」とは、文章以上のまとまった談話（ディスコース）を結束性と一貫性を持って組み立てることのできる能力を指します。「社会言語的能力」は、社会文化的文脈における言語使用の規則を理解することであり、「方略的能力」はコミュニケーションを円滑に進める上でのストラテジーを意味し、コミュニケーションが破綻しそうになった際に修復を試みる能力も含まれます。

その後1990年になり、バックマン（Lyle Bachman）が提示した新たな言語能力モデルでは、文法能力と談話能力は、文章やまとまった談話を作り上げる能力である“organizational competence”としてひとつにまとめられました。社会言語的能力は文化と密接に関わる部分ですが、発話意図を正確に送受信できる言語機能に関する“illocutionary competence”と並び“pragmatic competence”（語用能力）の中に組み込まれました。バックマンのモデルで特徴的なのは、「方略的能力」が知識や言語能力から独立した要素として別に位置づけられていることです。コミュニケーションを行う際には、受容であれ発信であれ、さまざまな選択をした上で意味を調整するわけで、「方略的能力」は発話に関しての最終決定に至る判断基準を支えるものと考えられています。ビジネスの現場では、英語力があるのに海外との交渉がうまくいかない人がいたり、逆に英語自体はたいしたことがないのに、不思議に外国企業との商談をまとめてしまう人がいたりしますが、言語能力とは別の方略的能力が優れているからだ、と説明がつくことになります。この「方略的能力」はコミュニケーションに不可欠な要素でありながら、ＴＯＥＦＬにせよＴＯＥＩＣにせよ、どのような英語標準テストを用いても測定し得ない能力である、とも言えます。

このように見てくると「コミュニケーション能力」と総称される内実は極めて複雑な構成になっており、例文を暗記すれば済む程度の英会話とは似て非なるものであることが分かります。構成要素のいずれを取っても一朝一夕に習得できるものではなく、母語における言語能力が基礎となり時間をかけて培われるものだと言えます。

そのような観点から考えると、小学校で学ぶべきことは、母語でのコミュニケーションが最優先課題でしょう。斎藤兆史（２００３）が指摘するように、「英会話ごっこ」は、コミュニケーションではありません。どれほど子どもたちの目が輝き、楽しそうにゲームや挨拶をしたところで、それは「英会話ごっこ」の域を出ず、自らの思いを相手の心に届ける、という体験にはならないからです。

## 「多文化共生とは何か」という視座から

最近の日本に暮らしていると、ともすると「英語」しか眼中に入らず、あたかも世界は英語一色であるかのような錯覚に陥りがちです。英語が国際語であることを自明の理とし、国際共通語である英語を習得しなければ国際人になれず日本の未来はない、という図式の中に埋没していると、たとえば欧州での英語優位に対する強い反発、弱小言語の危機感などが伝わってきません。

しかし、世界はグローバル化と同時に多言語社会へも向かっています。世界がグローバル化（それはアメリカ化に他ならないのが現実ともいえます）という方向に収束すると見れば、国家政策として英語公用語論が出てくることにもなるでしょう。しかし多文化多言語主義の流れを尊重すれば、多文化共生を目指した国際理解教育が重要になります。現在の日本はグローバリゼーション（ないしは世界のアメリカ化）を前提としているように見受けられますが、ユネスコの『文化多様性に関する世界宣言』では、文化と言語の多様性を表現の自由、思想の自由と関連させて位置づけました。

「ことばや映像による思想の自由な流れを保証する一方で、すべての文化がみずからを表現し知らしめることができるように配慮しなければならない。表現の自由、メディアの多元主義、多言語主義、デジタル情報を含む芸術や科学・技術の知識への平等なアクセス、そしてすべての文化が表現と普及の手段を手に入れる可能性。これらが文化的多様性を保証する」（2001年11月、ユネスコ『文化多様性に関する世界宣言』、大津・鳥飼（2002）『小学校でなぜ英語？』より。日本語訳は岩波書店編集部による）

ＥＵ（欧州連合）で、通訳翻訳に膨大な予算をかけてまで全加盟国の言語を公用語とし、多言語を死守しようとしているのも同じ理念に基づくものでしょう。ウェールズ語、アイルランド語、もしくは北米でのネイティブ・アメリカン部族語など、絶滅しかけている言語を復興し存続させようとする努力が世界各地で懸命に続けられているのも、同様の思想基盤に由来していると考えられます。

その核となっている理念は、言語と文化、人間の思考との関係に光をあてた言語相対論（サピアとウオーフの仮説 the Sapir-Whorf Hypothesis）に根拠を求めることができますし、また、言葉は文化であり、自らの言語を使うことは人間としての権利である、という哲学でもあるでしょう。

サピアとウオーフの仮説では、人間が外界を認識する見方は母語の構造によって一部あるいはすべて決定される、とされます。言語が話者の知覚に影響を与え、結果的にその人の態度や行動を左右する、という考えはサピア自身の言葉を借りると、次のように集約されます（Whorf 1941）。

Human beings do not live in the objective world alone, nor alone in the world of social activity as ordinarily understood, but are very much at the mercy of the particular language which has become the medium of expression for their society. It is quite an illusion to imagine that one adjusts to the reality essentially without the use of language and that language is merely an incidental means of solving specific problems of communication or reflection. The fact of the matter is that the "real world" is to a large extent unconsciously built up on the language habits of the group... We see and hear and otherwise experience very largely as we do because the language habits of our community predispose certain choices of interpretation. ―Edward Sapir

（人間は、客観的な世界のみに生きているわけではないし、通常理解されているように社会活動の世界にのみ生きているわけではなく、自分たちの社会における表現手段となった特定の言語に大きく左右される存在である。基本的に言語を使うことなく現実に適応することが可能であると考えたり、言語はコミュニケーションや考えなど特定の問題を解決するための付随的な手段にすぎないと思ったりするのは、全くの幻想である。実のところ、「現実の世界」とは、その社会集団の言語習慣に基づいて無意識のうちに形成されたものが大半である……。私たちが見たり、聞いたり、あるいは経験したりすることは主として、共同体の言語習慣がある種の解釈を選択させることによっている。

――エドワード・サピア）

「現実の世界」だと私たちが信じているものは実は、人間から切り離された客観的な存在ではなく、その人間が使う言語によって左右される、ということを敷衍すれば、人間が見る世界というのは、その人間が使う言語によって影響される、ということになります。

心理学者のヴィゴツキー（Lev Vigotsky 1986）は、その社会文化理論で第二言語習得理論にも影響を与えていますが、言語と知能の発達に関する研究から、言語と思考の関係を以下のように述べています。

"Therefore, we all have reasons to consider a word meaning not only as a union of thought and speech, but also as a union of generalization and communication, thought and communication." (p.9)

（従って、我々が言葉の意味を思考と言語の統合としてだけでなく、一般化とコミュニケーション、思考とコミュニケーションの統合として考えることには理由がある）

"Real concepts are impossible without words, and thinking in concepts does not exist beyond verbal thinking."（p.107）

（真の概念は言葉なくしては不可能であるし、概念を考えることは言語による思考を超えては存在しない）

"The primary function of speech is communication, social intercourse."（p.6）

（言語の主たる機能はコミュニケーション、社会交流である）

言語・思考・コミュニケーションは相互に密接に関連した有機的な関係性を有すると考えられますが、そのような観点に立つと、単なるコミュニケーションのツールであると割り切って英語を教えることが、どの程度可能なのであろうか、という疑問も湧いてきます。

クラムシュ（Kramsch 1998）は、言語はアイデンティティの拠り所だとします。

Speakers identify themselves and others through their use of language: they view their language as a symbol of their social identity. The prohibition of its use is often perceived by its speakers as a rejection of their social group and their culture.

（話し手が自らと他者を認識するのは言語使用を通してである。言語は社会的アイデンティティの象徴とみなされる。その言語の使用を禁止することは、当該言語の話者にとっては自らが属する社会集団や文化の拒絶と感じられることが多い）

言語使用は、アイデンティティと強く結びついていることが理解できます。その点をジェンダーや人種問題について幅広い評論活動をしているベル・フックス（bell hooks 1995）は、このように語っています。

We have so little knowledge of how displaced, enslaved,

or free Africans who came or were brought against their will to the United States felt about the loss of language, about learning English... Only as a woman did I begin to think about these black people in relation to language, to think about their trauma...When I realize how long it has taken for white Americans to acknowledge diverse languages of native Americans, to accept that the speech their ancestral colonizers declared were merely grunts or gibberish was indeed language, it is difficult not to hear in standard English always the sound of slaughter and conquest.

（アメリカ合衆国にやって来た、あるいは自らの意思に反して連れて来られたアフリカ人が、迫害されたり奴隷であったり自由であったにせよ、言語の喪失について、英語を学ぶことについて、どのように感じたのか、私たちは余りにも知らない。女性という身であることで初めて私は、アフリカ系アメリカ人について、言葉との関係において考え始め、彼らの心の傷について考えるようになった……白人のアメリカ人がネイティブ・アメリカンの多様な言語を認めるのにどれだけ長い時間がかかったか、先祖である植民者が単なる唸りかわけの分からぬ音と決めつけていたものが本当は「言葉」であると受け入れるのにどれだけかかったか、に思いをいたすと、標準英語の中に常に虐殺と征服の音を聞かずにはいられない。）

母語を奪われた悲惨さは歴史に数多《あまた》記憶され、それほど昔ではない時代に現実のものとして近隣諸国でも体験されたものです。人間存在の根源としての言語の重要性への認識があるからこそ、多言語・多文化主義の尊重がかつてなく求められていることになります。この視点は日本の英語教育ではほとんど話題にもなっていませんが、言語の重要性を教育することこそが多文化・多言語共生への第一歩となります。

多文化共生を実現する上での前提は、アイデンティティの確立であり、差異に対する寛容な心です。自己と他者との間を繋ぐ相互作用がコミュニケーションであり、多文化共生はコミュニケーションと異文化理解から成立する、と考えれば、「アイデンティティ」の確立、「言葉」についての認識、「差異」に関する開かれた心はこれからの地球世界で不可欠な要素と考えられます。しかし、このいずれも、英会話学習により習得できることではありません。

## 「地球語」という視座から

世界が文化や言語の多様性を尊重し多言語社会になっていくと、逆に国際的な共通言語が必要となる、という状況が生まれます。かつてはエスペラントのような人工言語を世界の共通語にしよう、という試みもなされましたが定着せず、現在は英語が事実上の国際語として機能しているわけです。クリスタル（David Crystal 1997）は、「地球語としての英語」（English as a global language）という表現を用いました。

英語は地球語だからこそ英語によるコミュニケーションを教育する必要がある、ということになるのでしょうが、現在の日本における英語教育の大きな問題は、教えるべき英語の位置づけが曖昧なままであることです。いかなる目的のために、どのような英語を学習するのか、という理念や指針を欠いたまま、漠然と「コミュニケーション」を目指していることから、さまざまな形で矛盾や綻びが見えてきます。

前述のように、言語と文化は不可分である、という基本に立ち返って共通語としての英語を考えると、自己の文化やアイデンティティを確保した上で、コミュニケーションの手段として英語を学習することになります。共通語として機能すれば良いわけですから、英語母語話者の規範を踏襲する必要はなくなります。この思想を推し進めた言語学者のカチュル（Braj Kachru）は、英語を三種類に分類し、優劣の差はない、としました。第一グループは、英国、米国、アイルランド、カナダ、オーストラリア、ニュージーランドで母語として使用されている英語で、およそ3億2００0万人から3億8０００万人の人口としています。第二のグループは、第二言語として英語を話すインド、シンガポール、ナイジェリアなど、英語による植民地化の歴史をもつ地域です。人口は1億5０００万人から3億人とされていますが、この数は増えてきており、第一グループと数の上で並ぶ勢いだと言われています（Graddol 1997）。

第三は、外国語として英語を学習し使用する地域で、中国、ギリシャ、ポーランド、日本などが含まれると考えられます。カチュルは、これらの3グループ間に上下は存在せず、「標準英語」「標準モデル」といった見方は正しくないとします。この哲学は「世界の英語たち（World Englishes）」という、「英語」を複数形にしたキーワードで表現されています。

この思想は「国際英語」という概念に大きな影響を与えましたが、カチュル自身も指摘したように、多彩な英語の独立性と多様性が広がり過ぎると、コミュニケーションが成立せず共通語として機能しない、ということになりかねません。カチュルは発音に関しては、コミュニケーションの観点から「intelligibility」（分かりやすさ）、「acceptability」（なじみやすさ）、「appropriateness」（適切さ）〈注：訳語は田辺（２００３）による〉のある英語を推奨し、クリスタルは、「世界標準語」（World Standard English）を提案しました。ジェンキンズ（Jennifer Jenkins 2000）は、「リンガ・フランカ・コア」（Lingua Franca Core）を策定し、共通語としての機能を確保することを提案しています。

ジェンキンズが検証している通り、現代世界におけるコミュニケーションは、英語話者の人口比を見ても、英語母語話者との対話より、非母語話者同士が英語で話し合うことの方が多いと考えられます。わが国の場合も、日本人が英語を習得するのは、あくまでも外国語としての英語を学び、国際的なコミュニケーションに使用することが目的でしょう。日常的に国内で英語を使う第二言語環境とは条件が異なります。そうなると、目指すべきは「国際語としての英語」であり、学習すべきは「標準的な英語」となります。「標準的」という用語は、学習指導要領においても「現代の標準的な英語」あるいは「現代の標準的な発音」として用いられています。ところが実は、「標準的な英語」がどのような英語か、ということ自体が大きな問題を孕んでいるのです。田辺（２００３）は、その点について以下のように述べています。

「現代の標準的な発音」とは概念的にイメージできるのであるが、具体的に何を意味するかを理論的に説明するのは容易ではない。……教師としては、

なにをもって「現代の標準的な発音」とするかを考えておく必要がある問題なのである。（１４４頁）

田辺は、ここでは主として発音を取り上げていますが、「標準的な英語」と言う場合は、発音など音声面のみならず、語彙や文法、表現法など言語使用全般を指しますので、そこには文化的要素も含まれます。

英語教育現場を見ると、教科書や参考書を含め、いかなる英語を学習するかについて徹底的に議論を尽くしたというよりは、単純にアメリカ現代語を規範にしているものが多いようです。コミュニケーションをとる相手も、「アメリカ人」を想定するのが一般的なようで、「英語では、ファーストネームを使うのが自然なので、授業でもファーストネームで呼び合うことを練習しましょう」など、アメリカ社会のステレオタイプを鵜呑みにした解説が堂々と記述され、「米国では、時と場合によるが、ファーストネームで呼ぶことが多い」という実態が、いつのまにか国際的規範にすり替わっています。

最近の外国語教育では、学習者の文化とアイデンティティを無視した学習はあり得ない、という考えが出てきていますが（たとえばBonny Norton 2000）、それは日本に置き換えて考えると、日本語と日本文化を考慮に入れた上で、地球語としての英語をどのように教えるのか、という課題にほかなりません。ただ難しいのは、言語と文化の不可分性を考えると、英語学習にあたって英米文化への関心は自然なことであり、授業で取り上げることにより英語学習の動機づけが深まることがある、という側面です。「国際共通語としての標準英語」の基準は何か、それは文化としての英語理解とどのように結びつくのか、という問いへの答えは、簡単には見つかりません。ネイティブ・スピーカー教員をいくら増やしたところで対応できる問題ではありませんし、小学校で英会話を導入したから解決する問題でもありません。異文化コミュニケーションの手段としての英語と異文化理解の対象としての英語学習の接点を探るにあたって、何よりも大切なのは、まず、「何のために英語が必要か」について議論を重ねることではないでしょうか。それがあって初めて「どのような英語を習得するのか」という議論へと発展し、

「日本人にとって最適な英語教育」を生み出すことが可能になるはずです。さらにいえば、自らが発した問いに対する解答を模索する責務を担うのは、他ならぬ日本人自身であることを忘れてはならないでしょう。

## 英語教育に理念と一貫性を求めて

これまでの考察を土台に、小学校では何を教えるべきか、英語教育はどのようにしたら一本の柱となって小中高大学の各段階をつなぐことになるのか、を最後に論じようと思います。

小学生が成長期にあることを考えると、何よりも優先されるべきは、心と体を育てることでしょう。その上で、多文化が共存する世界で生きていく上で不可欠な、自己と他者の認識を培うことが大切です。日々の生活から、自らと異なる存在への気づきを芽生えさせることが、その出発点となるはずです。異質な他者への思いやりは、しつけとして教えることでは育ちません。自己の存在を自らが受容し尊重することから、相手の気持ちや痛みを思いやる想像力が育まれていくように思います。換言すれば、学校と家庭と地域共同体の中での日常的な生活の積み重ねから培うしかないものです。そのような理念が現行の「総合的な学習」の真髄であると信じたいものです。

さらに重要な点に、コミュニケーション能力の基礎を培うために、言葉についての感性を育てることがあります。言葉を単なるスキルとして学習するのではなく、ことばの面白さと怖さへの気づきこそが豊かな言語生活の土台を築くことになり、そのためには国語教育の充実も求められるでしょうし、同時に教科を問わず日々、言葉を通しての触れ合いが不可欠になります。

コミュニケーション能力の基礎を小学校で確実にしておけば、英語学習そのものについては、中学からの学習で充分に間に合います。中学生は母語をほぼ習得し、分析能力も発達していると同時に、しなやかな感性と素晴らしい記憶力を持っている時期であり、外国語学習には最適といえる年代だからです（鳥飼２００３）。

カナダでバイリンガル教育を長年にわたり研究してきたカミンズ（Jim Cummins）は、移民の児童の第二言語習得について母語の重要性を指摘すると共に、言語能力を二種類に分類しました。日常的な会話については子どもの場合、6カ月から2年くらいの比較的短期間に習得する反面、授業で討議に参加したり教科書を読んでレポートを書いたりするなど、学校での勉強に必要な言語の習得には、5年からそれ以上の時間がかかることから、基本的対人コミュニケーション能力を「会話言語力」（Conversational language proficiency. 以前の呼称はBICS＝Basic Interpersonal Communication Skills）、学習など知的活動を行うための言語能力を「アカデミック言語力」（Academic language proficiency. 以前の呼称はCALP＝Cognitive Academic Language Proficiency）と名づけて区別しました。

カミンズの研究で対象としたのは、第二言語環境で日常的に言語を使用している子どもたちですので、日本とは状況が異なります。日本社会での共通語は日本語ですから、外国語として英語を学ぶ子どもたちにとっては、会話言語力さえも容易なものではありませんし、ましてや他教科を学習するために必要なアカデミック言語力を習得するのは簡単ではありません。バトラー後藤裕子（2003）は、米国カリフォルニアにおける小学生を対象に行った研究の結果として、「英語を母語とする子どもたちの平均英語力の90％のレベルに追いつくには、聞く・話す能力でも約3～4年、読む能力で約6年、書く能力で7年以上という結果を得た（Hakuta, Butler & Witt 2000）」と報告しており、さらに、こう付け加えています。

「しかし、この数字はあくまでも幼稚園からアメリカの学校に在学している子どもたちの間での統計であり、移民時の年齢や社会経済状況、それまでの学校経験（移民の中には、正式な学校教育を受けてこなかった子どもたちもいる）などにより、もっと長い時間がかかることも多いだろう。マリアのように〈注：両親ともにメキシコからの移民で、スペイン語地区で生まれ育った〉アメリカ生まれでも、十分に英語のアカデミック言語力を身に付けることができなかったと認識している人も少なくない」（24頁）

周囲が英語、という環境でさえ習得には時間と努力を要するものを、週に1～2時間程度の授業で習得させようというのは、過剰期待を通り越して無謀とさえ言えます。

「コミュニケーション」がどのような内容を包摂しているかを考えると、コミュニケーション能力を小学校、中学、高校、大学を通して段階的に教育することに大きな意味が出てきます。「積極的にコミュニケーションを図ろうとする意欲や態度」（２００３年文部科学省『「英語が使える日本人」の育成のための行動計画』より）は、小学校でこそ培うべきであり、それは母語教育と無縁ではあり得ません。

中学校では音声教育を含めた英語の基礎作りが不可欠です。コミュニケーション能力のうち、「文法能力」（狭義の文法知識を指すのではなく、語彙、音声、文法規則、構文を含んだ言語知識一般を意味します）は中学での習得が肝要です。それには単なる知識の伝達だけではなく、生徒が意欲的に参加し発話しながら知識を確実にしていくような指導方法の工夫が求められるのは当然です。コミュニカティブ・アプローチでは正確さより流暢さが優先されると信じられていますが、コミュニケーション能力の一要素としての「文法能力」の重要性を考えれば、問題は「文法を教えるべきか否か」ではなく、いつ、どのようにして教えるべきか、という"focus on form"（形式への焦点化）のはずです。単なる講義形式の授業ではなく、実際に発話させて英語の音とリズムを体得させる、英語で対話をさせながら文法事項を定着させるなどの工夫、１クラスの人数をせめて15名程度に抑えた上で毎日1時間、つまり週5～6時間の授業を実施するなど、外国語学習には最適なこの時期を十二分に活用し、確固たる基礎を作り上げたいものです。

その上で高校段階では、実際の運用を念頭に「ディスコース能力」を育成するのが理想的だと考えられます。ただし、結束性と一貫性を持ったディスコース（話すだけではなく書くことも含みます）を作り出すことは、自分の主張や考えを英語の論理構造に従って組み立てる、というレベルの高い学習になり、必然的に相当程度の読む訓練が要求されますし、語彙力も不可欠です。これは実は、ＴＯＥＦＬテストで大きな部分を占める長文読解及びライティング・テストの内容そのものであり、日本の大学入試問題よりはるかに難易度が高い出題ですが、英米圏への大学・大学院留学を念頭においた外国人対象の英語標準テストとしては当然の要求といえます。ディスコース能力育成は発信型コミュニケーションには欠かせないものであり、そのためには読む能力に裏づけられた書く力・話す力の学習が肝要です。コミュニケーションにおける聞く力の重要性は当然ですが、リスニングだけを切り離していくら訓練しても、発信に結びつく能力は習得できません（鳥飼２００４）。

大学では引き続き、ディスコース能力に磨きをかけることになるでしょうが、自己が確立し、社会性を備えた大学生段階では異文化への関心も大きくなるので、「社会言語的知識」をうまく授業に取り入れつつ英語学習を発展させ、異文化コミュニケーションへの道筋をつけることになります。相手を傷つけないで反論するなど文化的要素を勘案しながらのディスカッションやディベートを通して「社会言語的能力」を身につけ、説得力のある明快な論旨で話したり書いたりする「ディスコース能力」を獲得するには、大学から社会へ出た後も含め、継続した努力が欠かせないことも、銘記するべきでしょう。

英語教育の各段階に一貫性と整合性を持たせること、その前提として「何のために、どのような英語を日本人は学ぶべきか」という理念を模索し、英語学習の目的と目標を明確に構築することが、英語教育の大きな課題です。小学校における英語教育の是非を論じる際には、そこまで視野を広げての議論へ発展させることを切に願います。

## まとめに代えて

文部科学省は２００４年、小学校段階での英語学習を教科とすることについて検討を開始しました。「ここ数年言われ続けてきた次のステージが近づいているのかもしれません」と松川禮子は評しています（２００４、２１９頁）。そのような新たな段階が残念ながら近づいているならば、現実的な解決を探ることも視野に入れる必要がありそうです。松川は小学校英語教育導入について「いまだに霧の中を進んでいるような視界の悪さも感じさせます」（前掲書、219頁）と述べていますが、仮に小学校での英語を教科として導入することが避けられない場合、可能性として考えられる内容は次の2点ではないかと思われます。

①言葉を使ったコミュニケーションへの気づき
英語だけでなく、教科を横断しての母語による日常的取り組みも必要

②日本語とは異なる音声への気づき
音やリズムなどの「プロソディ」（prosody）を通し、異質性への導入を図る

しかし、そのための条件としては最低限、以下が整備されていなければならないと考えます。

①英語教育全体の目標を策定

②小中高大学を通しての一貫性に基づく各段階での到達目標設定

③小学校教育全体の中における英語教育の位置づけの明確化

④教員養成　発達心理学、音韻論、児童英語教育分野の専門的知見が必須

これらの条件を備えないまま、最も肝心な入門期における英語教育を安易に始めることは、子どもたちの異文化コミュニケーション能力育成に寄与することには決してなりません。

これからの世界でコミュニケーション能力を駆使して活躍し人類の未来に貢献するような日本人を育てるにあたっては、子どもたちが育っていく社会の中での言葉の使われ方や周囲の大人たちの価値観が問われるはずです。大人たちが言葉に対して無神経である社会では、言葉に信頼をおき言葉を駆使する次世代は育たないし、大人たちが異質なものを排除している社会で異文化理解の芽は育たないでしょう。しかも、そのことは単なるきれいごとではすみません。

2004年4月20日、朝日新聞朝刊に掲載された二種類の記事がそのことを端的に語ります。「小学校でもハロー」と題し、栃木の「英語区」で子どもたちが欧米系の外国人教師と英語でゲームをしている様子が写真入りで伝えられています。同じ社会面では、イラクで人道支援や報道活動をしていて人質になった日本人に対する「自己責任」を問う批判の声が紹介されています。海外で活躍した若者たちに対する賞賛の声は

外国では出ましたが、国内では非難にかき消された感があります。英語を身につけることがどのような意味を有するのかがほとんど考えられていないことがよく分かります。教室の中で挨拶程度の英語を話しているのはかまわないが、海外に出て行き個人として活動するのは困る、という本音が透けて見えます。しかし英語学習は、政府の方針に従順に従う国民を作り出すためにあるのではなく、むしろ外へ目を向ける客観性と現状を批判する力を養うことになるはずです。私たちは、英語を教えるよりはるかに重い責任を次世代に対して担っていることを、最後に確認しておきたいと思います。

〈英語引用文の日本語訳のうち、出典が記載されていないものは筆者による〉

＊本稿は大津編著（２００４）収録論考を一部修正して再録したものである。

*After Twenty Years*

付記

# 日本におけるCEFR受容の問題

2004年に執筆した論考を読み直してみたところ、より良き英語教育を目指して願っていたことは、ことごとく裏切られている現状を改めて突きつけられました。英語教育の理念と目的について本格的な議論がないまま、2020年4月から小学校では5・6年生を対象に英語の教科化が始まりました。検定教科書を使って学び、成績評価もつきます。従来の「外国語（英語）活動」は3・4年生におろされ、1年生から英語学習を始める学校もでてきました。

その間、17年前の論考で触れなかった事項で英語教育および大学入試に多大な影響を与えたものに、CEFR（欧州言語共通参照枠）（Council of Europe 2001）があります。欧州評議会が、言語と文化の多様性を確保しつつ相互理解をはかるために提唱した複言語・複文化主義（plurilingualism, pluriculturalism）を具現化した、外国語における学習、教育、評価のための尺度です。すべての言語に応用可能で、学習者の部分的能力も肯定的に捉え、微細にわたる能力記述で熟達度を評価するのが特徴です。

言語と文化は切り離せないことから、複言語・複文化主義をまとめて「複言語主義」と呼ぶこともありますが、「1人の人間が母語以外に2つの言語を学ぶことで新たなコミュニケーション能力を作り上げる」という狙いは同じです。さらに外国語学習とは異質な文化を学ぶことであるという認識のもと、「複文化能力」「異文化能力」「異文化コミュニケーション能力」の涵養が重視されています。

ところが日本では、複言語・複文化主義という基本理念は捨象され、都合の良いところだけ使うという形で導入されました。具体的には、日本に導入されたＣＥＦＲは、本来のＣＥＦＲと次の違いがあります。

**1 「複言語主義」より「英語一辺倒」**

母語以外に２つの言語を学ぶことが複言語主義ですが、日本の場合は、露骨な英語一辺倒です。「第二外国語」を提供している大学もありますが、英語が「第一外国語」として特権的な地位を占めていることに変わりはありません。言語の価値は話者数では決まらないという欧州評議会の思想とは乖離しています。

**2 Can Doではなく「CAN-DOリスト」**

複雑かつ多面的な言語能力を可能な限り綿密に記述しようとするCan Do descriptors（能力記述文）は、学習者自身による自己評価及び教員による形成的評価のために使われるのが本来の目的ですが、日本では「CAN-DOリスト」として文科省により導入され、全国の公立学校で到達目標の設定に使われるようになりました。

**3 20年前の共通参照レベルを２０２１年大学入試に使用**

ＣＥＦＲの共通参照レベルは、最初の２００１年版では「基礎段階の言語使用者」（Basic User）としてＡ１、Ａ２、「自立した言語使用者」（Independent User）としてＢ１、Ｂ２、「熟達した言語使用者」（Proficient User）としてＣ１、Ｃ２の６段階でした。しかし、これでは大雑把過ぎるという批判が世界各国の教育現場から寄せられたことで、２０１８年ＣＥＦＲ「増補版」（Council of Europe 2018）では、Pre-A1, A2plus,

B1plus, B2 plus, Above C2が加わり、11段階に細分化されました。

ところが2021年大学入学共通テスト創設を目指して始められた大学入試改革では英語民間試験活用が推進され、その基準としてCEFRの6段階が「国際基準、国際標準」として用いられました。CEFRは、外国語教育の改善に役立てるため各国／各機関が自由に使って良いという緩やかな尺度であるのに、厳密さが求められる日本の大学入試に導入するのは、最初から無理がありました。

## 4　不十分な「4技能」を信奉

英語教育にあっては、「4技能」（「聞く」「話す」「読む」「書く」）の伸長が目的とされ、小学校から大学に至るまで「4技能」が軸となっています。ところが欧州評議会は、2018年CEFR増補版において「伝統的な4技能は、コミュニケーションの複雑な現実を捉えるには不十分（inadequate）である」として、4つの「コミュニケーション様式（mode）」に7技能を組み込みました。「受容能力」（聞くこと、読むこと）、「産出能力」（話すこと、書くこと）、「相互行為（interaction）」（話すことのやりとり、書くことのやりとり）、そして「仲介（mediation）」です。

日本で「4技能」が英語教育のキーワードとして喧伝されはじめた頃には、海外では「4技能」では不十分だとなり、新たな枠組みでコミュニケーション能力を解釈していたことになります。

## 5　「ネイティブ・スピーカー」を理想とし続ける

CEFR増補版では、外国語教育の目標が「理想的な母語話者」ではないことを明確にするため、全ての能力記述文から「母語話者（native speaker）」という語を削除しました。しかし日本ではいまだに英語の「ネイティブ・スピーカー」を理想としています。

## 6　ポートフォリオで「主体性」評価？

大学入試改革で導入されかけて挫折したのが「主体性評価」のための「ジャパン e-portfolio」でした。「主体性を持って多様な人々と協働して学ぶ態度」を測るため、生徒の活動を記録しておき大学入学者選抜に使うという趣旨でしたが、入試のためにボランティアなどをしても主体性育成にはならないこと、委託業者による個人情報の扱いなどが批判されました。

「ポートフォリオ」そのものはＣＥＦＲでも推奨していますが、あくまで学習者自身が自分の外国語学習を振り返るための記録です。それを入試判定の材料にしようとしたところに根本的な誤りがあったといえます。

大学入試改革の目玉とされた英語民間試験、記述式問題、主体性評価の導入が全て頓挫し見送られたことは、「教育」についての理念や専門的な知見に裏打ちされない思いつきの政策が破綻したことを意味します。英語教育も同じテツを踏まないよう、「何のために英語を学ぶのか」「どのような英語を目指すのか」「外国語は英語だけという教育で良いのか」を今こそじっくり考えて議論すべきでしょう。

新型コロナ感染症の世界的流行により、私たちは先行き不透明な日々を送ることを余儀なくされています。コロナ世代は予期せぬ未来に対応する力を備えることが求められ、それを教育内容に反映させることは大人の責任です。

未知の外国語を子供たちが学ぶことで、未知の世界に生きることを可能にする「開かれた心」、何があっても折れない「しなやかな柔軟性」、自ら学ぶ「自律性」を育みたいと念じます。

## 大津のひとこと

「2004年に執筆した論考を読み直してみたところ、より良き英語教育を目指して願っていたことは、ことごとく裏切られている現状を改めて突きつけられました」という鳥飼さんの嘆きと同じ思いを筆者が抱いていることは多くの読者が想像するところでしょう。ただ、筆者は今世紀初めの頃からの英語教育の展開について、さほどの驚きは感じていません。

なぜそう思うのか。答えは単純です。英語教育の在り方に決定的な影響を与える人たちの中にことばの教育の問題に対する鋭い洞察力をお持ちであると思われる人があまりにも少ないからです。だから、鳥飼さんのことばを借りれば「「教育」についての理念や専門的な知見に裏打ちされない思いつきの政策」がまかりとおる状況になっているのです。

鳥飼さんが付記で触れておられるCEFRの受容についてもそのことがあてはまります。

じつは、CEFRの受容には2つの系統があります。一つは、大木充、西山教行、細川英雄らが先導する流れで、『複言語・複文化主義とは何か――ヨーロッパの理念・状況から日本における受容・文脈化へ』(くろしお出版、2010年)という書物があり、そこでは、CEFRの根幹をなす複言語・複文化主義の紹介と検討がなされているのです。しかし、英語教育の世界にはこの系統とは別の流れでCEFRが導入され、そこでは鳥飼さんが付記で的確に指摘しているように理念抜きの、ご都合主義によるCEFRの利用が行われています。

もちろん、この状況をこのままにしておいてよいわけではありません。幸い、文科省のキャリア官僚の中にも、この状況の問題を的確に把握している人がいます。また、大学入試共通テストへの英語民間試験と記述式問題の導入については多くの人たちが声を上げ、再検討に追い込みました。機運が高まりさえすれば、大きな流れが形成されることは間違いありません。

たしかに、この20年の間に大きな流れを変えることはできませんでしたが、英語教育政策の問題点を指摘し続けたことによって将来への希望の道筋はつながっています。ほとほと疲れる作業ではありますが、鳥飼さん、一緒にやりましょう!

［補足］大木充、西山教行、細川英雄らによるＣＥＦR検討の最近の成果が、西山教行・大木充（編）『ＣＥＦＲの理念と現実』（くろしお出版、２０２１年）として出版されました。「理念編　言語政策からの考察」と「現実編　教育現場へのインパクト」の2巻で、鳥飼さんも「現実編」に寄稿しています。

# 7　多言語共生社会における言語教育
## ——多様な言語への気づきをきっかけに*

山川智子

### はじめに

小学校での英語教育「必修化」で、何よりも懸念されるのは、英語偏重の傾向に拍車がかかることです。私は、児童「全員」が「英語」を学習しなくてはならない制度には問題があると考えています。また、どの時期から異言語（たとえば英語）を学ぶにしろ、ある特定の異言語を学習する前に、多様な言語の存在を知ることが必要だと考えています(1)。

本稿ではまず、「英語」の相対化、議論そのものの相対化の必要性を指摘し、英語偏重の現状と日本の多言語状態を確認します。そして、欧州評議会（Council of Europe）の提唱する「複数言語主義（plurilingualism）」概念の立場から、近隣諸国の言語を互いに学びあうヨーロッパでの取り組みについて紹介し、「言語」教育の役割について、今後の議論につなげるための考えを述べます。

### 「議論」を相対化する

私は、英語以外の異言語(2)教育に関わる者として、英語教育の渦中にある方たちとは異なった立場から小学校英語「必修化」の議論に参加したいと思います。

この議論は、「推進派」・「反対派」の双方の立場から意見が述べられ、互いに刺激を与えながら進められています。こうしてふたつの立場に分かれて議論を進めることにより、英語教育のあり方や本質が明らかになりつつあると考えています。他の異言語教育の議論をする際にも、この議論の進め方は大いに参考になります。

しかし、「英語」教育を中心に、二項対立的な議論[3]を続けていると、それ以外の言語の教育との連携がとりにくくなり、また場合によっては「言語」教育の本質的な問題点が見えにくくなることもあります。議論での発言は、参加者自身の言語学習・教育体験から得られたデータや確信に基づいていることが多いからです。小学校英語「必修化」の「推進派」も「反対派」（「慎重派」）も、大ざっぱに言ってしまうと、主に英語教育の開始時期や学習方法について議論をしているわけです。ここで「英語」を相対化する必要、「議論」そのものを相対化する必要があります。それにより、各言語教育間の連携について考える余裕が生まれ、多様なバックグラウンドを持つ人が議論に参加できる機会が、さらに増えるのではないかと思います。

## 英語偏重の克服に向けて

日本の「外国語教育」政策で立ち遅れているのは、早期英語教育というよりはむしろ、中等教育段階での英語以外の異言語教育の方であると思います。日本の中等教育における英語偏重は世界でも珍しく、多くの国では中等教育段階で多様な言語の教育が行われています。英語偏重は、児童・生徒の言語意識に影響を与えるだけではなく、最終的には日本の進むべき方向性を決定する際にも大きな影響を及ぼします。

たとえば、主要国首脳会議（サミット）では、日本語、英語、フランス語、ドイツ語、イタリア語、ロシア語が使用されます[4]。会議は同時通訳方式で進められ、日本語以外の各言語での発言は、直接それぞれの言語に通訳されます。しかし、日本語への通訳は英語経由で通訳されます。また日本語による発言は、まず英語に通訳され、その上で他の言語に通訳されます。日本語に関してのみ、「リレー通訳」がされているわけです。リレー通訳では、微妙なニュアンスが抜け落ちる可能性が高くなりますし、常に英語の「フィルター」を通されるというのも問題です。サミットの通訳の中でも、英語偏重を見直す動きが少しずつ起こってはいますが、まだ十分ではありません。

ヨーロッパにおけるさまざまな会議では、英語の一極集中を避けるような通訳チームを編成するため、試行錯誤が重ねられています[5]。日本でも、英語以外の異言語に携わる優秀な通訳をもっと増やす必要性や、そのための通訳教育を充実させる必要性が指摘されています。[6]こうした現状を考えると、全員を「英語が使える日本人」にするよりはむしろ、多様な言語の「達人」を増やすための基盤を整える方が日本の国益にかなうのではないでしょうか。[7]日本がどの方向に進むべきか、国際社会でどのような貢献ができるか、そのためにはどのような教育が必要かを突き詰めて議論する必要があります。

## 多言語が共生する日本――多様な言語への気づき

日本に多くの外国人が住むようになってきましたが、実際にどれくらいの割合で増えてきたのかを確認したいと思います。法務省が発表した『平成15年末現在における外国人登録者統計について』によると、10年間の日本の総人口の伸び率は2・1%、外国人登録者数の伸び率は45・0%です。[8]総人口はそれほど変化していないにもかかわらず、外国人登録者は増加する傾向が顕著です。

具体的な数値をあげると、平成15年（2003年）末時点での外国人登録者数は、191万5030人で、前年に引き続き過去最高記録を更新しています。出身地を確認すると、韓国・朝鮮が61万3791人（32・1%）、中国が46万2396人（24・1%）、ブラジルが27万4700人（14・3%）、フィリピンが18万5237人（9・7%）、ペルーが5万3649人（2・8%）、アメリカが4万7836人（2・5%）などの順になっています。出身地だけで、その人の母語を判断するのは難しいですが、外国人の中で、英語の母語話者は、実は少数派なのだということはおおよそ判断できます。

このように日本には、多様な言語を話す人が暮らしています。平高（2004、1頁）は、「ここ十数年のうちに日本も多言語化したというようなことが言われるが、むしろ日本も多言語社会だったことが認識されるようになったと言うべきであろう」と述べています。「多言語共生社会」である日本の公立小学校での言語教育では、子どもたちに多様な言語に気づかせる取り組みが必要です。[9]日本語を母語としない同級生への、子どもたちの関心が発展し、地域にどのような言[10]

語を話す人が住んでいるのかを子どもたちが知り、そうした人々への関心が子どもたちの中に芽生えれば、「国際理解」にもつながると思います。さらに、日本語を母語としない人々に生活情報を提供するためには何が必要かを考えるきっかけにもなります。どのような「言語サービス」[11]が、特に災害時にできるかを[12]、たとえば「国際理解教育」の一環として議論をすることもできます。

「相手のことばを知りたい」という素朴な気持ちが異言語学習の根底にあるのだと思います。しかし、日本の大学への留学を希望する中国人にも高度な英語力を期待するなど、現状は、もはや「相手のことば」を学ぶという発想からかけ離れてきています。では、どうしたら言語学習の原点に立ち戻ることができるのでしょうか。こうしたことを考える際には、「多言語共生社会」の代表地域とも言えるヨーロッパの事情が参考になります。私は、ヨーロッパの言語教育の理念、そして地理的・歴史的背景の理解がないまま、この地域の早期（異言語）教育に関心が集まりやすいことに不安を感じています。以下で、「複数言語主義」理念を鍵に、ヨーロッパの言語教育の理念を概観し、それを日本に応用する際の意識のあり方を述べたいと思います。

## ヨーロッパにおける言語教育政策

### ヨーロッパの言語の多様性

「ヨーロッパを他の世界からきわだたせているのは、その言語的多彩さ」（田中・ハールマン１９８５、14頁）です。もう少し厳密に言うと、言語の多様性を成立させているのは、書きことばにおける複数の有力言語の伝統です（原２００３）。危機言語に関する豊富な情報を保有する、SIL（The Summer Institute of Linguistics）が作成したEthnologueの統計Geographic Distribution of Living Languages, 2000[13]によれば、地球上の６８０９言語のうち、ヨーロッパの言語数は２３０言語でわずか3%を占めるにすぎません[14]。しかし、Global Reachのインターネットの言語別統計（利用者の言語別人口の割合、ウェブ上のコンテンツに使用されている言語の割合）を見ると、ヨーロッパ言語が大きな割合を占めています[15]。ヨーロッパ言語の多様性は有力な書きことばの存在で示されています。加盟国の公用語をすべて公用語としたEUでは、文書の翻訳作業が煩雑になるにもかかわらず、この原則を貫いているのは、「翻訳そのものが文化であり、言語的多様性を守ることが、文化の豊かさを体現するという思想がある」（原2003、2頁）からです。[16]

Eurobarometer Report 54（2001）という、ヨーロッパの、特にEU加盟国（当時）市民の言語意識を調査した統計があります。その一部を紹介します。71％の人々が、母語に加えてもうひとつのヨーロッパ言語を話せるべきであると考えていますが、実際に話すことができるのは53％で、母語以外のふたつ目の異言語を話すことができるのは26％です。47％は母語のみで十分であると考えており、63％は母語を積極的に守る必要性を感じています。異言語学習の必要性を感じながらも習得するには多大な労力を必要とすることを実感している人が多く、また母語への意識の高さも読み取れます。

ヨーロッパでも英語を話さない人はいます。母語しか話さない人もいれば、英語でない地域の言語（たとえばアルザス地方ではフランス語とアルザス語）を使い分ける人もいます。後述する「複数言語主義」の考え方――さまざまな言語を話す人がいて、その人たちが意思疎通を図るときに必要とされる言語能力にはいろいろな段階があっていいという考え方――の重要性が感じられます。

**欧州評議会の活動**

ヨーロッパの言語教育には戦争再発防止という究極の理念があり、近隣諸国の言語を互いが学ぶために国を超えたレベルで政策が立てられています。常に「何のために？」ということを念頭におき、価値観の異なる人々が連携をとっているのです。

私が注目しているのは、ヨーロッパの言語教育政策を導く欧州評議会の活動です。[17] 特色を一言で言うと、学習者を社会的な存在とみなし、言語は生涯をかけて学ぶものであるという認識の下、多様な言語の存在こそが豊かさの源であるとし、入門レベルの言語能力をも肯定的に評価しています。言語教育政策に関する提言はいくつかの段階を経たのち、*Common European*

*Framework of Reference for Languages: Learning, teaching, assessment.*（以下ＣＥＦ）『言語学習・教授・能力評定のためのヨーロッパ共通の枠組み』[18]（Modern Languages Division, Council of Europe, Strasbourg 2001）で具現化されました。この書物の中で紹介されている「複数言語主義」概念が、欧州評議会の理念を支えています。

**複数言語主義の解釈をめぐって**

「複数言語主義」の「複数」という語において大切なのは、「数」ではなく「質」です。杉村（１９９８、２３４頁）は、「複数とは単数の反対語ではない。まして多数の反対語でもない。問題は単に数ではなく質であり、異質なものの混成を創造することである」と述べています。つまり「複数言語主義」とは、異なる言語話者同士が交流する際の心のあり方を悟らせてくれる概念なのです。

「複数言語主義」は、「多言語主義（multilingualism）」とは異なる概念を表わすために使われています。[19] ＣＥＦの定義によれば「多言語主義」とは、英語・ドイツ語・フランス語といった言語を別個のものとして、それぞれの母語話者の水準に達することを目標に、学校教育を通して学ぶことの方に重点をおいています。これに対し「複数言語主義」は、いくつかの言語を、個人の体験や生活の必要に応じて使い分けようとする態度の方に重点をおいています。[20] 時と場合に応じて、「聞く」「話す」「読む」「書く」といった技能の必要な部分を柔軟に発揮できる能力や態度の育成を目指します。だれもが多くの言語を母語に近いレベルまで習得することは、経済的にも時間的にも負担になります。個人の体験、必要とする言語や習得レベルも異なります。緩やかな一貫性を保ちつつ、それぞれの主体性に応じた学習目標を掲げることに重点をおいているのです。ＣＥＦに「母語話者であろうと異言語学習者であろうと、二人として完全に同じ能力をもったものはいないし、同じ学習の道をたどったものはいない」(CEF : 17) と記述されているように、自分と相手の独自の言語体験をともに尊重し、臨機応変に対応することは、もはや当然のこととされています。ですから「複数言語主義」は、ただ単に複数のことばを学習することだけを意味するものではありません。[21]

ＣＥＦでは、学習者の必要性や目的に応じて柔軟に学習計画を立てることの重要性が指摘されています。たとえば、パイロットに言語教育を行う場合、管制塔とのやり取りの中で、どんな騒音があっても、相手と話ができるようになるまで徹底的に訓練しなくてはなりません。乗客の生死にかかわるからです（ＣＥＦ: Notes for the user 13）。雑音の中でも聞き取れるようにする、ということは普段の言語教育では、あまり考えられないことですが、学習者がどのような仕事をしているかによって、やり方が変わってくるのです。

　また、互いに共通の言語がない者同士でも、相互理解を図るには、互いに歩み寄る必要があることを指摘しています。こうしたときには、ほんの少しの言語知識しかなくても、それを駆使して、異言語話者間を取り持つ人も求められます。また、言語以外の要素――ジェスチャー、顔の表情など――を用いて何とか交流しようとする気持ちも必要になります。それゆえ、言語教育の目的は大きく変わってきます。単に、ひとつ、ふたつといった言語を、それぞれ別個に学習しようとするのではなく、場面に応じて自分が使える言語の蓄積を増やそうと考えるのです。言語能力に関して許容度が高くなるのも当然です。吉島・境（２００３、38頁）は、「外国語学習の結果、複数の言語を単に使い分けるのではなく、複数の言語を支配する新しい精神的メカニズムが誕生すると考える」と述べています。こうした発想の転換が、多言語共生社会において必要な資質なのだと思います。これは、ヨーロッパ市民が生活体験の中で実感している、いわば当たり前の発想ですが、欧州評議会は、この現象に「複数言語主義」という名前をつけ、意識化させたわけです。

**地域の事情・学校の理念に合わせたカリキュラムの必要性**

　ヨーロッパの言語教育のカリキュラムはたいてい、地域事情や、学校の理念にあわせて作られています。

　ベルリン州立ヨーロッパ学校（Staatliche Europa-Schule Berlin）[22]という、「パートナー言語（相手のことば）」制度を導入した公立学校があります[23]。「学校」という名称ですが、「学校制度」に沿って各学校に設けられた「コース」です（安井２００４）。２００５年

1月現在、17の小学校と11の中等学校にこのコースがあり、学校ごとにパートナー言語が定められています。現在は9つの言語（英語、フランス語、ロシア語、イタリア語、スペイン語、トルコ語、ギリシャ語、ポルトガル語、ポーランド語）がパートナー言語となっています。各クラスはドイツ語を母語とする生徒とパートナー言語を母語とする生徒がそれぞれ半分ずつで構成されています。生徒たちは、教科の半分をドイツ語で、半分を「パートナー言語」で学びます。この制度が導入され始めた当初（1992年）は、英語、フランス語、ロシア語がパートナー言語として選ばれました。かつて、ベルリンが、アメリカ、イギリス、フランス、ソ連邦に占領されていたという歴史的な事情によります。つまりこの地域の独自の事情からはじめられているのです[24]。

また、ヨーロピアン・スクール（European School）[25]という、EU機関で働く職員の子どもたちが主に通う学校（幼児教育・初等教育・中等教育）があります。親の転勤に対応した学校が必要で、まずルクセンブルクに実験的に作られました。その後、卒業生が高く評価され、各地につくられていきました。2005年1月現在、7つの国に13校あります。ここでは、原則として生徒の母語によってクラス分けがされており、卒業までに計画的に母語以外のふたつのEUの公用語を学びます[26]。特に、母語とアイデンティティは切り離せないものと認識され、母語教育と母語での教育を大変重視しているのが注目に値します。

異言語学習に熱心な国、ルクセンブルクは人口四十数万人の小国です。この国は、ドイツ、フランス、ベルギーに囲まれており、また外国人比率も高く、異言語学習の地理的・社会的な必然性があります。また、近年までは大学のいわゆる教養課程までしかなかったので[27]、大学専門課程への進学希望者は外国に行かなくてはなりませんでした。それで多くの人が異言語を必死に勉強しているわけです。子どもたちはまず、幼児教育と初等教育の段階でルクセンブルク語、ドイツ語、フランス語を学び[28]、中等教育段階に入ってから英語を学びます。

このように、確かにヨーロッパでは小学校段階で異言語教育が行われています。しかし、学ぶ言語は彼らにとっては近隣諸国の言語であって、日常生活で必要な言語です。地域の事情と必要性があるのです。日本の小学校での英語教育「必修化」の議論の際にもこの点は押さえておく必要があります。

## 「言語」の役割とは？——国際理解教育との関わり

先ほども、互いに共通の言語がない者同士では、身振りや顔の表情などで意思疎通を図る場合もあることを述べました。同じ言語を使わなくとも理解し合うことが可能な（もちろん程度の問題はありますが）ことに、もっと関心が向けられるべきだと思います。そして、同じ言語で話ができても理解し合えない場合もあることを忘れてはならないと考えています（木村２００４）。「国際理解教育」の一環としての「外国語会話」（それが一人歩きして「英会話」になっている場合が多いのですが）を行う際には、異言語を話して表面的にはことばが通じていても、相手と本質的に理解し合えたかどうかは分からない、だからどうすればもっと相手を知ることができるかを考えなくてはならない、ということも子どもたちに伝えなければならないと思います。「英語ができないから国際交流ができない」というのは、ことばに縛られて本末転倒になってしまった一例です。そうなると、敢えて「ことば」以外の要素を重視して、「国際理解教育」を行うことも必要になってきます。まず相手に関心を持ち、互いに歩み寄ろうという気持ちを確認し、接点を見つけ、最後に相手のことばに関心を持つというふうに。相手の顔の表情やしぐさから相手が喜んでいるのか、怒っているのか、元気なのか、気分が悪いのか、などを感じ取る能力も必要です。そのようにして相手と関わりあいながら自分を見つめ直し、それを実感するのです。

木村（２００４）は、人々の言語意識は環境意識と似ている面があると指摘します。個人の持つ力は小さいようでも、一人ひとりの心の持ちよう、工夫で状況が変化することもあるからです。日本に蔓延している漠然とした「英語」願望を振り切る鍵は、多様な言語への気づきをきっかけに個人の言語意識を高めることなのではないでしょうか。その意味でも、英語以外の異言語の重要性を教育的にも強調しなければならないと思います。

## おわりに

話者の主体性を大切にする「複数言語主義」は、日常生活における言語使用を意識的に考えさせてくれます。この考え方は、先にも述べたように、ただ単に学校で複数のことばを勉強することを意味するのではなく、言語学習における心のあり方や、他者との関わり方を見直す機会を与えてくれる問題発見的な性質を持っています。各々の学習者の中での「英語」の位置付けにも影響を与えますし、各言語教育間の連携について真剣に考えさせてくれます。「複数言語主義」を学校のカリキュラムの中だけで利用しようとするのは、この考え方を表面的にしか理解していないことの表れであるとも言えます。「複数言語主義」の持つ可能性を狭めてしまうことになるからです。

「複数言語主義」を日本にあてはめると、近隣諸国の言語や日本に住む日本語を母語としない人々の言語にどう接するかという問題提起にもなります。英語以外の言語（当然母語も含む）を尊重する態度も自然に生まれますし、英語と日本語がいかに言語的距離の離れた言語同士であるか、ということにも気づきやすくなります。「複数言語主義は理念にすぎない」という意見もありますが、「複数言語主義」は生活体験から得た実感を意識化した、理念を伴う現実的な考え方です。また、このような意見の底に理念を軽視する風潮が読みとれますが、多くの人が相互に納得しあえるルールを作ろうとするいまこそ、「理念」が必要です。理念を共有して仕事をすれば、些細な意見の相違で亀裂が生ずることも避けられます。また、すぐには実現できない目標でも、「どうすれば可能になるか」を考え、対応しようとする心がけも大切だと思います。そのためには、相手の言葉尻を捉えるのではなく、相手との接点を見つけ理解しあおうとする姿勢、そして率直に生産的な意見を交換できる場がもっと必要であると考えています。

### 注

＊　本稿は、シンポジウムでの発表と当日の議論をふまえて執筆したものです。タイトル中の「多言語共生社会」という語は、「多文化・多言語共生社会」

の意味で用いています。

1　私は、「英語学習は必要ない」と考えているわけではありません。ただ、「はじめに英語ありき」として小学生全員に英語を強制的に学習させることに問題意識を抱いています。

2　シンポジウムで、私が英語以外の異言語として、なぜ近隣諸国の言語ではなく「ドイツ語」を学んでいるのか、というご意見もいただきました。近隣諸国の言語もこれから学習していく考えですが、ここで、私自身がドイツ・ヨーロッパ事情や、日本の外国人問題・英語の位置付けに関して考え始めるようになったいきさつをお話しします。自分の進路を決める頃、ベルリンの壁崩壊・東西ドイツ統一という出来事がありました。これがきっかけでドイツ語圏地域をはじめとするヨーロッパに関心をもちはじめました。また、「出入国管理および難民認定法」が改正され、日系人を含む外国人、その子供が日本に多く住むようになったのもこの頃です。高校を卒業する頃から、日本に住む外国人や、「英語」の位置付けについて考える機会が多かったように思います。

　私はドイツ語を通して、ドイツ語圏地域の近隣諸国との関係を学んでいますが、これは日本と近隣諸国との関係を考える際にも大いに役立っています。その意味でも、ドイツ語を学習する意義は十分にあると思います。

3　私も頻繁に「あなたは推進派か？　それとも反対派か？　どちらなのか？」と聞かれますが、ブッシュ大統領（息子）の「味方でなければ敵」という論理を彷彿させ、この質問そのものに違和感を覚えています。

4　サミットの通訳事情に関しては、米原（２０００）を参照。

5　ヨーロッパの通訳事情に関しては、レドレール（２００４）を参照。

6　サミットで使用される言語に限らず、近隣諸国の言語や日本で話者数の多い言語も含まれます。

7　そのためには、こうした言語教育政策に携わる人材（「言語コーディネータ」（平高２００３）の育成も必要です。

8　実際にはもっと多くの外国人がいますが、本稿では、公式な統計に現れた数字を紹介します。

9　安野・大岡・谷川・松居（１９７９）の取り組みは参考になります。

10　文部科学省が発表した「日本語指導が必要な外国人児童生徒の受け入れ状況等に関する調査」（平成15年度）によると、公立の小学校、中学校、高等学校、中等教育学校および、盲・聾・養護学校に在籍する日本語指導が必要な外国人児童生徒数は1万9042人（母語別では、ポルトガル語6772人、中国語4911人、スペイン語2665人、その他の母語4694人）でした。

11　「言語サービス」に関しては、たとえば、河原（編著）（2004）参照。

12　たとえば東京都では、地震などの災害時に、避難所の情報などを在日外国人により広く届けるための提供ルートを、2005年夏をめどに整えることになりました。新潟県中越地震で外国人に情報が十分に伝わらなかったことを教訓にしています。（2005年2月13日朝日新聞朝刊「母語で災害情報――都、外国人メディア活用へ」）。

13　Ethnologue:Languages of the World［http://www.ethnologue.com/ethno_docs/distribution.asp］

14　ちなみに、アメリカでは1013言語（全体の15%）、アフリカでは2058言語（全体の30%）、アジアでは2197言語（全体の32%）、太平洋諸国では1311言語（全体の19%）となっています。

15　Global Internet Statistics（by Language）（http://www.glreach.com/globstats/index.php3）

現在このＨＰは閉鎖されています。私が2003年10月27日に閲覧した情報によると、インターネット利用者の言語別人口の割合は、2003年9月のデータによると、英語35・6%、スペイン語8・0%、ドイツ語7・0%、フランス語3・7%、イタリア語3・3%、ポルトガル語2・6%、ロシア語2・5%、オランダ語1・8%、スカンジナビア諸語1・9%となっています（アラビア語1・2%、中国語12・2%、日本語9・5%、韓国・朝鮮語4・0%、マレー語1・2%）。ウェブ上のコンテンツに使用されている言語の割合は、英語68・4%、ドイツ語5・8%、フランス語3・0%、スペイン語2・4%、ロシア語1・9%、イタリア語1・6%、ポルトガル語1・4%です（日本語5・9%、中国語3・9%、韓国・朝鮮語1・3%、その他4・6%）。

16　“Europeans and Languages” http://europa.eu.int/comm/public_opinion/archives/eb_special_en.htm（2000年12月6日から23日までの間に、ＥＵ内の約1万5900人から意見を集めたもの）（2021年注：https://europa.eu/eurobarometer/screen/home より関連する項目を検索することができる）。

17　欧州評議会ホームページアドレス　http://www.coe.int/DefaultEN.asp

欧州評議会は、1949年にストラスブール（フランス）に設置され、2005年1月現在、欧州連合（EU）25カ国を含む、46の加盟国からなる組織です。欧州評議会の動向に関しては、山川（2003）、山川（2005）でも取り上げています。この評議会での少数言語や移民の言語に対する取り組みについては、稿を改めて論じたいと思います。

18　2002年に、この部局の名称がLanguage Policy Divisionに変更されました。

19　plurilingualism, multilingualismの訳語としては、他にも、「複数言語使用（状態）」「多言語使用（状態）」なども考えられます。文脈に応じて訳し分ける必要があります。

20　学校での学習からだけではなく、日常生活での活動や遊びから、多くの知識や技能を能動的に学ぶことに関しては、稲垣・波多野（1989）も参考になります。言語的距離の近いヨーロッパ言語間では、こうした学習方法が可能になるわけです。

21　さらに欧州評議会では、「複数言語主義」を「個人」の領域、「多言語主義」を「社会」の領域としています（CEF: Notes for the user 14）。「複数言語」を使用する（この「使用」には、一般的に受動的能力と考えられている「聞く」「読む」も含まれます）「個人」が集まった「社会」には多言語が存在することになる、という発想が大切なのです。

22　ホームページアドレスは、http://www.bebis.cidsnet.de/faecher/feld/europa/links_dateien/staatliche_europaschulen.htm（2021年注：https://www.berlin.de/sen/bildung/schule/besondere-schulangebote/staatliche-europaschule/より関連する項目を検索することができる）。

23　この学校については、安井（2004）で詳細に論じられています。

24　ベルリンの外国人登録者で最も多いのがトルコ人です。トルコ語は1995年からパートナー言語になりました。

25　この学校のホームページhttp://www.eursc.orgから、カリキュラムなどの最新情報が得られます。

26　これは2001年の欧州言語年のスローガン「母語プラス2言語」にも対応しています。

27　下條（1998）によると、進学者は「ルクセンブルク大学教育センター」で一年間（専攻によっては二年間）勉強し、その後の修了試験に合格すると、外国（フランス、ドイツ、ベルギー、スイス、オランダなど）の提携大学の2年次（専攻によっては3年次）に編入できるようになっていました。

28　この三言語はルクセンブルクの公用語となっています。

＊本稿は大津編著（２００５）収録論考を一部修正して再録したものである。

*After Twenty Years*

付記

# 欧州評議会の「複言語・複文化主義」に学ぶ持続可能な生き方

## 1　原論考についての解題

①「複言語・複文化主義」が拓く可能性

　2004年12月に小学校英語の議論に参加した時は、英語以外の異言語教育（ドイツ語教育）に携わる立場から、「複言語・複文化主義」を通して英語を相対化して考えるところに重点をおきました。この概念は欧州評議会が作成したCEFRで提唱されました。

「複言語・複文化主義」は、あたかも英語偏重を批判するためだけの概念だと理解されることもありますが、それは大変もったいないことです。「複言語・複文化主義」は、母語、自分が関わる言語、それを取り巻く文化への誇りや複合的な感情にも関わる概念です。言語を社会的文脈におき、言語学習における心のあり方を自分で見直すことのできる概念でもあります。これに気づくと、言語能力が複合的なものであり、自身にも多面性があることを自覚できます。たとえ相手を理解できなくとも、相手の気持ちを察する余裕を持つことができます。

　各地で関心を集めるCEFRですが、その理念である「複言語・複文化主義」が見落とされやすく、「共通参照枠」などの実践的側面に過度な注目が集まっていることが懸念されます。「共通参照枠」に記載された「能力記述文」を、「複言語・複文化」の発想で読み込むと、そこには多くの可能性が秘められていることが理解できるからです。たとえば「……できる」という肯定的表現は、学習者が主体的に日常生活を送るための道標にもなります。その心理的な自立が日常生活にも良い影響を及ぼすのです。

原論考では、欧州評議会の当初の表記に従い、ＣＥＦＲも「Ｒ（Reference の頭文字）」のないＣＥＦと記載しました。欧州評議会でも研究が続き、この文書があくまでも「参照枠」であることを強調する必要があると認識され、２００５年頃から「Ｒ」の入ったＣＥＦＲと表記されるようになりました。社会的に求められる言語能力をさらに理解しやすく示すため、ＣＥＦＲの研究も進み、その成果が *Companion Volume* として２０１８年に公開されました（決定版の公開は２０２０年）。また、plurilingualism は語幹の pluri- の意味合いを考え、当時は「複数言語主義」と訳しましたが、現在は「複言語主義」という訳語が普及・定着しつつあるので（山川２０１７）、本稿ではこちらを用いています。ＣＥＦＲの変容を今後も追っていきます。

②欧州評議会の活動への理解とＥＵとの関わり

フランスのアルザス・ロレーヌ、イタリアの南チロルを例とした国境問題など、国民国家の考えから引き起こされた戦争の反省に立ち、戦後ヨーロッパは平和構築へ歩みはじめました。欧州評議会は、地域語・少数言語の話者の権利を保障しています。さらに相互理解に向け、互いの言語を学ぶための政策を打ち出しています。２０１２年にＥＵがノーベル平和賞を受賞した背景には、欧州評議会の言語教育政策も間接的に関わっていたと考えることができるのです。

欧州評議会とＥＵという2つの国際機関は、設立目的、役割、活動方針が異なりますが、言語教育政策において緩やかに影響を及ぼし合っています（Byram 2008、山川２０１６）。「多言語・多文化主義」を象徴的に扱うＥＵに比べ、欧州評議会は個人の生き方そのものに敬意を払い、広い意味での異文化交流を視野に入れ「複言語・複文化主義」を提唱しました。

ＣＥＦＲ成立が論じられる際、*Threshold Level* などの１９７０年代からの欧州評議会の活動に関心が向くことが多いですが、その理念を考えると、さらに長い歴史があります（Trim 2007）。現代語教育の改革に向け、１９５０年代から各地域の代表者が会議を重ねてきました。言語教育に関する欧州評議会の活動は、１９５４年の「欧州文化条約」に遡ることができます。ヨーロッパで戦争を再発させないためには人々の相互理解が必要であり、そのための言語教育はどうあるべきかに関して議論を重ねた歴史がＣＥＦＲには反映されています。平和構築にむけたヨーロッパ市民のための言語教育という欧州評議会の理念と経験が、ＥＵの言語教育政策にも継承されていると言えるのです（大谷他２０１０）。

③戦争再発防止の鍵——異言語・異文化へのリスペクト

「複言語・複文化主義」は、他者との関わり方を見直す機会を与えてくれます。言語能力において肯定的側面を見ることは、相手の長所に目を向けることにもなるからです。相手の短所を咎めるよりも、長所を見つけたほうが生産的です。「国」レベルの戦争を防ぐには、まず「個人」レベルで相手を理解し、共感する気持ちを育むことが欠かせないという考えが、「複言語・複文化主義」の根底にあります。

ＣＥＦＲでも「やりとり」や「仲介」する能力に重きを置いています。自分の持てる力を駆使して相手と交流し、助け合う姿勢が重要であると「複言語・複文化主義」が教えてくれます[1]。その上で難解にも思えるＣＥＦＲを読み込むと、他者を肯定的に受け入れ、評価する方略を構築し、それを具体的に表現するために欧州評議会が力を注いでいることが理解できます。相手を無理なく受け入れる枠組みがＣＥＦＲであり、それを意味ある作業にし、現代社会で通用する能力を育成する理念が「複言語・複文化主義」なのです。
たとえばドイツ語教育においては、ことばを社会的文脈で捉えようとしています。「過去の克服」を目指すドイツは、国際社会からの信頼回復のため、「ランデスクンデ（ドイツ語圏の文化や歴史、社会制度に関する知識）」などの歴史的要素を言語教育に取り入れています（杉谷２０１９）[2]。学習者は言語学習をとおして、現代社会の個々の問題が相互に関係しあうことに気づき、コミュニケーションに必要なバランス感覚を研ぎ澄ますのです。

## 2　「複言語・複文化主義」から考える小学校英語

①多様な言語や文化への気づき

小学校で教える異言語が、結果として英語になっても、身近な異言語・異文化への感受性を豊かにし、英語を絶対視しない態度を育むことが重要です。[3] 地域には日本語を母語としない市民が増え、多様な文化的背景を持つ子どもたちが小学校で学んでいます。英語以外の異言語や近隣諸国のことば[4]に子どもたちが接する機会もさらに増えていきます。たとえば、日本に住む外国人の多数を占める中国やブラジルにルーツを持つ子どもたちと交流するには彼らの母語を少しでも知っていた方が、関係がより深まるでしょう。

多様な仲間との交流から自分との相違点に気づくこと、相手と折り合いをつけ、互いに気持ちの良い関係を築くにはどのような工夫ができるかを考えたいものです。日本の中で異なる言語文化的背景を持つ人に対しては、実は英語よりも「やさしい日本語」のほうが情報伝達に適しています。日本国籍を持っていても母語が日本語ではない子どもも増えています。ことばへの感受性を育むという意味では、たとえば地球資源への敬意が込められ、「もの」の本来の価値を活かそうとする「もったいない」（本稿の導入部分でも使いました）という日本語の持つ底力を環境教育の一環として実感できる体験も必要です。それがＳＤＧｓ達成に少しでも近づくと考えています。

②自分を取り巻く社会への気づき

未曾有の事態で、できる範囲のことを精一杯やるしかない場合、状況を把握し、異なる立場におかれた様々な人たちの間を取り持つこともあるでしょう。的確かつ迅速に問題に対処できる能力だけでなく、相手に共感し、物事の本質にじっくり迫ろうとする能力も欠かせません。想定外の場合には、どうにも答えのでない、どうにも対処しようのない事態に耐える能力「ネガティブ・ケイパビリティ」を意識することで突破口が見いだせる可能性があります（帚木２０１７）。性急な結論付けに警鐘を鳴らし、理屈で割り切れない不確定の状態をも受け入れる能力です。この能力は、物事の多面性に目を向け、人とのつながりを築き、共感力を養うという「複言語・複文化主義」の考え方に通じるものがあります。

## ３　今後の課題

ＣＥＦＲには、日常生活で生じる多様な課題に、ヨーロッパ市民が「複言語・複文化」を駆使して自信と誇りを持って対応できるようにという欧州評議会の願いが込められています。「複言語・複文化主義」を意識することで、周囲の人々へのリスペクトが芽生えるでしょう。それが「ハラスメント」を生み出さない土壌づくりにもなります。他者を傷つけない振舞いが「マナー」であると自覚し、自分が関わる人たちと対話に基づいた良好な関係をつくり、持続可能な生き方を目指したいものです。

コロナ禍にあり、人との様々なつながりを保ち、「新しい生活様式」に向き合う今こそ、「複言語・複文化」的発想が必要となります。小学校英語における議論でも、「英語」という言語の問題にとどまらず、人間力を育む教育の問題も取り上げられていくことを願っています。

注

1　ＡＩが活用される現代では、知識をどう活用するかが問われるので、あらためて人間の柔軟性や寛容性も見直されています。この現状にも通じます。

2　杉谷（２０１９）は、「ランデスクンデ」はその社会を代表する社会的諸事象や歴史的特徴を、その文化圏で生活する立場で考える力を養い、同時に自身の社会や文化についても「外の目」から見る力を得ることが目指されていると指摘します。

3　山本・江田（２０１６）や木村（２０１６）では、節度をもって英語に向き合い、受け入れる姿勢がいかに重要か、分かりやすく示されています。

4　公益財団法人国際文化フォーラムの「隣語講座：世界の言語と文化を知ろう」の活動からも学ぶことが多いです。

## 大津のひとこと

山川智子さんが慶應義塾大学での小学校英語シンポジウムに登壇したのは2004年12月のことですから、もう17年前のことになります。山川さんが言及したCEFRは日本の英語教育界においてその魂とでもいうべき複言語・複文化主義を抜き取られ、奇妙な日本式「CAN-DOリスト」と共通参照レベルだけが独り歩きすることになろうとは山川さんご自身も到底考えていなかったに違いありません。

実際、山川さんに登壇していただいた頃には多くの聴衆がCEFRという名前を耳にしたことがないという状態でしたが、その後、状況は一変しました。しかし、山川さんも付記で指摘するように、「各地で関心を集めるCEFRですが、その理念である「複言語・複文化主義」が見落とされやすく、「共通参照枠」などの実践的側面に注目が集まっていることが懸念されます」というのが現実です。その典型例が大学入試への民間試験導入に向けたドタバタ劇の中で何度も目にすることになった「各資格・検定試験とCEFRとの対照表」（表参照）です。

CEFRの基本理念である複言語・複文化主義が日本で十分に理解されていない状況が生まれてしまった原因の一つは、山川さんも「難解にも思える」と言う2001年版CEFRそのものにあるように思えます。わたくしも大学院の言語教育関係のゼミでこの文書を取り上げたことがあるのですが、背景にあるそれまでの議論がきちんと整理された形で提示されているとは言い難いもので、読みこなすのにけっこうな時間とエ

表　各資格・検定試験とCEFRとの対照表

文部科学省（平成30年3月）

| CEFR | ケンブリッジ英語検定 | 実用英語技能検定 1級－3級 | GTEC Advanced/Basic/Core/CBT | IELTS | TEAP | TEAP CBT | TOEFL iBT | TOEIC L&R/TOEIC S&W |
|---|---|---|---|---|---|---|---|---|
| C2 | 230－200 | | | 9.0－8.5 | | | | |
| C1 | 199－180 | 3299－2600 | 1400－1350 | 8.0－7.0 | 400－375 | 800 | 120－95 | 1990－1845 |
| B2 | 179－160 | 2599－2300 | 1349－1190 | 6.5－5.5 | 374－309 | 795－600 | 94－72 | 1840－1560 |
| B1 | 159－140 | 2299－1950 | 1189－960 | 5.0－4.0 | 308－225 | 595－420 | 71－42 | 1555－1150 |
| A2 | 139－120 | 1949－1700 | 959－690 | | 224－135 | 415－235 | | 1145－625 |
| A1 | 119－100 | 1699－1400 | 689－270 | | | | | 620－320 |

ケンブリッジ英語検定（各試験CEFR算出範囲）：
C2 Proficiency (230)－(180)
C1 Advanced (210)－(160)
B2 First/for Schools (190)－(140)
B1 Preliminary/for Schools (170)－(120)
A2 Key/for Schools (150)－(100)

実用英語技能検定（各級CEFR算出範囲）：
1級 (3299)－(2304)　2630
準1級 (2599)－(1980)　2304
2級 (2299)－(1728)　1980
準2級 (1949)－(1400)　1728
3級 (1699)　1456

GTEC（各試験CEFR算出範囲）：
CBT (1400)
Advanced (1280)
Basic (1080)
Core (840)－(270)

▶は各級合格スコア

※括弧内の数値は、各試験におけるCEFRとの対象関係として測定できる能力の範囲の上限と下限

○表中の数値は各資格・検定試験の定める試験結果のスコアを指す。スコアの記載がない欄は、各資格・検定試験において当該欄に対応する能力を有していると認定できないことを意味する。

※ケンブリッジ英語検定、実用英語技能検定及びGTECは複数の試験から構成されており、それぞれの試験がCEFRとの対照関係として測定できる能力の範囲が定められている。当該範囲を下回った場合にはCEFRの判定は行われず、当該範囲を上回った場合には当該範囲の上限に位置付けられているCEFRの判定が行われる。

※ TOEIC L&R/TOEIC S&Wについては、TOEIC S&Wのスコアを2.5倍にして合算したスコアで判定する。

※障害等のある受検生について、一部技能を免除する場合等があるが、そうした場合のCEFRとの対照関係については、各資格・検定試験実施主体において公表予定。

ネルギーを必要としました。幸い、２０２０年に公にされた*Companion Volume*（ＣＶ）は２００１年版に比べ、ずっと読みやすくなっています。それは単にレイアウトの問題だけでなく、本文が格段に読みやすくなっているからです。ただ、だからと言って、２００１年版が不要になったというわけではありませんが、ＣＶから入っていくのがお勧めです。

ことのついでに書き添えておけば、ＣＥＦＲとは別物ですが、*FREPA*（*A Framework of Reference for Pluralistic Approaches to Language and Cultures*）: *competences and resources.*（2012）も参照すると、複言語・複文化主義（この文献では、"pluralistic approaches to language and cultures"「言語と文化に対する複数主義的アプローチ」（ここで、山川さんの「複数」が復活しました）と呼ばれています）の理解がさらに深まると思います。

「言語と文化の多様性を確保しつつ相互理解をはかる」ことを目指す複言語・複文化主義は傾聴に値する考えです。ただ、「編者の視点Ｉ」でも指摘したとおり、それは欧州の言語・文化状況を前提に練られてきたものですから、日本での教育の中にその考えを取り込むには単なる平行移動以上の作業が必要になります。「何のために英語を学ぶのか」「どのような英語を目指すのか」「外国語は英語だけという教育で良いのか」という原点に立ち戻っての議論が必要です。

# 8　多文化共生社会に対応した言語の教育と政策
## ――「何で日本語やるの?」という観点から

野山　広

１９８０年代後半の数年間、私は「東京未来塾」という異文化対応訓練の場に毎週末通っていました。そこで受けた日本語・英語の音声訓練、演劇訓練、スピーチ・ディベート訓練などは、その後の進路選択や職場での多様な実践活動の基盤となっており、ある意味で自尊感情を確認・獲得（セルフエスティーム）するための訓練であったと思います。この経験や１９９０年代以降進んでいる日本の地域社会の多文化化の状況、そして日本語の学習が必要な人々に対する支援の現場から得られた知見などを踏まえ、現在の社会を仮に多文化共生社会と呼ぶならば、小学生にとってまずは、共生社会に対応していくためにも、異文化対応訓練の一環としての言語の教育こそ肝要であると考えます。その場合、その言語が英語である必要はなく、まずは大半の児童の言語生活を支える日本語を活用するのが自然であると思います。こうした言語の教育に携わることができる人材の育成や確保等に向けた一刻も早い体制作りが期待されます（野山２００５）。

### 「何で英語やるの?」からみえてくること

１９７４年（昭和49年）１月、『なんで英語やるの?』（中津燎子著、午夢館）という本が世に出ました。さまざまな反響がある中、この本は第５回大宅壮一ノンフィクション賞を受賞しました。４年後の１９７８年には文春文庫として刊行され、私はその本と80年代前半に遭遇しました。

その後、既に述べましたように、中津氏が主宰する未来塾に私は通うことになった次第です。その『なんで英語やるの？』の最終章で、中津氏は以下のような要望（提言）をしています。まず前提として、英語教師の養成をしっかり行うことを挙げています。そして、自分が教える科目の内容をよく理解していることをはじめとして、発音（自分の声でしっかり出す音の獲得）、思考様式（多様性に関する理解）、日本語の勉強などの重要性（対照言語学的知識も含む）、英語圏での生活・留学体験の重要性（可能であれば2年間）、外国人教師（たとえばＡＬＴ）が日本語を十分理解していることの重要性、入試英語の意味の再確認などを指摘しています。

これらの指摘は、１９８０年代前半に出されたものですが、仮に小学校での英語導入を実際に行おうとした場合に、ここに挙げた提言を充たせるような教育体制がいまの日本に構築されているでしょうか。たとえば、直面する課題として、教員の確保問題が挙げられます。２００６年3月末に出された中央教育審議会（以下、中教審）の外国語専門部会の提言では、小学校5年、6年生に週1時間程度の授業を実施するとしています。この場合、英語の指導は、学級担任とＡＬＴ（外国語指導助手）がＴＴ（ティームティーチング）で行うことが想定されます。全国に小学校が2万３１２３校（公立小学校は2万２８５６校：平成17年度文部科学省学校基本調査）もあり、ほとんどの教員養成課程（大学・大学院）で小学校の英語教員を養成していない現在の体制下で、果たして、英語を担当できる担任がどのくらい確保できるのでしょうか。また、２００５年7月1日現在（自治体国際化協会＝ＣＬＡＩＲホームページ www.clair.or.jp 参照）、日本各地に５３６２人（フランス語、ドイツ語、中国語、韓国語、ロシア語のＡＬＴも数十名含まれます）のＡＬＴが配置されてはいるものの、その大半は中・高等学校における外国語授業の補助に携わっている状況下、果たして、小学校の現場で児童に対する英語教育の助手として貢献できるような経験や意識を持っているようなＡＬＴをどのくらい確保できるでしょうか。その他、教員の確保問題以上に本質的な問題として、「何で英語やるの（英語を何のために学ぶのか）？」という発想や、「英語を使って何を伝え合いたいのか」というようなコミュニケーション教育の根源に関わるような問題に関して、提言の中で残念ながらほとんど言及がされていないことが挙げられます。

ちなみに、本シンポジウムの直前の２００５年11月に、中津燎子著『英語と運命――つきあい続けて日が暮れて』（三五館）という本が出版されました。著者は幼少時代を旧ソ連（ウラジオストク）で過ごし、第二次世界大戦中に日本に帰国し、戦後は、偶然得た米軍での電話交換手の仕事を通して必然的に「英語」に関わりはじめます。その後、疾風怒濤の米国留学生活（10年間）を経験した著者は、帰国後の居住地であった岩手県で、さまざまな驚きに遭遇します。その経験を、先述の『なんで英語やるの？』（文春文庫）にまとめるわけですが、その後も中津氏の「日本語」「日本人」「日本文化」「家族」「戦争」「国際社会」などへの観察は続きます。ロシアと日本（福岡）とアメリカの文化の狭間で、さまざまなゆらぎを感じ、気づきを得ながら生き抜いてきた80年の人生を振り返ると共に、現在の英語学習やことばの学びの場に不足している人間形成の基盤となる肝腎な点について『英語と運命』の中で大いに語っています。小学校における英語教育推進反対派の方にはもちろん、賛成派の方々にもぜひ読んでいただきたい一冊です。

## 日本語教育の多様性（第一・二言語／継承語／外国語）と連携構築

近年、わが国に在留する外国人は増加の一途をたどっており（２００４年末現在、外国人登録者数は１７９万人を超え、わが国総人口の１・55%：法務省・外国人登録者統計）、多様な言語・文化背景を持つ人々や学習需要に対する日本語教育施策の充実を図ることの重要性は増してきています。

国内では、２００４年11月の時点（毎年行われる調査）で、日本語学習者数が12万８５００人で（『平成16年度国内の日本語教育の概要』文化庁調べ）、海外においても、２００３年現在（５年に一度の調査）で、日本語学習者数は約２３５万人に達しており過去最高となっています。なお、このうち６割以上を占める約１５３万人が初等中等教育機関で日本語を学んでいる年少者です（国際交流基金調べ）。

国内の学校教育に焦点を当てると、約２万人の日本

図1　文化的深さ及び言語的知識の絶対値に関する相関図（野山作成）

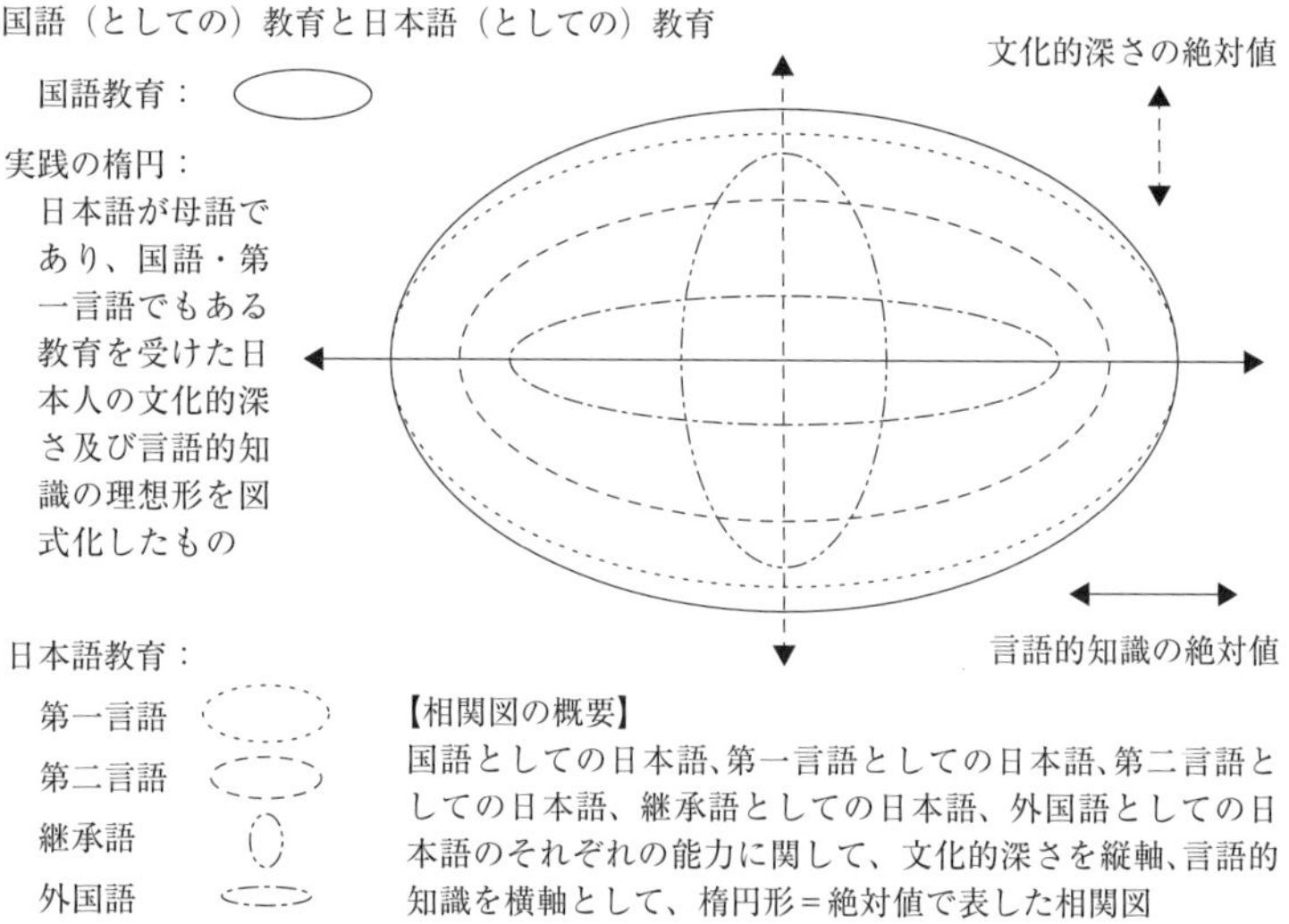

【相関図の概要】
国語としての日本語、第一言語としての日本語、第二言語としての日本語、継承語としての日本語、外国語としての日本語のそれぞれの能力に関して、文化的深さを縦軸、言語的知識を横軸として、楕円形＝絶対値で表した相関図

語学習を必要とする外国人児童・生徒が全国の小中学校に在籍しています。具体的には、公立小中高校などに在籍する日本語指導が必要な外国人児童・生徒は、2万6992人（2005年9月時点）で、過去最多となっています。前年から5・2％の増加で、増加率も過去最高でした。内訳は小学校1万4281人、中学校5076人、高校1242人、盲・ろう・養護学校70人、中等教育学校23人となっています。地域別では、愛知県の3620人が最多で、神奈川県の2219人、静岡県の2044人、東京都の1647人、大阪府の1180人などとなっています。なお、日本語指導が必要な日本国籍の者は3214人でした（文部科学省調べ）。

こうした成人から年少者までの多様な対象者・学習者に対する日本語の教育は、その学習者の言語・文化背景や居住地域が日本国内か海外か等によって、日本語の位置づけが随分と変わってきます。国内の場合、その学習者の言語生活の状況によって、第二言語（JSL＝Japanese as a Second Language）、外国語（JFL＝Japanese as a Foreign Language）、第一言語

（ＪＦＬ＝Japanese as a First Language）として、それぞれ日本語が学ばれています。また、海外の場合には、外国語や継承語（ＪＨＬ＝Japanese as a Heritage Language）として学ばれている場合が多くなります。こうした多様な日本語教育（図1参照）の現場で培われた有用な知見は、残念ながら、日本国内の国語教育や外国語（英語）教育の関係者と分かち合えるような連携（ネットワーク）の構築には至っていません。今後は、言語の教育という共通基盤の再確認を図ることや、連携構築の深化・拡充が期待されます。

## 言語生活支援の充実へ向けて――コーディネータの必要性と日本語力

日本語の学習を必要としている人々への支援の充実と多文化共生社会の構築へ向けて、文化庁では１９９４年から２０００年度まで、全国8つの地域で日本語教育推進事業を行いました。その後、その事業の報告書で提言された課題（野山２００２）を集約する形で、日本語支援コーディネータ研修を全国的に展開しています（秋山他２００３）。そして、これまで集めた情報や知見をまとめる作業も並行して行い、２００４年8月『地域日本語学習支援の充実――共に育む地域社会の構築に向けて――』（文化庁編、国立印刷局）が出版されました。これは地域日本語学習支援活動の指針を示した羅針盤として活用されています。これらの成果物のなかでも触れていますが、文化交流の水際であり外国人受け入れの基盤である日本語教育支援の現場で不可欠なコーディネータとして必要な知識・能力として①学びの機会を十分に活用できる柔軟な姿勢――判断留保（エポケー：渡辺２００２）の実践力、②将来見通し（ヴィジョン）の公開――言語運用能力と編集能力、③ホリスティックな支援活動の場の提供――言語生活環境を設計する能力、④自分自身の役割と限界を知ること――ネットワーキング力（専門家の手を借りる力）などを挙げています（野山２００３）。

こうしたコーディネータとして必要な力の基盤となっているのは、最低限ひとつの言語で①～④の活動を達成できるような関係構築能力です。具体的には、平明で適切な日本語による説明や対話の能力、日本語・日本文化・地域文化や風俗・習慣の理解・習得に繋がるような交流の場作りや環境整備・構築能力、周囲の人々を巻き込みながら、状況に応じて専門家の手を借りられるようなネットワーク力、異文化接触場面を学びの機会と捉えられるような寛容性や柔軟性、冷静に自分の役割をわきまえながら、場合によっては孤独にも耐えられる能力や孤独を楽しむ底力、目的に応じて（逞しく）自分の位置取りを自在に変えられる対人調整力や応用能力を発揮することなどが期待されます。

そうだとするならば、多様な言語・文化や、互いの特徴を共に活かし合えるような柔軟な社会（多文化共生社会）を今後構築していくためにも、こうした知識や能力を育むための日本語による基礎訓練を小学校から始めることが期待されます。

## 多文化共生庁の設置構想と時代の変化

２００４年４月に日本経済団体連合会（以下、経団連）が「外国人受け入れ問題に関する提言」を行いました。その中には、多文化共生庁の設置、外国人受け入れに関する基本法の制定などが盛り込まれています。具体的な提言内容として、次の９項目が挙げられています。①日本企業における雇用契約、人事制度の改革・異文化シナジー（異文化のものが接触・交流することで、新しい何かが創造されること）を生み出す経営の在り方、②国と地方自治体が一体となった整合性のある施策の推進：外国人受け入れ問題本部の設置、多文化共生庁（仮称）の創設検討、新しい就労管理の仕組み、③専門的・技術的分野における受け入れの円滑化：受け入れ円滑化に向けた入管制度などの見直し、④留学生の質的向上と日本国内における就職の促進、⑤将来的に労働力の不足が予想される分野での受け入れ：透明かつ安定的な受け入れシステムの必要性、看護、介護分野での受け入れ、⑥外国人研修・技術実習制度の改善：制度の改善に向けた方策、⑦外国人の生活環境の整備：多文化共生を促す地域の役割、居住環境の改善、子弟教育の充実、社会保障制度の改善・充実、⑧日系人の入国、就労に伴う課題の解決、⑨受け入れ施策と整合性のとれた不法滞在者・治安対策。

この提言内容から考えても、時代は変わりつつあり、多文化という概念が浸透していく中でまさに転換期にあると考えられます。こうした状況を経団連では「多

図2 「多文化共生社会について考える」
多文化共生社会を支える言語生活の基盤：相関図（野山作成）

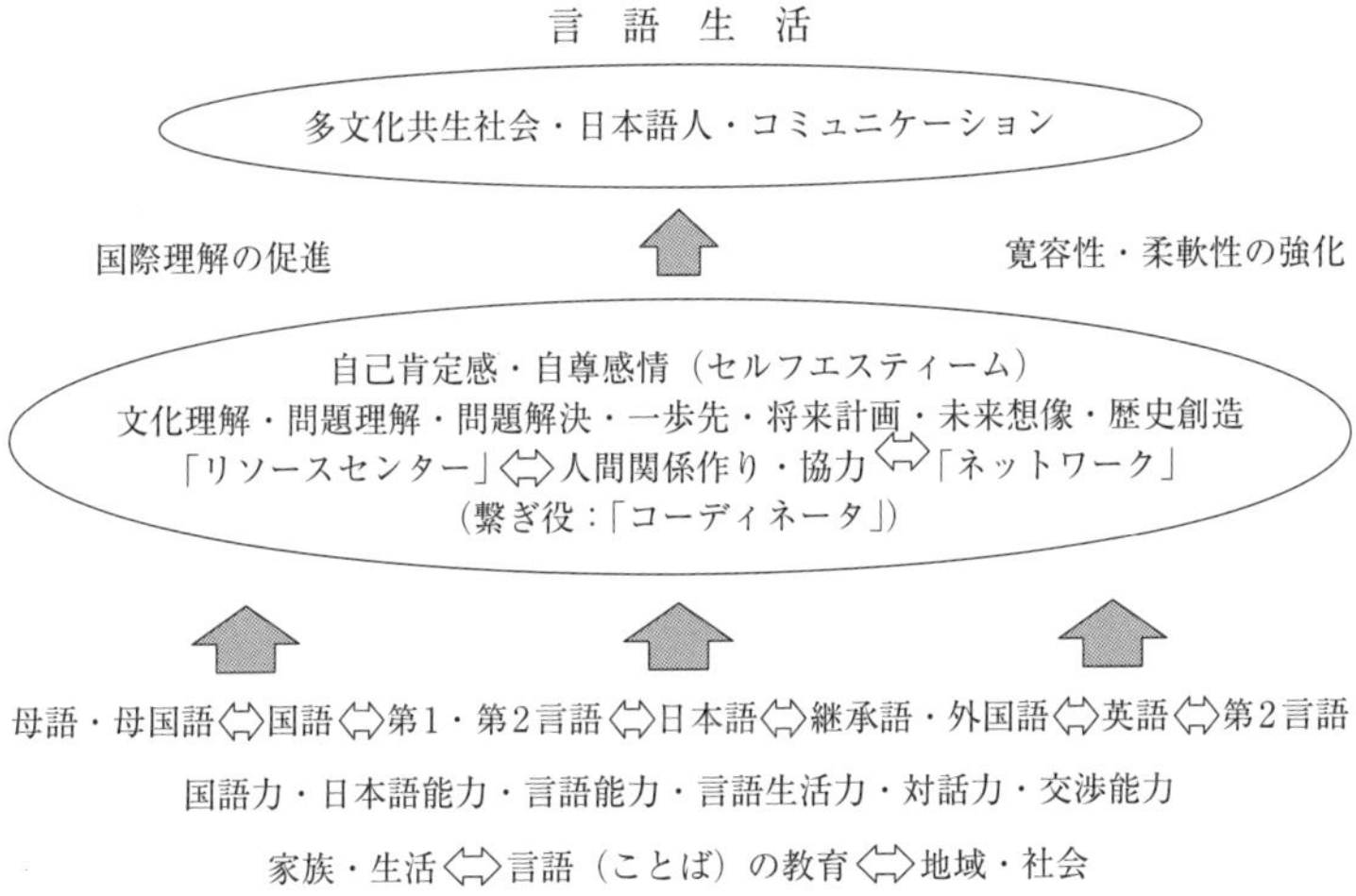


様性のダイナミズム」という用語で説明しています。換言すれば、今後、日本が本格的に多文化共生社会（図2参照）を目指すのならば、日本語を第一言語とする人もそうでない人も（日本語を使う）日本語人として、互いにその多様性を認め合う覚悟がより重要となることを意味しています。多様な言語・文化背景を持つ人々が共生し、言語生活を支え合い、地域文化や夢を育むこと（坂中2004）は決して容易なことではありません。しかし、自分たちの思いを忌憚なく語り合い、衝突や摩擦も生じることを前提とした対話や議論を含む日本語のレッスン（三森2003）を蓄積することで、少しずつ、分かち合えるものも増えてくることでしょう（野山2005、日比谷・平高2005、むさしの2005）。

## 国際社会を生きる人材を育成するために――まず何が必要か

2005年8月に「初等中等教育における国際教育推進検討会報告～国際社会を生きる人材を育成するために～」が文部科学省の初等中等教育局国際教育課か

ら提出され、国際化が進展する社会を生きる人材を育成するために不可欠な、国際教育の推進へ向けた基本的な方向性を示すとともに、国際教育を取り巻く現状と課題を多面的に捉えた上で、今後の方策について提言を行っています。ちなみに「国際教育」とは、国際化の進展する社会において、たとえば、地域社会を基盤としつつも、並行して地球的視野に立って、主体的に行動するために必要と考えられる態度や能力の基礎を育成するための教育と捉えられているものです。

この報告の概要では、まず、世界の人・物・資本・情報の流通の拡大による相互依存関係が深化し、地球環境問題が深刻化する中、日本国内では、人口の減少や少子高齢化による労働者不足の問題が徐々に取り上げられるようになってきていることに触れています。また、海外で活躍する日本人の増加や、日本に居住してさまざまな形で地域に貢献している外国籍住民の増加など、国内外の国際化もますます進んできていることにも触れています。そして、こうした背景下、国際社会を生き抜き、国際社会に貢献できる人材の育成により、人間力向上と国際競争力の向上を図ることが重要であることが指摘されています。さらに、国際化がますます進展していくこれからの社会（多言語・多文化社会）において重要なことは、国際関係や異文化を単に「理解」するだけでなく、自らが国際社会の一員としてどのように生きていくかという主体性を一層強く理解することであることが確認されています。

次に、今後、いかなる人材を育てていくべきなのかという課題について触れ、まず、国際社会で求められる態度・能力のことに焦点を当てています。具体的には、初等・中等教育段階のすべての子どもたちが、①異文化や異なる文化をもつ人々を受容・共生することのできる力、②自らの国の伝統・文化に根ざした自己の確立、③自らの考えや意見を自ら発信し、具体的に行動できる力を身につけることができるようにすべきであることを提言しています。また、これらは、国際的に指導的立場に立つ人材に求められる態度・能力の基盤となるものであり、個の特性に応じて、リーダー的資質の伸長にも配慮した教育の実践が期待されています。

こうした態度・能力を育む教育を推進するための基

本的視点としては、①実践的な態度・能力を育成していくため、国際教育の実践力の向上と「学びの広がり・深まり」をもたらす授業づくりを、②幅広い経験や優れた知識を有する人材や組織など国際教育にかかわる資源を活用するため、共有の促進や連携のための支援体制の構築を、③海外子女教育においても、「日本の教育を海外に」という視点に加え、「海外の先駆的な取組を日本の学校教育に生かす」という視点を持つことが重要であると指摘されています。

また、国際教育を取り巻く現状と課題として、授業実践という観点から「英語活動の実施すなわち国際理解という誤解、単なる体験や交流活動に終始」することに対する警鐘も鳴らしています。さらに、学校の多国籍化・多文化化という観点から、「日本語指導や学習支援などの充実や、不就学や母語の保持など新たな課題が出現」しており、「日本語指導等の一層の充実」や「不就学等新たな課題への確実な対応」を図るために、「外国人にかかわる政府関係省庁や地方の関係機関の連携促進」や「外国人児童生徒と共に進める国際教育の推進」が奨励されています。

これほど国際理解や国際教育に深い理解を示した報告書が２００５年に初等中等教育局から提出されているにもかかわらず、なぜ、中教審の答申の中では、総合学習の一環として、英語教育の導入が進められているのかわかりません。国際社会に生き、異文化の狭間で貢献できる人材の育成という観点に立ったとき、よほどの語学好きでない限り、英語（外国語）を習得することそのものが最終の目的である人はほとんどいないと思います。話したい内容や聞きたい内容を持っていなければ、英語を使う必要はないわけです。子どもたちに対して、日本語だけでなく外国語（英語）を使って、外国人に対して「説明したいこと」や「聞きたいこと」、つまり「目的」を明確に持って外国語を学ぼうとする気持ちを育むためにも、英語よりも先にやる必要がある教育とは何かについて改めて考えていく必要があると思います。この報告書で指摘している国際教育や異文化間教育（佐藤・吉谷２００５）の展開こそ、まさにこれからの多文化共生社会に不可欠な教育であり、優先順位の高い課題ではないでしょうか。読者の皆さんはどう思いますか。

## 地域における多文化共生推進プランの実践へ向けて

### （1）――国の動向

総務省では、２００５年６月から、「多文化共生の推進に関する研究会」を設置し、地域における多文化共生施策の推進（山脇２００５）について検討を進め、２００６年3月に「多文化共生推進プログラム」の提言を出しました（http://www.soumu.go.jp/s-news/2006/060307_2.html）。

地方自治体における多文化共生の推進について、国のレベルで総合的・体系的に検討したのは今回が初めてであり、地域において取り組みが必要な「コミュニケーション支援」「生活支援（居住、教育、労働環境、医療・保健、福祉、防災等）」「多文化共生の地域づくり」「多文化共生の推進体制の整備」の各分野を「多文化共生推進プログラム」として取りまとめ、具体的な提言を行うとともに、多文化共生施策に着手する地方自治体の参考となるよう、先進的な取り組み事例を取りまとめたのでした。

地方公共団体においては、１９８０年代から「国際交流」と「国際協力」を柱として地域の国際化を推進してきました。この背景には旧自治省で策定された一連の指針があります。「地方公共団体における国際交流の在り方に関する指針」（昭和62年3月）、「国際交流のまちづくりのための指針」（昭和63年7月）及び「地域国際交流推進大綱の策定に関する指針」（平成元年2月）などを通して、地方公共団体における外国人の活動しやすいまちづくりの促進に貢献していたというわけです。今後は「地域における多文化共生」を第三の柱として、地域の国際化が一層推し進められていくことが期待されています。

地域における多文化共生施策の基本的な考え方として、たとえば、「多文化共生の地域づくり」へ向けて、「外国人住民が地域社会での交流機会が不足し孤立しがちであることや、地域社会において日本人住民と外国人住民との間に軋轢が生じることも少なくないため、地域社会全体の意識啓発や外国人住民の自立を促進する地域づくりを行うこと」を掲げています。また「多文化共生の視点に立った国際理解教育の推進」へ向けて、「児童生徒を対象として、多文化共生の視点に立った国際理解教育を推進すること」も掲げています。具体的方策としては、「地域住民等に対する多文化共生の啓発」へ向けて「日本人住民が外国人住民と共生していくために、住民や企業、NPO等を対象に、多文化共生の地域づくりについて啓発を行うこと」を、「多文化共生の拠点づくり」へ向けて「学校、図書館、公民館等において、地域と連携しながら、多文化共生の拠点として、教職員、保護者、そして地域住民に向けた啓発活動を行うこと」を、「多文化共生をテーマにした交流イベントの開催」へ向けて「外国人住民の母国の文化や日本の文化等を紹介する交流イベントを開催し、地域住民が交流する機会を設けること」を奨励しています。

これらのプランは、2006年3月27日付けで、各都道府県・指定都市外国人住民施策担当部局長宛に通知され、その通知文が、管内の市町村へ通知、周知されました。今後は、「地域国際交流推進大綱及び自治体国際協力大綱における民間団体の位置付けについて」(平成12年4月)で指摘されたように、地域国際化におけるNPO、NGOその他の民間団体の果たす役割の重要性を再確認しつつ、多文化共生の推進に係る指針・計画の策定及び施策の推進においては、こうした民間団体との連携・協力に努めつつ、地域における多文化共生の推進を計画的かつ総合的に実施することが期待されています。

総務省の報告書でも提言されていますが、学校において、地域と連携しながら、多文化共生の拠点として、地域住民に向けた啓発活動を行うことを喫緊の課題と考えるならば、まずは、先述の国際教育の一環としての言語の教育の実践こそが、期待されるのではないでしょうか。果たして、その場合の言語は、英語である必要があるでしょうか。

## 地域における多文化共生推進プランの実践へ向けて
## (2) ——地域(自治体)の動向

2001年に、外国人集住都市会議が浜松で開催され、「浜松宣言」が出ました。この宣言の中で「日本人住民と外国人住民が、互いの文化や価値観に対する理解と尊重を深めるなかで、健全な都市生活に欠かせない権利の尊重と義務の遂行を基本とした真の共生社会の形成」を謳《うた》っています。2002年には、大阪府において在日外国人施策に関する指針が出ました。その中で「すべての人が、人間の尊厳と人権を尊重し、国籍、民族等の違いを認めあいともに暮らすことのできる共生社会の実現」が謳われています。続いて、2004年には、愛知県・岐阜県・三重県・名古屋市が連携して「多文化共生社会づくり共同宣言」を出しています。

2005年は、多文化共生元年とも呼ばれています（山脇2005）が、さまざまな地域で多文化共生推進プランの実現に向けた施策の展開がなされています。川崎市では「多文化共生社会推進指針」が、立川市では「多文化共生推進プラン」が、群馬県では新政策課に「多文化共生支援室」の設置が、長野県では国際課に「多文化共生推進ユニット」の設置が、静岡県磐田市では共生社会推進課に「多文化共生係」の設置が、新宿区では「多文化共生プラザ」の設置が、それぞれ実現されました。

その他、足立区でも「多文化共生推進計画」が策定されています。その計画の「多文化共生施策の地域づくり」の中で「多文化共生推進会議の設置、人材・支援組織などのネットワークづくり、子ども会議の開催」などを掲げて意識づくりの促進を図ろうとしています。

こうした地域の動きを考慮した場合、学校においても、総合学習の時間を活用して、たとえば、地域の実態について知る授業を展開する中で、多文化共生社会の意味や意義について、子どもたちに伝えることがまずは肝腎なことと思うのですが、いかがでしょうか。

## 「何で日本語やるの？」——意識改革と自尊感情の確認・獲得のために

国際教育を展開する際には、その過程で何らかの異文化体験をすることとなります。また、日頃抱いている自分自身の考え方や価値観と違うものに遭遇することで、見えなかったものが見えたり、気づかなかったことに気づくような経験もします。こうした経験の積み重ねこそ、やがて外国語を学ぶ際に基盤となるはずです。こうした気づきに至る過程で、通過儀礼として自分の考え方や価値観のゆらぎを経験することが重要だと考えると、このゆらぎを満喫するには心の余裕が必要となってきます。また心の余裕を持つためには、自分自身の特徴を知っていること、さらにはその自分を受け入れるための意識改革ができるかどうかが鍵となってきます。言い換えれば、自尊感情を持っている自分が必要となります。この自尊感情を持った人がより多く集まることで、何とか共に支え合う社会（図2参照）が形成できるようになってくるのではないでしょうか。そうだとしたら、「何で日本語やるの？」という問いに対しては、「自尊感情を育み、多文化共生社会の基盤を確実に築くために……」と応えることができるかと思います。「最も重要な時期の子供たちに、国際社会で、生きのびて行ける智恵と、技術と、心がまえと、人間性を養う教育をあたえるべき」（中津1978、363頁）と考えるとするならば、これらの教育を享受して日本語で十分に智恵を得られるような環境を整備することこそがまずは肝腎ではないでしょうか。そして、この智恵を獲得した者が、「日本語で得られる情報には限界がある」「英語でこの分野を学んでみたい」あるいは「自分の得た知識や成果を英語圏の人にも伝えたい」と自発的に感じ、何らかの目的を持って学びたいと思い立ったときこそが、英語を学ぶ最適な時期だ（落合2006）と思います。現状の、人材の確保や育成が十分に整備されていない教育体制下で、小学校の総合学習において英語をやるよりは、国際教育の実践課題のひとつである言語の教育、すなわち、日本語による異文化対応訓練の教育を行った方が、激動する世界で生き抜いていける安定した人間形成と共生社会の構築に貢献できるものと確信します。

＊本稿は大津編著（2006）収録論考を一部修正して再録したものである。

*After Twenty Years*

付記
# 中津（1978）の提言を踏まえた今後の課題
## ――共生社会の基盤となる言語環境整備の充実に向けて

## 1 はじめに

「多文化共生社会に対応した言語の教育と政策――「何で日本語やるの？」という観点から」という論考（野山2006、本書215頁）の中で、「「何で英語やるの？」からみえてくること」「日本語教育の多様性（第一・二言語／継承語／外国語／）と連携構築」～中略～「「何で日本語やるの？」――意識改革と自尊感情の確認・獲得のために」というような構成、内容を通して、最終的に、中津（1978、363頁）を引用しながら、次のような提言をしました。

「「最も重要な時期の子供たちに、国際社会で、生きのびて行ける知恵と、技術と、心がまえと、人間性を養う教育をあたえるべき」（中津1978、363頁）と考えるとするならば、これらの教育を享受して日本語で十分に智恵を得られるような環境を整備することこそがまずは肝腎ではないでしょうか。」（本書227頁）。

本付記では、この提言を踏まえて、関連した政策の基盤となる法律（基本法）の成立に触れながら、関連学会の誕生・設立と日本語リテラシー獲得（習得）の重要性、今後の課題について考察したいと思います。

## 2　言語の教育の充実、言語環境整備の基盤となる基本法の成立

上記の提言で使用した「国際社会」ということばは「多文化共生社会」ということばと置き換えてもいいと思われます。この提言をして以来約15年の間に言語環境の整備促進・充実が少しずつ進み、並行して、多文化共生社会に対応した言語の教育分野では、さまざまなロビー活動やアドボカシーの活動が行われました。それらの活動蓄積の成果として、例えば、以下のような基本法（法律）が成立しました。

（1）教育機会確保法に関して

「義務教育の段階における普通教育に相当する教育の機会の確保等に関する法律」（略称：義務教育機会確保法あるいは教育機会確保法）は、２０１６年12月に成立しました。

(https://www.mext.go.jp/a_menu/shotou/seitoshidou/1380952.htm)

この法律の目的は、「教育機会の確保等に関する施策に関し、基本理念を定め、並びに国及び地方公共団体の責務を明らかにするとともに、基本指針の策定その他の必要な事項を定めることにより、教育機会の確保等に関する施策を総合的に推進すること」です。また、今後の多文化共生社会の構築に向けて、この法律の特に画期的なところは、【3条】の以下の条文です。

「義務教育未修了者の意思を十分に尊重しつつ、年齢・国籍その他の置かれている事情にかかわりなく教育機会が確保されるようにする。」

この条文の「年齢・国籍その他の置かれている事情にかかわりなく教育機会が確保される」という部分は、多文化教育や異文化理解（多様性を認める社会）の根本にも関わる部分であり、日本語の位置付けが母語／

第一言語ではないという認識の人々に対する言語（日本語）の教育の充実に向けても画期的な条文と言えるでしょう。

（2）日本語教育推進法に関して

「日本語教育推進法」は2019年6月に成立しました。

(https://www.bunka.go.jp/seisaku/bunka_gyosei/shokan_horei/other/suishin_houritsu/index.html)

この法律の目的は、「多様な文化を尊重した活力ある共生社会の実現・諸外国との交流の促進並びに友好関係の維持発展に寄与」することです。

この目的を達成するために、例えば、日本や海外に居住する外国人（日本語を母語／第一言語として認識していない人々）や邦人（日本語を母語／第一言語／第二言語／継承語として認識している人々）が日常生活及び社会生活を、居住先の地域住民と共に円滑に営むことができる環境の整備に資することや、日本（日本語・日本文化）に対する諸外国の理解促進と関心を深めることが、これまで以上に重要となってきます。日本語の位置付けの多様性を踏まえた日本語教育・学習の増進を考えた際に、この法律の特に画期的なところは、3基本的施策の［2］海外における日本語教育の機会の拡充、という項目の【19条】の以下の条文です。

［2］海外に在留する邦人の子等に対する日本語教育（第19条関係）

「国は、海外に在留する邦人の子、海外に移住した邦人の子孫等に対する日本語教育の充実を図るため、これらの者に対する日本語教育を支援する体制の整備その他の必要な施策を講ずるものとすること。」

この条文で「海外に在留する邦人の子、海外に移住した邦人の子孫等に対する日本語教育」に焦点を当て、その充実に向けて支援体制の整備やその他の必要な施策を講ずる、という部分は、日本語の位置付けの多様性を認めた部分であり、画期的な条文と言えるでしょう。

## 3　関連学会の誕生・設立と日本語リテラシー獲得（習得）の重要性

「教育機会確保法」が成立した２０１６年の8月には、以下の設立趣旨、理念の下、「基礎教育保障学会」という学会が設立されました。

「私たちは、すべてのひとに基礎的な教育が保障される社会の実現をめざします。本学会では、基礎教育の研究を軸に、教育・福祉・労働など様々な分野の関係者が交流し、互いの知見に学びあいます。そうすることで、日本の教育を、そして、社会をより一層豊かなものにしたいと考えています。」（学会のHP = http://jasbel.org/about より）

このような社会の基盤となるのが日本語リテラシーの獲得（習得）になるかと思います。リテラシーの定義に関して、ユネスコの定義やパウロ・フレイレ（ブラジルの教育実践家・思想家）の理論を踏まえて広義の定義を考えるならば、例えば、以下のような定義が考えられます。

「読み書きを必要とするあらゆる活動への参加を可能にする知識や技能を獲得し、所属する集団やコミュニティ（人々との相互作用）の中で自分が置かれた状況を把握するとともに、言語生活の在り方を理解し、状況に応じて省察（自己批判、自己を俯瞰して観ることなど）しながら、当該地域・コミュニティにおいて有効な役割を果たすことのできる力」（岩槻２０１６、41－66頁）

## ４　今後の課題――多文化共生社会の構築に向けて

野山（２００６）の「多文化共生庁の設置構想と時代の変化」の中でも既に述べていますが、今後は以下のようなことがますます肝要となります。

「今後、日本が本格的に多文化共生社会を目指すのならば、日本語を第一言語とする人もそうでない人も（日本語を使う）日本語人として、互いにその多様性を認め合う覚悟がより重要となることを意味しています。～中略～　自分たちの思いを忌憚なく語り合い、衝突や摩擦も生じることを前提とした対話や議論を含む日本語のレッスン（三森２００３）を蓄積することで、少しずつ、分かち合えるものも増えてくることでしょう」（本書２２１頁）

この付記の中で概観してきたことに関連し、気になっているのは、こうした日本語リテラシーに関する全国レベルの調査は１９４８年の読み書き調査以来日本では実施されていないということです。その意味で、文部科学省も文化庁も総務省もこうした調査実施の責任を取らないのであれば、「教育機会確保法」「日本語教育推進法」の先の課題として、こうした調査を経年で実施、活用するような新たな所管省庁（例えば「多文化共生庁」）の誕生を支える基本法の成立が期待されます。

## 大津のひとこと

野山広さんの「付記」を読んで、まず、《行動しなくてはだめだ!》と強く思います。併せて、ことばの教育について考えるとき、ことばはわたくしたち一人ひとりが生きていく上で、欠かすことができない基盤であるということを忘れてはならないということです。

そのことは野山さんが日本語教育に深くかかわっているということと無関係ではありません。国内だけに限ってみても、急速に多言語化・多文化化が進む日本社会においては日本語を母語としない児童・生徒が急増しています。この事態に対応するために日本語教育の充実が求められるのはごく当然のことです。そうしないと、日本語を母語としない児童・生徒から教育の機会を奪い取ってしまうことになるからです。これは日本社会のこれからを左右しかねない切実な問題です。日本語教育関係者の行動力はまさにこの切実さに根差していると言えます。

日本語教育のさらなる充実を求めるということになると、行政に対してしかるべき働きかけを行うことが必要になってきます。「付記」にあるように、日本語教育関係者は「さまざまなロビー活動やアドボカシーの活動」を行い、行政との間に太いパイプを築いてきました。そのエネルギーを支える使命感と団結力は英語教育関係者が学ばなくてはいけないことの一つです。

さて、野山さんは原論考で、「こうした多様な日本語教育［中略］の現場で培われた有用な知見は、残念

図　国語教育・英語教育・日本語教育の関係

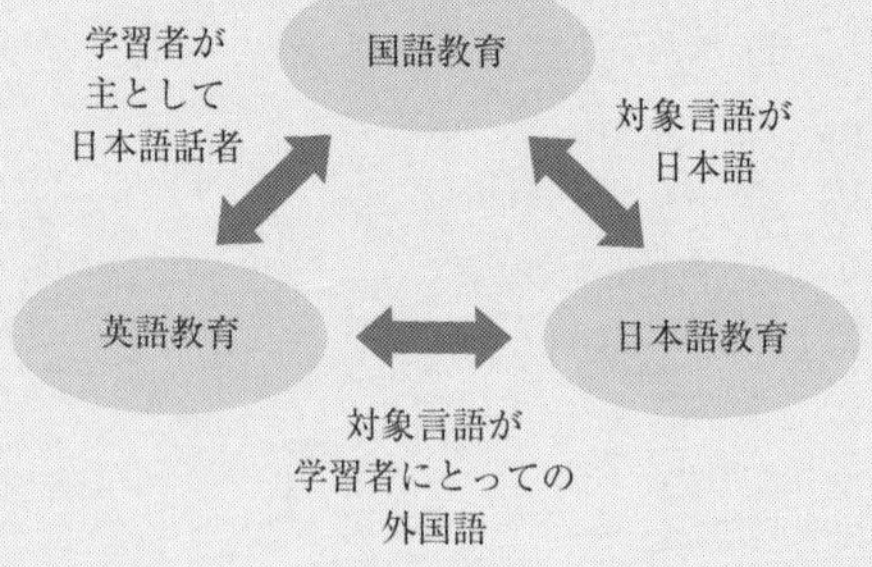


ながら、日本国内の国語教育や外国語（英語）教育の関係者とわかちあえるような連携（ネットワーク）の構築には至っていません。今後は、言語の教育という共通基盤の再確認を図ることや、連携構築の深化・拡充が期待されます」と書いています。

　わたくしは以前から、英語教育と国語教育の連携を主張してきましたが、併せて、日本語教育も連携の仲間に加わるべきであると考えてきました。三者の関係を整理したものが図です。

　未だ三者の広範囲な連携は実現しておらず、忸怩たる思いです。なにか起爆剤が必要なことは間違いありません。わたくしは危機的状況にある英語教育が音頭取りとなり、ことばの教育の重要性を広く知ってもらうことから始めるべきだと考えています。同時に、行政に対してしかるべき働きかけも必要で、そのノウハウをぜひ学ばせてもらおうと思います。

# 第3部　公教育としての英語教育という観点から

# 9　日本の英語教育の現状と課題

菅　正隆

## 中・高等学校における英語教育の現状と課題

表1をご覧ください。これは、2005年4月22日に国立教育政策研究所から発表された、平成15年度教育課程実施状況調査（中学生）の中の生徒質問紙調査からのものです。

「英語の勉強が好きだ」という設問に対し、「そう思う」と「どちらかといえばそう思う」と好意的に英語の勉強を捉えている生徒は、学年が進行するにしたがって60・5％→51・0％→48・7％と下降します。ここで注目したいのは、第1学年と第2学年との9・5％の開きです。第2学年と第3学年では、2・3％にとどまっていることを考え合わせれば、大きな数字です。反対に、「どちらかといえばそう思わない」「そう思わない」と否定的に捉えている生徒は、35・6％→45・1％→47・1％と推移します。

次に、英語の勉強を大切と考えているかどうかの調査です（表2）。

この設問では、「そう思う」と「どちらかといえばそう思う」と好意的に捉えている生徒は学年が進行するにしたがって、84・0％→82・8％→84・0％と推移します。ここでは学年間による差はほとんど見られません。

表2より、中学生の多く（80％強）が、英語の勉強は大切だと認識してはいますが、実際の勉強となると、表1のように学年が進行するにしたがって嫌いになっていくことが分かります。特に1年生と2年生では大きな差が生じています。これは、一般に中学校で初めて学ぶ「英語」に期待をもって取り組み始めた生徒たちが、第2学年になり、学習内容が高度になるにしたがって、徐々に意欲をなくし始めていると考えられま

表1　設問「英語の勉強が好きだ」　(%)

| 学年 | そう思う | どちらかといえばそう思う | どちらかといえばそう思わない | そう思わない | 分からない | その他 | 無回答 |
|---|---|---|---|---|---|---|---|
| 第1学年 | 33.6 | 26.9 | 16.5 | 19.1 | 3.4 | 0.1 | 0.3 |
| 第2学年 | 25.6 | 25.4 | 19.6 | 25.5 | 3.5 | 0.0 | 0.4 |
| 第3学年 | 25.4 | 23.3 | 20.1 | 27.0 | 3.7 | 0.1 | 0.4 |

（回答者数：第1学年49,614人、第2学年49,386人、第3学年44,680人）

表2　設問「英語の勉強は大切だ」　(%)

| 学年 | そう思う | どちらかといえばそう思う | どちらかといえばそう思わない | そう思わない | 分からない | その他 | 無回答 |
|---|---|---|---|---|---|---|---|
| 第1学年 | 61.0 | 23.0 | 6.3 | 6.7 | 2.6 | 0.1 | 0.4 |
| 第2学年 | 58.1 | 24.7 | 6.5 | 7.8 | 2.4 | 0.0 | 0.5 |
| 第3学年 | 60.3 | 23.7 | 5.8 | 7.5 | 2.1 | 0.0 | 0.4 |

（回答者数：第1学年49,614人、第2学年49,386人、第3学年44,679人）

表3　設問「英語の授業がどの程度分かりますか」　(%)

| 学年 | よく分かる | だいたい分かる | 分かることと分からないことが半分くらいずつある | 分からないことが多い | ほとんど分からない | その他 | 無回答 |
|---|---|---|---|---|---|---|---|
| 第1学年 | 22.2 | 32.6 | 22.8 | 13.8 | 6.7 | 0.1 | 1.8 |
| 第2学年 | 16.5 | 30.8 | 24.7 | 16.9 | 9.3 | 0.0 | 1.8 |
| 第3学年 | 16.0 | 29.1 | 25.0 | 18.7 | 9.6 | 0.1 | 1.4 |

（回答者数：第1学年49,612人、第2学年49,384人、第3学年44,679人）

す。

表3も、同じ平成15年度教育課程実施状況調査からです。「英語の授業がどの程度分かりますか」という設問に対し、理解度が高いと思われる生徒、つまり、「よく分かる」と「だいたい分かる」と回答した生徒の割合は学年が進行するにしたがって、54・8%→47・3%→45・1%と下降します。第1学年と第2学年では7・5%の開きなのに対し、第2学年と第3学年では2・2%にとどまっています。やはり、第1学年から第2学年にかけて大きな課題が存在すると考えられます。一方、「分からないことが多い」「ほとんど分からない」と回答した生徒は、20・5%→26・2%→28・3%と推移します。第1学年では生徒の5分の1程度が授業を理解していないということになり、第2学年ではすでに4分の1以上の生徒が理

表４　設問「英語の授業がどの程度分かりますか」
「分からないことが多い」＋「ほとんど分からない」の場合　(%)

| 学年 | 国語 | 社会 | 数学 | 理科 | 英語 |
|---|---|---|---|---|---|
| 第１学年 | 8.7 | 20.2 | 20.1 | 15.1 | 20.5 |
| 第２学年 | 12.6 | 20.7 | 24.1 | 18.0 | 26.2 |
| 第３学年 | 10.7 | 19.4 | 22.1 | 12.4 | 28.3 |

(回答者数：各教科とも 44,000 ～ 50,000 人)

解していないということになります。

では、この数字は英語に限ったことでしょうか。参考に他の教科において、「分からないことが多い」「ほとんど分からない」と回答した生徒の割合を提示したいと思います（表４）。

他教科との単純な比較は、英語教育の検証という点においては、正しいデータの扱い方ではないかもしれません。しかし、少なくとも表４は、英語教育に携わる者にとってはショックな値と言えるでしょう。つまり、英語はすべての学年において、最も理解されていない教科と言わざるを得ません。特に注目したい点は、第1学年の数字です。他の４教科は小学校から継続的に学習してきているのに対し、英語は中学校から新たに学ぶ教科です。それなのに、最も理解度が低いと考えられます。また、すべての教科において、第1学年から第2学年に進行するにしたがい、「分からないことが多い」＋「ほとんど分からない」と回答する生徒の割合は高くなりますが、第2学年から第3学年ではどうでしょう。他の４教科は割合が低くなるのに対し、英語だけがまた増加します。つまり、他の教科は改善が見られるのに対し、英語だけは、恒常的に授業の「分からない生徒」をつくり出しているということになります。

これらから、現在の中学校の現状が見えてきます。仮説ではありますが、「第1学年入学当初からの指導内容・指導方法に問題があるのではないか」「生徒が英語につまずく時期は第1、2学年に集中するのではないか」「一度学習につまずいた生徒は置き去りのままで、再び既習内容について取り戻すだけの指導がなされていないのではないか」。これらについては、至急に対策を講じる必要があるでしょう。そのために、多くのデータから、現行の学習指導要領を根本から考

表5　英語の授業における英語の使用状況（中学校）

| 学年 | 英語の使用はほとんどあるいは全くない | 英語を用いることはあるが半分またはそれ以下である | 半分以上は英語を用いて行っている | 大半は英語を用いて行っている |
|---|---|---|---|---|
| 第1学年 | 41校（04.%） | 6,484校（64.3%） | 3,171校（31.5%） | 382校（3.8%） |
| 第2学年 | 62校（0.6%） | 6.528校（64.7%） | 3,132校（31.1%） | 361校（3.6%） |
| 第3学年 | 86校（0.9%） | 6,601校（65.5%） | 2,999校（29.7%） | 397校（3.9%） |

（回答者数：第1学年10,159校、第2学年10,186校、第3学年10,174校）

え直す必要が出てきているのではないかとさえ思えてきます。

次に文部科学省初等中等教育局国際教育課が２００６年3月に発表した「平成17年度英語教育改善実施状況調査」の中から、「英語の授業における英語の使用状況」（中学校）について見ていきたいと思います（表5）。

「半数以上は英語を用いて行っている」と「大半は英語を用いて行っている」の合計は、第1学年35・3％、第2学年34・7％、第3学年33・6％です。全体としては、約3分の1程度であり、学年が進行するにつれて、若干ではありますが減少傾向にあります。英語の教科目標は、「実践的コミュニケーション能力の基礎を養う」ことです。当然、生徒が抵抗感なく英語を使用するための環境づくりに、教員が率先して英語を使用したり、生徒とのやり取りに英語を用いたりしながら目標を達成することを考えると、この数字はかなり低い値と言わざるを得ません。

では、高等学校ではどうでしょう（表6）。

中学校と同様に、「半数以上は英語を用いて行っている」と「大半は英語を用いて行っている」との合計を見ますと、ＯＣⅠ：54・8％、ＯＣⅡ：54・4％、英語Ⅰ：9・5％、英語Ⅱ：6・8％、Reading：4・7％、Writing：4・0％となっています。ここで注目したいのは英語Ⅰの9・5％です。英語Ⅰは4領域を総合的に学習する科目です。したがって、4領域を満遍なく指導するには、やはり英語で授業を進めることが指導の大切な要素になるでしょう。この意味で、高等学校においても英語使用率はかなり低い値であると言わざるを得ません。

次に、表7をご覧ください。これは、47都道府県における２００５年度高等学校入学者選抜学力検査問題

**表6　英語の授業における英語の使用状況（高等学校）**

| 学年 | 英語の使用はほとんどあるいは全くない | 英語を用いることはあるが半分またはそれ以下である | 半分以上は英語を用いて行っている | 大半は英語を用いて行っている |
|---|---|---|---|---|
| OC I | 100校（3.0%） | 1,398校（42.2%） | 1,102校（33.3%） | 713校（21.5%） |
| OC II | 33校（4.4%） | 309校（41.3%） | 214校（28.6%） | 193校（25.8%） |
| 英語 I | 514校（13.9%） | 2,833校（76.7%） | 310校（8.4%） | 39校（1.1%） |
| 英語 II | 534校（15.3%） | 2,724校（78.0%） | 213校（6.1%） | 23校（0.7%） |
| Reading | 684校（23.2%） | 2,124校（72.1%） | 127校（4.3%） | 11校（0.4%） |
| Writing | 694校（26.7%） | 1,803校（69.3%） | 90校（3.5%） | 14校（05.%） |

（回答者数：OC I：2,992校、OC II：593校、英語 I：3,494校、英語 II：3,202校、Reading：2,642校、Writing：2,398校）

**表7　100点満点に換算した場合のリスニングテストの配点**

| 配点（点） | 都道府県名<br>（　）内は、100点満点に換算した場合のリスニングテストの配点 |
|---|---|
| 0～19 | なし |
| 20～24 | 北海道（20）、岩手（21）、千葉（21）、東京（20）、神奈川（20）、長野（20）、鳥取（24）、広島（24）、香川（20）、高知（24）、熊本（24）、大分（20） |
| 25～29 | 青森（27）、秋田（25）、静岡（28）、大阪（25）、兵庫（25）、和歌山（25）、山口（26）、福岡（25）、鹿児島（27） |
| 30～34 | 山形（30）、茨城（30）、栃木（30）、群馬（32）、埼玉（30）、石川（30）、山梨（30）、京都（30）、沖縄（32） |
| 35～39 | 三重（36）、滋賀（35） |
| 配点非公開等 | 宮城、福島、新潟、富山、福井、岐阜、愛知、奈良、島根、岡山、徳島、愛媛、佐賀、長崎、宮崎 |

（以下、入試）におけるリスニングテストの配点を示したものです。すでにご承知のこととは思いますが、リスニングテストは全都道府県で既に導入済みです。

表から、配点が低いところで20点（六都道県）、高いところで36点（三重県）となっています。これらの数字をどのように考えたらよいのでしょうか。「話すこと」を入試に取り入れず（ただし、岩手県のみが、受験生全員にスピーキングテストを実施しています）、仮に3つの領域（「聞くこと」「読むこと」「書くこと」）を均等に入試に出題するとすれば、「聞くこと」の配点は33点となります。この点数をクリアしているのは、三重県と滋賀県の2県のみです。学習指導要領で述べられているように、「聞くこと」を重視するのであれば、もう少し配点を上げる必要があるのではないかと思われます。

最後に、表8をご覧ください。これも平

表8　設問「外国人が英語で話しかけてきたら、あなたはどうしますか」

| | | 英語で受け答えする | | 日本語で受け答えする | | だまっている | | その場からにげる | | 全体 |
|---|---|---|---|---|---|---|---|---|---|---|
| 回答状況 | | 人数 | 割合% | 人数 | 割合% | 人数 | 割合% | 人数 | 割合% | 人数 |
| 生徒 | 第1学年 | 26.772 | 54.6 | 13,245 | 27.0 | 4.096 | 8.4 | 4.885 | 10.0 | 48.998 |
| | 第2学年 | 26.556 | 54.4 | 13,626 | 27.9 | 3,841 | 7.9 | 4.791 | 9.8 | 48,814 |
| | 第3学年 | 26.640 | 60.2 | 11.109 | 25.1 | 2,506 | 5.7 | 4.028 | 9.1 | 44.283 |

成15年度の教育課程実施状況調査（中学校）における生徒質問紙調査にある「外国人が英語で話しかけてきたら、あなたはどうしますか」という設問に対する生徒の回答です。これは、中・高等学校の現行学習指導要領の目標にある「積極的にコミュニケーションを図ろうとする態度の育成」に関するデータであると考えてもよいでしょう。

　これらのデータを経年で調査していないのは残念ですが、少なくとも8割以上の中学生が、外国人から話しかけられたら、何らかの対応をしようとしていることが分かります。しかし、いまだに2割程度の生徒が「だまっている」「その場からにげる」ことから、目標達成にはまだ至っていないと思われます。

## 中央教育審議会初等中等教育分科会教育課程部会外国語専門部会で出された意見等

　次期学習指導要領改訂に向けて、外国語専門部会が行われています。ここでは、小学校における英語教育のみならず、中・高等学校での英語教育についても討議されています。そこで、これまでに出された意見の一部をご紹介したいと思います。

- 小学校では、感性教育を十分生かした音声教育を軸とした英語教育、中学校では「働き」を軸とした文の理解と発信を、高等学校では多読と文法の理解をすすめるような学習形態、指導形態をとる必要がある。
- 週3～4時間程度では、英語が使える日本人にはなれない。生徒に対しどのような手立てができるか考える必要があり、たとえば毎日20分などのように形態を変えることも必要である。
- 現在の初等・中等教育で今後重視すべきなのは

「発信力」である。「発信力」には、母語の場合は国語力の養成とともに論理的な思考の訓練が必要であり、大学レベル以上では、特に考える力が必要である。また、「発信力」にはレベルに応じた語彙力と文法力が必要であり、発信する技能として発音と書く力が必要である。

- 相手の言ったことに対して応答するという形でのリスニング学習が中学校では多いと思うが、その際パターン化した対話練習になっており、適切な応答力は育成できていない。
- 中学校において学習すべき語を、過去に行った語彙提示に倣い、1200〜1500語程度を提示する方向に戻したほうが良い。
- 辞書を引くことや発音記号をきちんと教えることが重要である。
- 大学入試問題や大学入試センター試験問題の改善が必要である。一定の改善は進んできてはいるが、英語が使える日本人の育成という観点からは問題が多い。

以上、さまざまな意見が出されており、どれも現行の英語教育には満足していないように受け取れます。

## いま、英語教育担当者に求められること

各種のデータから、現行の英語教育に多くの課題が見られます。特に授業の内容を理解できていない生徒の割合の多さには驚かされます。本当に現行の学習指導要領、教育課程、内容、時間数、指導方法でよいのでしょうか。至急に手を打たない限り、ますます、多くの子どもたちを英語嫌いにさせてしまいかねません。もちろん、この点はわれわれの課題でもあり、英語教育を担当するすべての方々の問題でもあります。

同時に中・高等学校で英語教育に携わっている先生方には、次のような点をお願いしたいと思っています。それは、私が各地に講演に行った際、よく尋ねられる「英語教員に必要なものは何ですか」との問いに対する回答にもなっています。

「英語教員に必要なものは3点だと思っています。1点目は情報収集能力です。生徒が授業で何を求めているのか、どこでつまずいているのかなど、生徒に関

する詳細な情報。英語教育の現状。効果的な教材・教具などの収集方法など。これらは授業活性化のためにも必要な能力です。2点目は指導力です。この中には、英語運用能力と授業指導力が含まれます。どちらも必要な条件です。しかし、時に自身の英語運用能力の高さを自慢するかのように、生徒の反応も見ず、難しい表現を駆使して授業を行っている先生を見かけます。生徒は先生の英語についていけず、その結果、先生と生徒との溝が広がり、英語嫌いをつくっているケースが多々見受けられます。第3点目には愛です。この愛には生徒に対する愛、英語に対する愛、授業に対する愛などさまざまな形の愛が考えられます。私の川柳に『英語から　愛を取ったら　ただのエゴ』というものがあります。ＥＩＧＯからＩを取るとただのＥＧＯになります。教師の一方的な授業では、生徒の気持ちはますます離れていきます。生徒を、そして英語を心から愛してください。徐々に周りが変化してくるのが分かります」。

## おわりに

巷では、小学校英語の必修化について、さまざまな意見が聞かれます。確かに「小学校における英語教育」については、指摘されるさまざまな課題もありますが、今後の英語教育にとってはひとつの大きな流ともなるものです。同時に、中・高等学校における英語教育に関しても、目を閉じては通れない大きな課題が、われわれの前に立ちはだかっています。これに屈することなく、英語担当者が共に手をつなぎ、日々努力することによって、大きく英語教育を改善することができます。ひとりひとりの努力が、日本の子どもたちひとりひとりを救う手立てになることを常に忘れないで突き進みたいものです。

＊本稿は大津編著（２００６）収録論考を一部修正して再録したものである。

*After Twenty Years*

付記
# 後世に禍根を残す学習指導要領の改訂

小学校に英語教育（外国語活動）が導入（２００９年）され、早や十数年が経ちます。この間さまざま紆余曲折があり、そして、その後の学習指導要領の改訂（２０１７年）により、混迷の度を増しています。小学校の英語教育はいったいどこへ行こうとしているのでしょうか。そして、どこに導こうとしているのでしょうか。

もちろん、このことは小学校に限ったことではありません。中学校、高等学校、そして、大学においても同じことが言えます。これらの現状と課題、そしてそれらの元凶となっているものは何なのか、まとめてみました。

## 1　小学校における現状と課題

２０１１年度から全国で始まった外国語活動では、学習指導要領にもあるように、目標を「外国語を通じて、言語や文化について体験的に理解を深め、積極的にコミュニケーションを図ろうとする態度の育成を図り、外国語の音声や基本的な表現に慣れ親しませながら、コミュニケーション能力の素地を養う」としています。また、内容の部分として「⑴外国語の音声やリズムなどに慣れ親しむとともに、日本語との違いを知り、言葉の面白さや豊かさに気付くこと、⑵日本と外国との生活、習慣、行事などの違いを知り、多様なものの見方や考え方があることに気付くこと、⑶異なる文化をもつ人々との交流等を体験し、文化等に対する理解を深めること」としています。これらの文言を作成するにあたり、国内にさまざまな考え方があることから、私は多くの関係者にヒアリングをし、調査を続けました。その間、慶應義塾大学の大津由紀雄氏と出会い、大津氏の「小学校の英語はピーチクパーチク。それより言葉の豊かさや面白さを教えるべきだ」との言葉が心に刺さりました。当時は、「小学校導入派の菅と反対派の大津とは犬猿の仲」と世間では見られていました。しかし、その裏で仲良く酒を酌み交わす仲となり、多くの意見を交換しました。これは、反対派も取り込み、安定した着地点を模索していた頃の話です。その結果、ピーチクパーチクでもスキルベースでもない、子どもにとって英語以前に大切なコミュニケーション能力の素地という言葉に行き着きました。そして、この学習指導要領に則り作成されたテキストが『英語ノート』でした。しかし、このテキストは悲運の最後を遂げます。それは、2009年に自民党から民主党へ政権交代が行われ、それにともない、予算編成に絡む「事業仕分け」で、『英語ノート』が廃止の対象とされたのです。テキストは国の予算で作成することではないとの考え方からです。これにより、実質、『英語ノート』は移行期間と実施年度の2年間の短い使用となりました。

そして、『英語ノート』に次いで、予算も無く、作成準備の時間もない中で作成されたテキストが*Hi, friends!*です。これは2012年から使われるようになりますが、ページ数が少なく、指導書もペラペラで、学校現場は途方にくれます。テキストは『英語ノート』をコピーした内容で、特に大きく舵を取るものではありませんでした。ただ教師側には、テキストのページ数が減り、指導書も満足いくものではなかったことから、どこか「軽く扱ってもよい」との考えが芽生えます。その考え方が今にも通じています。

つまり、小学校英語にとって、本来の理念を捻じ曲げはじめた元凶は民主党による事業仕分け、それを主導した民主党だったと言っても過言ではありません。

その民主党政権も3年ほどの短命に終わり、2017年には自民党政権下で新たに学習指導要領が改訂され、翌2018年からは、*Hi, friends* に次ぐテキスト *Let's Try!* と、教科化を視野に入れた5、6年用テキスト *We Can!* が使用され始めます。これが第二の元凶です。文部科学省の当時の担当者は、新たに改訂する学習指導要領の作成に当たって多くの人の意見を反映しようと、英語教育の中でも、理論派、実践派、そして、学校英語、児童英語いわゆる英語屋などの専門家を呼び、会議が行われます。しかし、船頭多くして船山に上る。当然、小学校現場を知らない児童教育関係者の声が大きく、妙な方向に舵が取られます。そして、出来上がった学習指導要領の中には、外国語活動（3、4年の領域）の目標が「⑵身近で簡単な事柄について、外国語で聞いたり話したりして自分の考えや気持ちなどを伝え合う力の素地を養う」や、外国語（5、6年の教科）では「⑵コミュニケーションを行う目的や場面、状況に応じて、身近で簡単な事柄について、聞いたり話したりするとともに、音声で十分に慣れ親しんだ外国語の語彙や基本的な表現を推測しながら読んだり、語順を意識しながら書いたりして、自分の考えや気持ちなどを伝え合うことができる基礎的な力を養う」と、明らかにスキルベース（ピーチクパーチク）の文言に変わります。これらに則ったテキストの外国語活動 *Let's Try!* と外国語 *We Can!* が学校現場に配布されるや、*Let's Try!* は『英語ノート』、*Hi, friends!* の流れから特に抵抗なく使用され始めますが、*We Can!* はスキル向上をめざすテキストと受け取られ、さまざまな意見が噴出します。「難しくて指導できない」「子どもが可哀そう」など。その後、この流れを受けて誕生したのが、5、6年用の教科書です。教科書は7社から刊行され、どれも*We Can!*をもとに作成されたことから、指導者にとっても子どもにとっても難しいものとなっています。

その結果、多くの小学校で内容を消化しきれず、適当に茶を濁しているのが現実です。中には、大阪市にある国立大学附属小学校のように、中学校入試に関係ないから、行事が忙しいからとの理由で、まともに外国語活動や外国語の時間を設けず、時間に余裕のあるときだけ少し行っているのが現状です。これでは、すでに崩壊していると言っても過言ではないでしょう。

現場を直視していない学習指導要領、それに則った教科書、指導に辟易している教員など、そしてそれらを先導した関係者、小学校英語の将来は危険な方向に向いていることは間違いありません。

## 2　中学校、高等学校、大学における現状と課題

### (1)中学校、高等学校では

中学校及び高等学校でも、小学校同様、改訂学習指導要領（中学校２０１７年、高等学校２０１８年）の内容が、教育現場と大きく乖離して高度になっています。課題となるものの中に、学習すべき語彙数の問題があります。表は3度の改訂による語彙数の変化です。

中学校では２００８年改訂の１２００語でも定着には程遠く、それ以上の語彙を定着させることなど難しいと考えられます。また、この語彙数を教科書に盛り込むことが求められている教科書会社にとっても、この数は大きな課題の一つです。授業時間数は限られ、教科書のページ数にも制約があり、その中で多くの新出単語を盛り込むことは至難の業となっています。新出単語を教科書本文（英文）内だけには収まらず、本

表　語彙数の変化

| 校種 | 2000年改訂 | 2008年改訂 | 2017、2018年改訂 |
|---|---|---|---|
| 小学校 | － | － | 600～700 |
| 中学校 | 900 | 1,200 | 1,600～1,800 |
| 高等学校 | 1,300～1,800 | 1,800 | 1,800～2,500 |
| 合計 | 2,200～2,700 | 3,000 | 4,000～5,000 |

文以外のさまざまな言語活動の使用単語例として盛り込むしかありません。これは教師にとって対応が難しく、言語活動（例えば、やり取り、発表、ディベート等）を十分に行わない限り新出単語の指導はできません。結果、時間に余裕がなく、本文の指導も言語活動も十分にできていないのが現実となっています。

また、指導法の一つである主体的・対話的で深い学び（いわゆるアクティヴ・ラーニング）では、英語の基礎基本の指導を疎かにして、上っ面のピーチクパーチクになっているとの指摘もあります。

大学入試に至っては、新しい学習指導要領における思考力重視の観点から、外部試験を導入することが煌びやかに報道されましたが、英語試験団体などが利権に群がり、頓挫してしまったことは記憶に新しいことです。実は、これは小学校にも言えることです。かつて、小学校に外国語活動を導入する際、多くのマスコミが導入に反対したのに対して、日本経済新聞だけが、「小学校に英語が入ることで数億円もの市場が開ける」と豪語していました。つまり、英語教育＝利権＝お金の構造が成り立つのです。このことを解消しない限り、いくら新しいこと、素晴らしいことのために変革を望んでも、水面下で歪められてしまうのです。

(2)大学では

大学においても大きな課題が山積します。小学校に教科として外国語が導入されるにあたり、各大学は教職課程に小学校英語の専門家を採用する必要がありました。しかし、全国を探しても、そのような人は多くありません。結果、にわか作りの業績で教科教育法を担当させているのが現状です。外国語活動や外国語の理念や哲学、歴史など知る由もありません。それを真に受ける大学生。そして、その学生が現場に立ち、子ども達を教える。ますます、ねじ曲がったまま英語教育は進んでいくのです。

これらのそもそもの原因はどこにあるのか、もうお分かりのことと思います。もう一度、日本の子ども達にリスクを背負わせないためにも、原点に立ち戻る必要があります。

## 大津のひとこと

小学校英語について菅正隆さんのことを抜きに語ることはできません。なんと言っても、英語活動導入時の教科調査官だったのですから。ということは、いくらその肩書に「元」が加わっても、小学校英語の現在の姿について、評論家のような物言いは許されません。「元凶」ということばもあることを忘れないようにしてください。

その点にしっかり釘を刺したうえで、菅さんの功績もきちんと評価しておかなくてはなりません。そこで、2009年8月22日に関東甲信越英語教育学会研究大会第33回埼玉大会（獨協大学）シンポジウム「教科調査官・菅正隆への惜別の辞」で読み上げた「惜別の辞」で使った図を転載します。山の頂上から順にいくつかの決断点があります。たとえば、「公立小学校で英語を教える」という決断点で「非」を選べば、わたくしのような立場を採ることになります。

菅さんが教科調査官になったとき、点線丸で囲んだ部分はすでに既定路線となっていました。つまり、彼の手の内にあったのはグレーで網掛けをした部分だけだったのです。その最初の決断点「教科化する」について、彼はその時点での教科化をなんとか避けたいと考えていました。当時の状態で教科化のカードを切れば、学校英語教育が崩壊してしまう危険性が高いことを感じ取っていたからです。仮に教科化しても、教員が不足することは目に見えていましたし、なによりも教科化についての議論はほとんど熟していなかったか

図

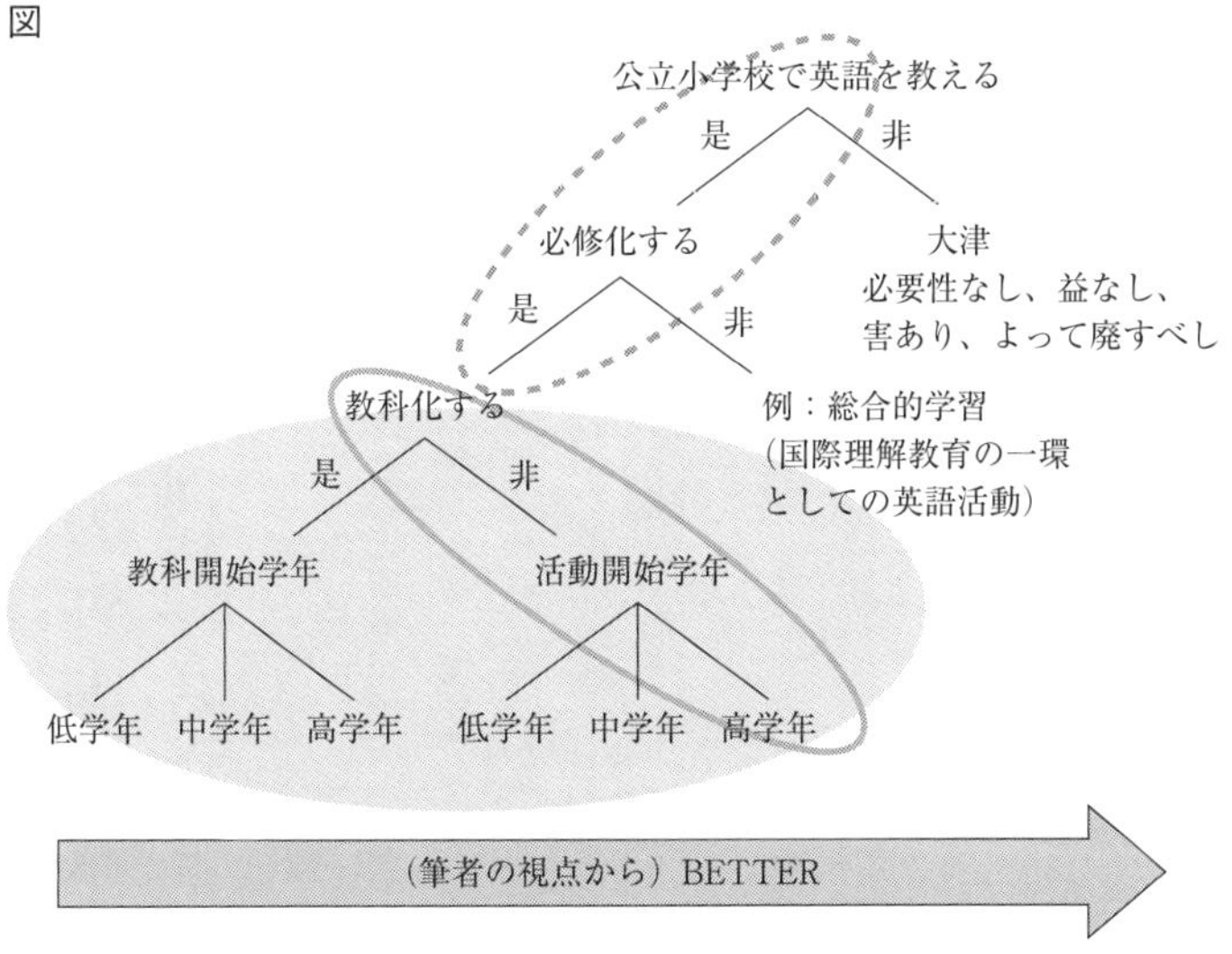


らです。そこで、なんとか教科化を避け、英語「活動」に抑え込みたい。しかも、対象を高学年のみに限定したい。それはわたくしから見ても「最適解」で、実際、そこ（図の実線丸）を着地点にもっていったことは大いに評価すべきです。

問題はそのあとです。当面、英語「活動」に留まったことで教科化に向けた力が強く働くことはだれの目にも明らかでした。そこで、前述のシンポジウムで「今後も教科化には断固反対の態度を貫いて欲しい」と決意表明を迫ったのですが、菅さんは明言を避けました。結局は阻止できなかったという結果になったにせよ、教科化反対の姿勢で闘ってさえいれば「日本の学校英語教育の崩壊を最後に回避させようと身を挺して闘った、髭の教科調査官」として名を残すことができたのにと残念でなりません。

# 10　小学校での外国語教育
## ――期待すること、考慮すべきこと

バトラー後藤裕子

### はじめに――外国語教育をめぐる世界状況

外国語教育の遅れを指摘され続けてきたアメリカでも、近年外国語教育への関心が高まっています。外国語教育は、従来、英語や算数など主要科目の陰にかくれ、比較的裕福な地域の児童・生徒を対象とした、いわば「おまけ」のような扱いを受けてきました。ところが、グローバル化、多様化の波にやっと重い腰を上げる形で、米国各地で外国語教育に対する関心が高まってきています。2000年には、Educate America Actの中で、外国語は主要科目に入れられました。2005年時点で、外国語を小学校で課している州は十州に上っています。

筆者の住む米国フィラデルフィア市にあるN小学校でも、週3回、外国語教育が始まりました。N小学校は、アフリカ系アメリカ人児童が80％、ラテン系移民児童が10％、残りをヨーロッパ系アメリカ人と東南アジア系移民で占める学校で、児童の80％が低所得層に属し、地域の治安も大変悪く、子どもたちの大多数は厳しい生活環境に置かれています（近くにあるW高校では、銃の学校への持ち込みを取り締まるために、空港で見るようなメタル・ディテクターが学校の入り口に常置されています）。

このN小で導入されたのは、なんと中国語でした。校長先生の話によると、中国語はこれからとても重要な言語になること、そして今後移民が地域に増えていくことが予想されることから（ただし導入当時、中国語を話す児童はN小にはひとりもいませんでした）、他言語を学ぶことの大切さを児童に知って欲しいというのが、中国語導入の動機だったそうです。英語とはまるで違う文字体系（漢字）をもつ中国語に触れることで、認知発達の刺激になるのではと期待していることも話してくれました。筆者のことを中国人だと思った黒人児童が、『你好！你是中国人吗？』と元気に話しかけてくる様子は、日本や東アジアの小学校で子どもたちがHello! を使いたくてむずむずしている、その屈託のない好奇心と全く同じです。そんな子どもたちを見ていると、外国語を使うということが、本来どんなにわくわくすることであったのかが改めて思い出されます。そして、一見外国や外国文化とは全く無縁に見える、厳しい環境の中にいるN小の児童の生活の中に、グローバル化・多様化の波が押し寄せ、それが彼らの閉塞的になりがちな世界観を変えていく一歩になりつつあることを痛感せざるを得ません。

世界では急速な勢いでグローバル化・多様化が進み、経済面、政治面、文化面、ＩＴ面でさまざまな変化が起こっています。こうした変化は、各国の言語政策や外国語教育へも大きな影響を及ぼしています。たとえば、「財」としての言語価値の高さ・低さという指標が、学習言語選択や、学習動機、さまざまなリソースの分配等に影響を与えています。財としての価値の高い言語を話せれば、高い給料の仕事にありつけるなど、経済的なメリットを享受することが期待できます。ただし、これはある言語が他の言語に比べ、優れているとか、劣っているとかということではありません。単に、財の高い言語に、人々の関心が高まり、リソースも集まるということです。現在、英語に人気が集まっているのも、保護者をはじめ、多くの人が、少なくとも現時点では、英語の持つ「財」としての価値の高さを認識しているからです。N小が中国語を選んだのも、中国語の財としての価値の高さに期待するところがあったからだと言えましょう。「財」としての価値の高い言語を学習する機会を公教育に望む声は、どの国でも強くなってきています（一方、一部の言語が巨大なパワーを持つことに危機感を持つ人も少なくありません）。そして、各国は、そうしたニーズに答えるべく、さまざまな対応を迫られています。

財の高い言語への人々の関心が高まる一方で、従来単一言語社会だと考えられていたような地域でも（実際は単一言語しか使用されていなかったのではなく、マイノリティーの言語が認知されていなかったケースがほとんどですが）、急激に多言語化が進んでいます。それに伴い、地域住民の多言語能力の養成がますます重要になってきました。日本でもさまざまな言語背景を持つ外国人や移民が増える一方で、彼らやその子どもたちに対する多言語での支援の不備が指摘されています。多言語能力を身につけた人材が、あまりにも不足しているのです。

地域の言語・文化の多様化は、往々にしてナショナリズム的な動きも刺激します。従来言語によって支えられてきた「国家」の概念に変化がもたらされ、そうした傾向に警戒感を持つ人たちが出てきます。最近アメリカの一部で広がりつつある「英語オンリー」の動きなども、そのひとつだと見ることができるでしょう。これは、英語の公用語化を推し進めたり、移民児童が英語以外の言語を学校で学習・使用することを制限する動きです。昨今の日本での異様なまでの「日本語ブーム」の高まりなどを見ていると、アメリカの動きはあながち対岸の火事とも言い切れないような気がします。そしてアメリカの場合は、こうしたナショナリズムに扇動されてしまう人の多くは、モノリンガルの人々だと言われています。つまり、他言語を習得するということは、不必要な警戒感や軋轢を地域内で生まないための、重要な要素であるといえるでしょう。

外国語を話す人口の増加と国境を越えた人の移動は、ネイティブとノン・ネイティブ話者の定義や、両者の力関係にも影響を及ぼすことになります。英語を例にとりますと、英語の非母語話者が母語話者を数の上では上回ることが予想されています。つまり、地球規模で見たとき、英語をノン・ネイティブ同士のコミュニケーション手段として使うということが、主流になっていくということです。これは、「できるだけネイティブのような発音を身につけよう」や「ネイティブの先生から英語を学ぼう」など、ネイティブ英語の習得を最終目的とするような英語教育観に疑問を投げかけることを意味します。バイリンガルやトライリンガルの人がどんどん増えていく中で、そもそもネイティブ自体が何を意味するのかますます不明確になってきています。早期英語教育で、できるだけネイティブ・ライクな英語（発音など）を身につけることを期待している人がいるとしたら、その目標設定自体があやふやになってきているということです。

さらにＩＴの発達により、コミュニケーションのあり方に変化・多様化がもたらされる一方で、情報を提供する側が持つ「コミュニケーション」の定義が、言語教育の指導法に大きな影響力を持つようになりました。いわゆる「コミュニカティブ言語指導法」などというのも、その一例でしょう。わかったような、わからないような「コミュニケーション能力」の養成が、各国の外国語教育の目標として、大上段に掲げられるようになりました。しかし、Block (2002) によれば、「意味をネゴシエーションすること（negotiation for meaning）」がコミュニケーションの基本であるとする考え方や、「タスク」など、現在言語教育で大きな影響力を持っている概念も、圧倒的な情報量を持つ英語圏の産物であり、必ずしも普遍的なものではないというのです。つまりここで言えることは、単に英語圏から英語指導法を直輸入するのではなく、それぞれの文化・社会に適した独自の外国語教育法を構築していくことが大切だということです。

さらに、インターネットの発達で、従来一部のエリートに集中していた情報へのアクセスが、幅広い層から可能になり、その代わり、新しい外国語を含めたリテラシーの考え方と、その能力を養成することが大切になってきました。会話ブームの中で影が薄くなりがちな読み書き能力ですが、実はこの読み書き能力こそ、従来以上にその重要度が増しているということなのです。

以上、外国語教育をめぐる世界状況を概観してみると、これからの日本人に必要な能力として、多言語能力、他言語・他文化を持つ人たちとの共生能力、母語と外国語双方での高いリテラシー能力が浮かび上がってくるでしょう。そしてそうした能力を身につける方法としての、外国語教育指導法にも、ネイティブ一辺倒でない、新しいアプローチが必要だということです。

**小学校外国語教育への期待――包括的な小学校教育の枠組みの中で**

このような状況を踏まえて、小学校での外国語教育にはどんなことが期待できるのかを考えてみましょう。

ここで重要なのは、小学校の外国語教育のあり方を考えていくにあたり、小学生の大きな認知・情緒発達の中で、包括的な視点からアプローチをすることだと思います。そもそも小学校教育自体が、包括的な認知・情緒の発達を目指したものだからです。外国語を導入することで、どれだけ当該言語知識や運用能力がついたかという点だけでなく、外国語に触れることで、それが児童の認知・情緒発達全般にどのような効果をもたらすのかという観点で、外国語教育をとらえていく必要があるでしょう。

**小学校外国語プログラム**

小学校での外国語の導入の仕方には、大きく分けて次の三つのパターンがあるといわれています。

- 外国語体験プログラム（Foreign Language Experience/exploratory, FLEX）
- 小学校外国語プログラム（Foreign Language in the Elementary School, FLES）
- イマージョンプログラム（Immersion）

FLEXプログラムは、外国語・外国文化紹介を行うことで、異文化への意識を高めることを主たる目的としたものです。通常は短期（数週間から一年程度）のものが多く、アメリカでは、中学でどの外国語を選択するかを決める材料とするために、いくつかの外国語を数週間ずつ紹介していくなどというものもあります。

FLESは基礎的な外国語運用能力（特に口語面）での習得、ならびに文化理解を目的としたプログラムです。授業時間数は、プログラムにより大きな違いがあります。制限付で、教科内容を当該外国語で行うケースもあります。アメリカでは現在このタイプが主流で、韓国・台湾などの英語教育もFLESにあたると言えるでしょう。

イマージョンプログラムでは、教科内容を外国語で行います。イマージョンは、どの時期から、どれくらい当該外国語を使用するかによって、トータル・イマージョン、パーシャル・イマージョンなど、いろいろなパターンがあります。移民の多い地域では、二方向のイマージョンといって、ふたつの言語グループ（たとえば、英語母語者とスペイン語を話す移民児童など）が半々ずつプログラムに加わり、双方の言語習得を目指すタイプのものもあります。

言語習得という面だけにスポットを当てると、一番習得度が高いといわれているのは、イマージョンですが、これを効果的に運用するには、バイリンガルで指導を行う教師や教材の確保、保護者・地域の協力など、さまざまな条件が整っている必要があります。少なくとも現在の日本の公立小学校での外国語教育のアプローチとしては（例外的に試みているところもありますが）、あまり現実的な選択肢とはいえないでしょう。

では、小学校で外国語を導入することで、どんなことが期待できるのでしょう。言語運用面、認知・学力面、メタ言語面、情意・文化意識面と、包括的に見ていきましょう。以下では、ＦＬＥＳプログラムを中心に考察していきます。

## 言語運用面

小学校での外国語学習で、どれくらい当該外国語運用能力を身につけることができるのでしょう。習得の度合いを左右する主な要因として、授業時間数、指導形態、言語間の距離、文化間の心理的距離などがあげられます。まず、授業時間数ですが、これはできるだけたくさん外国語に触れる機会が多ければ多いほど良いとされ、授業時間の総数は、何年生から始めるかよりも、運用能力の度合いに大きく影響する要因です（バトラー&武内２００５）。もちろん、どのような指導を行うか、指導形態と内容によっても大きな違いが出てきます。さらに、母語と当該外国語の言語間の距離（構造上の違い）によっても差が出てきます。日本語と英語では、構造上大きな違いがあるので、日本人の児童にとっては、英語は、韓国語など構造上日本語に近い言語より、習得に時間がかかることが予想されます。最後に、学習者や社会の、当該外国語への心理的距離も影響を及ぼします。たとえば、英語と日本語とでは言語構造上大きな隔たりがありますが、もし英米の文化に親近感を持っていれば、それは習得を促進する材料となります。

韓国では、韓国カリキュラム・評価研究所（Korea Institute of Curriculum & Evaluation, KICE）が1999年より学力テストを行っており、英語もその一部で評価の対象になっています。2002年の統計によると、6年生の結果（リスニングとリーディングのみ）は、100点満点中、平均71点ということでした。KICEはこの結果に対して、具体的なコメントをしていませんが、全国統一カリキュラムで定められている到達目標の、ほぼ7割程度は習得していると判断することができるでしょう。韓国では2006年現在、3年生から6年生まで、必修教科として英語が導入されていますが、6年生修了時の段階で、電話でのやりとりなど簡単な会話、因果関係や比較、未来のことを含んだ会話を理解し、日常生活に関する簡単な文や文章を読んで理解できることを、目標として掲げています（韓国の第七次全国統一カリキュラムの詳細は、バトラー後藤（2005）を参照してください）。KICEは結果の詳細を一般公表していませんが、KICEの担当官によれば、毎年成績は徐々に上がってきているということです。

アメリカのジョージア州では、15のFLESプログラム（スペイン語8、フランス語3、ドイツ語2、日本語1）の詳細な評価報告をしています（Semonsky & Spielberger 2004）。ここでは、30分の外国語授業を毎日（週150分）幼稚園から行っており、図1に示したのは、5年生（6年間授業を受けてきた児童）のSOPA（Student Oral Proficiency Assessment）の結果です。SOPAとは、応用言語センター（Center for Applied Linguistics）とアイオワ州立大学が共同で開発した、小学生の外国語での口語能力を測るアセスメントです。平均値でみると、「語彙」で初級上、「流暢さ」、「文法」、「聞き取り」で中級下レベルに到達していることがわかります。ちなみに、中級下レベルの「流暢さ」とは、決まり文句のレベルを超え、文レベルの簡単な会話を維持でき、限られた日常会話や授業中のやり取りをこなせるレベルです。「聞き取り」の中級下とは、コンテクストの助けがあれば、学科の授業中に使われる文レベルの質問や指示を理解し、普通のスピードで話される日常会話を理解できるレベルということになります。報告書では言語別の結果の詳細

図1　ジョージア州5年生の外国語能力（SOPAで測定）

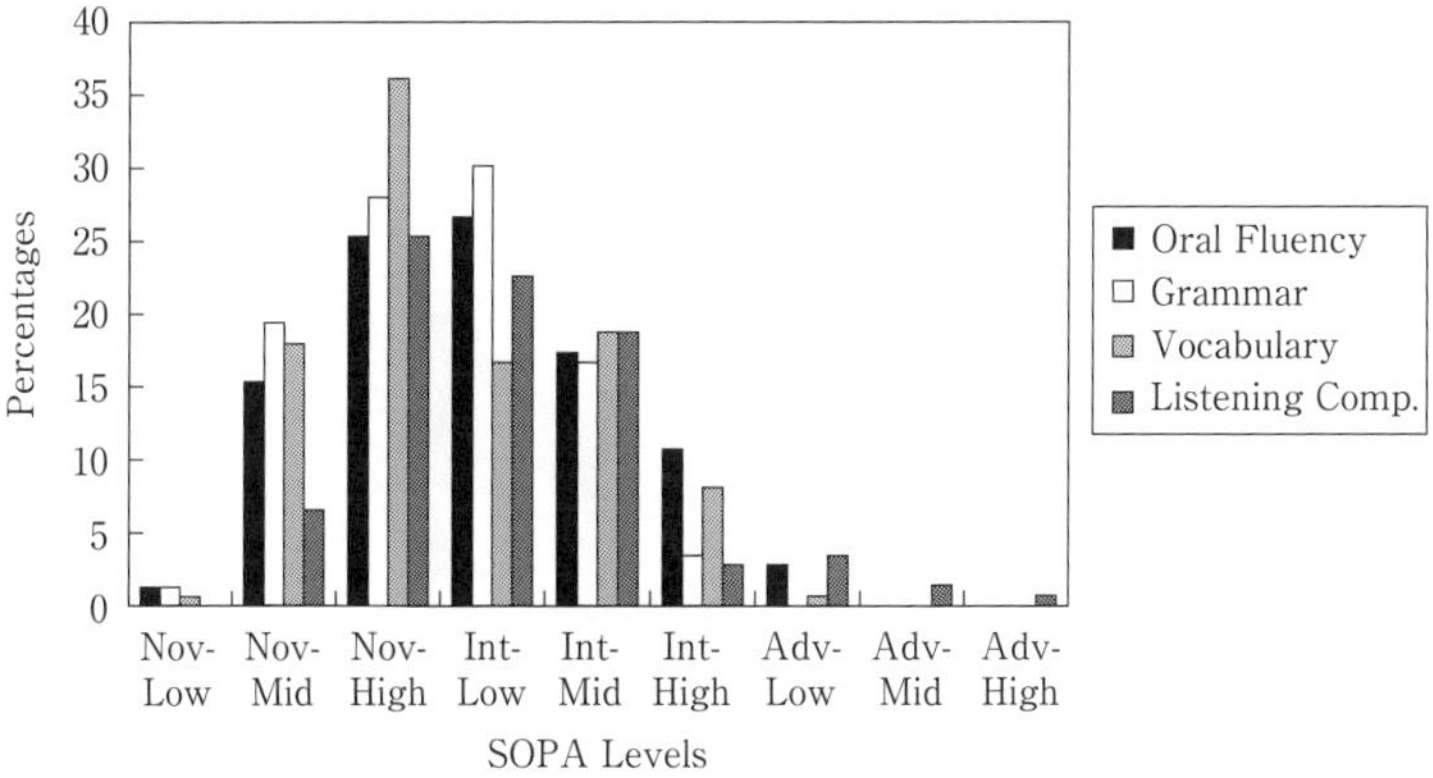


出典：Semonsky & Spielberger（2004, p.79）をもとに作成

は報告されていませんが、ドイツ語、フランス語を学習している児童のほうが、スペイン語、日本語学習者より、習得度が高かったことが記されています。このジョージアのケースは、授業時間数も比較的多く、かなり理想的なプログラムといえると思いますが、それでも条件が整えば、このレベルまで到達できるというひとつの目安にはなるでしょう。

図2に示したのは、ピッツバーグでの日本語のＦＬＥＳプログラムでの結果です（Donato, et al. 2000）。英語母語者が毎日15分（週75分）、日本語の指導を六年間受けた場合のケースです。このプログラムではPro-IというＳＯＰＡに類似したアセスメントを使って調べた結果、平均で初級上のレベルに到達しています。ＳＯＰＡの基準から推測すると、「よく使われる表現や記憶した表現を、あまり困難なく使える。文を作ることはできるが、文レベルで会話を続けることは無理」といったレベルであることがわかります。台湾、韓国の英語のカリキュラムを見てみても、大体この程度の習得を目標としていることがわかります。

ジョージアのケースにせよ、ピッツバーグのケース

図2　ピッツバーグの日本語FLESプログラム

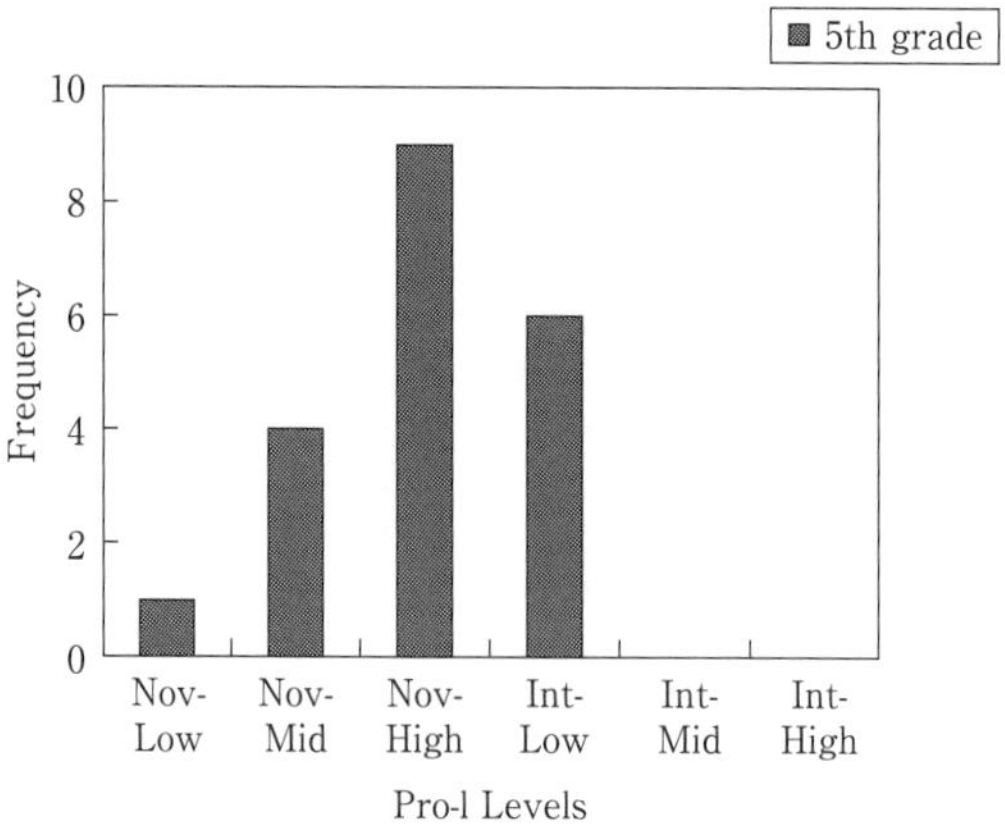


出典：Donato, et al.（2000, p. 381）をもとに作成

にせよ、毎日導入しているところに特徴があります。短い時間でも毎日外国語に触れるケースと、まとまった時間を週に何回か確保するケースでは、結果にどのような違いが表れるのかは、筆者の知る限り、組織的に検証したデータがないので、はっきりとはわかりません。ただ、授業を参観していると、長時間のクラスでは、中だるみしてしまうことがしばしばあるのに対し、15分でも集中してやるとこんなに盛りだくさんのことができるのかと、驚かされることがあります。

### 認知・学力面

はじめに紹介したフィラデルフィアのN小学校の校長先生は、中国語を導入した動機のひとつに、認知面でのメリットを挙げていました。外国語として漢字に触れることが、N小の児童の認知能力に果たして本当にプラスに働くのか否かは、実証研究の結果を待つ必要があり、全く未知ですが、しかし、学校の中での外国語学習が、他の学科の成績に好影響を及ぼしていることは事実のようです。

小学校で外国語に触れることで、母語の発達に悪影響が及ぶのではないかという懸念を時々耳にします。しかし、外国語環境で他言語に触れた程度で、母語に悪影響を及ぼしたというデータはありません。台湾では、英語の導入で、教育媒体言語であるマンダリン（家庭ではマンダリン以外の言語を話す児童が多い）

の習得に悪影響があるのではと懸念されましたが、英語の導入によるマンダリンへの影響はないという報告がされています。アメリカの一部の州では、外国語学習経験者と未経験者の英語や算数の成績の比較データを公表していますが、それを見る限り、外国語学習者の英語の成績は、未経験者のそれと比べ、高いか違いがないという結果が出ています。社会・経済的な要因をコントロールした研究においても、同様の結果が報告されています。また、外国語学習経験者の算数の成績が高いという報告も少なくありません。

一般に、バイリンガルはモノリンガルに比べ、ＩＱや認知的柔軟性、メタ認知力において優位を示すといわれています。ただし、社会・教育的に環境が整っていない場合は、その恩恵にあずかることができないこともわかっています。また、バイリンガリズムの度合いが、高ければ高いほど、メリットが大きいといわれています。ただ、先行研究の対象になっているバイリンガルは、かなりバイリンガリズムの度合いの高い人たちであり、習熟度のそれほど高くない外国語学習者の場合、どの程度バイリンガルの児童と同じような認知・学力上のメリットを享受できるのか、そしてそのメカニズムがどうなっているのかはまだよくわかっていません。しかし、いくつもの報告書が、外国語学習経験児童の母語や算数の成績における優位を示しているという点は、大変興味深いといえます。おそらく、単なる認知的なものだけでなく、動機づけなど、情意的な要因が複雑に絡まった結果ではないかと考えられます。

**メタ言語面**

メタ言語能力とは、言語をただ単純に使うことに対して、言語の構造的な仕組みを意識的に理解・操作したり、言語そのものを思考の対象にしたりすることをいいます。ある特定の言語組織や言語活動に注意を向ける、言語プロセスを制御するといった能力は、言語運用能力、思考能力を高めることにつながります。ですから、この言語プロセスを認知的に制御する力は、まさに学校教育で重要とされている力なのです。

基本的なメタ言語能力を発達させていく過程で、子どもは徐々に意味だけでなく、言語構造に注意を向けられるようになります。このメタ言語能力を発達させる過程で、外国語学習の果たす役割が注目されています。ロシアの心理学者のヴィゴツキーは、外国語に触れることで、母語がたくさんある言語システムのひとつにすぎないことを認識し、言語という仕組みを一般化して捉えることができるようになるといっています。さらにヴィゴツキーは、外国語学習の持つ意識的なプロセス自体に注目しています。

> 子どもは学校で外国語を、母語とはまったくちがった仕方で習得する。（中略）子どもは母語ではすべての文法形式を申し分なく上手に利用するが、それらを自覚しない。子どもは、名詞・形容詞・動詞の語尾を変化させるが、自分がそれをしているのだということを自覚しない。子どもは、しばしば適切な文句に正しく適用されている文法形式、性・格が何であるかを言うことができない。しかし、子どもは外国語では、最初から男性の単語と女性の単語を区別し、語尾変化・文法上の変化を自覚する。

（ヴィゴツキー、２００１、３１９-３２０頁）

あいまいな意味を持った構文を統語的に分解したり、文を語に、語を音素に分解したりなどといった作業を通じて、メタ言語能力が発達していくと考えられています。メタ言語の気づきを促すのに、外国語に触れることが必要条件かというと、そのようなことはありません。ただし、外国語に触れることは、メタ言語能力の発達を促進すると考えられているのです。

ヨーロッパでは、中学・高校で外国語運用能力の高い生徒ほど、メタ言語能力に優れているという報告もあります。さらに、集中的な外国語学習は、メタ言語能力を高め、これが母語の洗練された使用につながるという実証データも出ています（Kecskes & Papp, 2000）。ただし、まだわからないことがたくさんあるのも事実です。外国語にどれくらい触れることで促進するのか（外国語に触れる量との関係）や、小学生の間でどれくらい促進するのか（年齢との関係）については、まだ詳しくわかっていません。ただ、母語との違いを意識するにせよ、母語の基礎力を備え、ある程度の認知発達レベルに達していることが大切であろうといわれています。個人差もありますが、小学校の中学年あたりから、徐々にそうした能力が備わってくるだろうと考えられています。

**情意・文化意識面**

外国語学習は、コミュニケーションに対する意欲や、異文化への興味・関心を高める点でも、メリットが指摘されています。ただし、外国語への興味を持続させるには、それなりの工夫が必要になります。また、英語学習の中で、クリスマスやハロウィーンなど、ステレオタイプ化した英米文化の紹介に終始するのであれば、多文化理解にはつながっていきません。

導入の仕方によっては、外国語学習は、マジョリティーの言語を話さない移民児童にも、効果があるのではないかと筆者は考えています。日本でも日本語を母語としない児童が増えてきていることを考えると、この点は重要になってくると思います。海外では、イマージョンプログラム内での、移民児童への言語面や文化意識面でのメリットを指摘する研究はたくさんありますが、FLES内で、マイノリティーの言語を話す児童に外国語学習がどのような影響を及ぼすのか（たとえば、スペイン語を話す児童が、日本で日本語に加え、英語も学習するなど）に関しては、（海外、日本ともに）実証研究が蓄積されていないので、よくわかりません。ただ、授業を見学していると、小学校の外国語の授業の中で、移民児童が普段になく、積極的になっていたりすることを目にすることがしばしばあります。それに気がついていらっしゃる先生も少なくなく、「ホセにとっては、××語も言語のひとつにすぎないのでしょうね」などとおっしゃったりします。おそらく大切なことは、外国語クラスの中で、マイノリティーの言語を話す子どもの言語や文化を尊重し、第二言語としてマジョリティーの言語を勉強することがいかに「大変だけどすごい」ことかを、クラスの皆が認識しているという環境を作ってあげることでしょう。「英語ではこうだけれど、スペイン語ではどんなふうに言うのかな。似てるかな、違うかな」などと、移民児童の話す言語にも、他の児童の関心が向くような指導を常に心がけることで、外国語クラスは、むしろ移民の子どもにとっては、力の発揮できる場になり得るのではないかと思うのです。

**考慮すべき点**

いままで、小学校で外国語学習を行うにあたり、言語運用面、認知・学力面、メタ言語面、情意・文化意識面でのメリットについて、概観してきました。しかし、日本に先駆けて外国語教育を推進している他国の状況を見てみると、その導入には考慮しなくてはいけない点が多々あることがわかります。こうした点をひとつひとつ検証し、それに対する十分な対策がとれなければ、早期に外国語に触れるメリットを享受できないばかりか、かえってそのことがあだになってしまう事態になりかねないのです。

まず、第一になぜ小学校で外国語をやるのか、その目的と到達目標を明確にする必要があります。漫然と「国際理解」とも「外国語学習」ともつかない指導を、だらだらやっていても、児童がついてきません。

筆者は、異言語・異文化理解を主にすえたＦＬＥＸを1~2年間、低学年で導入し、母語の読み書きの基礎が固まり、メタ言語能力が伸びてくる中学年から、組織的な言語習得を念頭に置いたＦＬＥＳを導入するのがよいのではないかと考えています。いきなりひとつの言語（たとえば英語など）に特化したＦＬＥＳから始めるのではなく、そもそも世界にはいろいろな言語があり、表記や発音の仕方にもいろいろな方法がある（この中には、手話や点字なども含めると良いと思います）ことを知っておくことが大切だと思うからです。フランスでは、地域の移民が話す言語・文化を、保護者の協力を得ながら、数週間ずつ組織だって紹介する小学校の低学年を対象にしたプログラムが、移民児童の言語・文化や、第二言語を習得することの大変さをマジョリティーの児童が理解するのに、大きく役立ったという例が報告されています（Hélot & Young, 2005）。こうしたＦＬＥＸを経て、多言語習得への取り掛かりとして、ひとつの言語（英語など）を選び、言語運用能力の習得を念頭に置いたＦＬＥＳの導入を始めるのが良いのではないかと思います。そして、言語面での到達目標も明確にすることで、中学への英語学習へきちんと橋渡しをする必要があります（もちろんＦＬＥＳの中でも、常に多言語文化を意識した指導をしていくことが大切です）。

第二に、ＦＬＥＳのカリキュラムには柔軟性を持たせ、子どもが自主的に外国語に取り組んでいく姿勢を尊重することが大切です。現場の先生方は、子どもが、教えてもいないのに、最初の音や、単語の長さに自然に注目して文字カードのカルタで遊び出したり（野田２００５）、"I am a whale. I live in the sea." という文をベースに、"I am a door. I live in the house." など、大人の発想では到底思いつかないような文まで、次から次へと止めどもなく作り出していくなど（岩橋２００５）、子どもたちがあふれんばかりの言語エネルギーで、自主的にアクティビティーを引っ張っていく力があることをよく知っています。このように、教え込むのではなく、児童の潜在能力を十分に生かしながら、児童が授業の主導権を握れるようなカリキュラム作りが大切だと思います。さらに、国語学習とドッキングしたカリキュラムを作っていくことが重要でしょう。国語で「大きなかぶ」を勉強したならば、英語の時間にも「大きなかぶ」の読み聞かせをしてあげるなど、両者をドッキングさせたカリキュラム作りは、いろいろと可能だと思います。

第三に、言うまでもないことですが、教員の研修は最重要課題です。教員が外国語学習の意義と目的をしっかり認識し、そのための指導力を付けなくては、効果的な外国語教育は期待できません。ＡＬＴ（外国人言語指導助手）に関しても、ＡＬＴは英語を教えてくれる指導者ではなく、英語を実際に使って試してみる対象といった位置づけが大切だと思います。ＡＬＴの大部分は、子どもへの語学教師としては全くの素人であり、近隣諸国が軒並みネイティブの採用に踏み出したいま、教員として有能な人材を確保し続けるのは、今後ますます困難になってくるからです。

筆者は、ＡＬＴ採用にあてる予算を削ってでも、日本の教員の一部が、海外の小学校で実習研修を受けられる制度を作ったらいいと考えています。研修先は必ずしも英語圏である必要はなく、多言語・多文化の進んだ地域で、移民の児童への言語指導や、人種・貧困の問題なども、身近に体験できるような場所に行くのがいいのではないかと思います。そうした中で、これからの日本の子どもたちが、さまざまな言語・文化背景を持った人たちと共存していくためには、どのような能力を身につける必要があるのかを考えるチャンスを、ひとりでも多くの教員が享受できればすばらしいと思うからです。

最後に、中学との連携がスムーズにいかなければ、小学校での外国語教育は実を結びません。現在日本では、特区など一部の地域を除き、小学校での外国語活動経験の有無に関わらず、中学に入学した段階で、また初めからやり直しというところが多いと思います。これは、動機づけの面からも、非常にマイナスです。アメリカでは、小学校でやってきた外国語を、白紙に戻すことなく、そのまま継続して学習できない場合は（たとえば、小学校でフランス語初級をやったのに、中学でフランス語の中級から始められない場合）、むしろ全く別の外国語を取りなさいとよく指導されています。それくらい、子どもにとって、一度やった言語を初めからやり直すことには、問題があるのです。小学校段階での外国語の到達目標を明確化した後、カリキュラムの内容はもちろん、指導方法に関しても、中学へのスムーズな移行ができるよう、小・中の教員が密なるコミュニケーションと連携をとることが大変重要です。

## まとめ

以上、小学校での外国語教育に期待できること、考慮しなければならないことを見てきました。大切なことは、外国語教育を、単なる語学学習と捉えるのではなく、小学校教育の枠組みの中で、包括的に捉えるという点です。そして、その導入にあたっては、教員の研修、組織立ったカリキュラム開発など、周到な準備と、小・中の教員の密なる連携が不可欠です。

＊本稿は大津編著（２００６）収録論考を一部修正して再録したものである。

*After Twenty Years*

# 付記 デジタル・テクノロジー時代の子どもたちのニーズに合った小学校外国語教育の必要性

前回の「小学校での外国語教育――期待すること、考慮すべきこと」では、今後の子どもたちにとって多言語環境でさまざまな背景を持った人と共存することの大切さを強調し、言語だけでなく、子どもたちの認知・社会・情緒発達を包括的にめざす小学校教育という枠組みの中で外国語教育の目標設定を行う必要があるのではないかという提案をしました。あれから15年がたち、日本国内でもさらに多言語環境が進みました。一部の地域や学校では日本語以外の言語を主に話す人が増え、文部科学省（２０２０）の調査では、外国人児童生徒の数も過去10年で約１・５倍になり、その大部分が小学校に在籍しています。

言語教育の世界でも、子どもたちが持っている言語資源・レパートリーを最大限に生かす形の教育方法が推進されるようになりました。教室内では目標言語だけしか使ってはいけないという発想が批判の対象になり、母語やその他の言語も方略的に活用していく方法（トランスランゲージングなど）を始め、学習者のニーズや特徴に合わせた柔軟なアプローチが注目を集めています。特定のネイティブ・スピーカーを規範とするのではなく、どれだけコミュニケーションを潤滑に行えるかという点が重視されるようになってきています。（ただこうした新しい考え方が、どれだけ社会や学校で浸透しているかは別問題です。）

しかし何といっても、この15年間で一番大きな変化をとげたのは、インフォメーション・コミュニケーション・テクノロジー（ＩＣＴ）の進歩と普及です。今の小学生は、生まれた時からインターネットがすでに身近に存在していました。多くの赤ちゃんは0歳児からマルチメディアにふれ、約半数の小学生がすでに自分のスマートフォンを持っているといわれています（日本経済新聞、２０１９）。こうした子どもたちは、日常的にソーシャル・ネットワーク・サービス（ＳＮＳ）や動画、デジタルゲーム、デジタルマンガなどに触れているのです。

その一方で、日本は公教育におけるＩＣＴの利用が、他の先進諸国に比べると大幅に遅れています。教育でのＩＣＴ利用が進んでいないばかりか、社会経済的地位の違いによるＩＣＴの教育利用の格差も大きいことが指摘されています（OECD, 2019）。

日本のＩＣＴの教育利用の遅れは、２０２０年の新型コロナ感染拡大によりさらに深刻化した可能性があります。他の先進諸国が新型コロナによる学校閉鎖を契機に、義務教育でオンライン授業を拡大し、コロナ危機を教育へのＩＣＴ促進の絶好のチャンスととらえていたのに比べ、日本では２０２０年3月に学校閉鎖が起こった際、公立の小中学校では例外的なケースを除き、学校教育がほぼストップしてしまいました。

コロナで背中を押される形で始めたオンライン授業ですが、海外では小学校の外国語の授業を含め、手ごたえを感じている国が多いようです（UNESCO Institute of Statistics, 2020）。本当にどれほど効果があったのかに関しては、実証的検証の結果を待つ必要がありますが、教員からは対面でしかできないと思っていたことがオンラインでも随分と可能だったことや、子どもたちのＩＣＴの飲み込みの速さに驚いたといったような感想が聞かれます。もちろん、オンライン授業が最適な教育方法ではありません。ただ、オンライン授業を始めたことにより、先生同士の情報交換ネットワークが充実したり、ＩＣＴのメリットとデメリットがよくわかり、今後の多様な授業のありかたへの布石を打つことにつながったといいます。「学校は閉鎖、しかし授業は継続」というスローガンのもとに、国をあげてオンライン授業に積極的に取り組んだ中国などは、ポストコロナの時代になっても、ＩＣＴの強みを最大限に生かした新しい形態を継続して模索していくといっています（Zhou & Li 2020 など）。日本は残念ながら、コロナ禍での学校閉鎖中、ＩＣＴを教育に活用するにあたっての可能性と限界を学び、ＩＣＴを大々的に導入・促進していく絶好の機会を逃してしまいました。

21世紀に入り、ＩＣＴの進歩・普及で、私たちの言語使用のあり方は大きく変わりました。特に外国語などは、同じ空間を共有しなくてもコミュニケーションを可能にするデジタル媒体を通しての使用が、今後ますます多くなっていくでしょう。さらに、コミュニケーションの手段が変わっただけでなく、言語教育で目指したい言語能力そのものも変化しています。つまり、従来の授業方法にいかにＩＣＴを取り入れていくのかを模索するのではなく、コミュニケーションや言語能力のとらえ方自体に、全く新しいアプローチが必要になってきているのです。

新しい言語コミュニケーション能力は、文法や語彙といった言語知識だけでなく、インターネットに溢れる膨大な情報の中から信ぴょう性のあるものを判断し、必要な情報を知識に変換する力や、デジタル空間および現実空間で、他者との間に有効なネットワークを構築しながら個人または集団の知識を拡大していける能力などが含まれると考えられます。つまり、従来学校の外国語教育が習得に力を注いできた知識ベースの言語観よりも、非言語的要素も含んだ、ずっと広義で柔軟な言語観が求められているのです。

日本の文部科学省もＧＩＧＡスクール構想を打ち立て、２０２３年度までにすべての小中学生に端末を与えることにしていますが、端末を与えただけでは十分な効果は期待できません。小学校英語教育におけるICTの活用に関する他国での実証研究を見てみると、ICT導入は子どもたちの注意や関心を引くという点ではプラスであっても、発音を聞かせたり、単純なドリルやゲーム的な使いかたが多かったりするなど、意味のあるやり取りを行うことができていないなどの問題点が指摘されています（Whyte & Cutrim Schmid, 2019)。ICTを小学校外国語授業で有効に使うためのカリキュラムやタスク構築などが非常に大切であり、この点に関して、教材作成のプロや学校、行政による先生がたへの充実した支援が不可欠です。

ICTはさまざまな可能性を秘めている一方、使い方を誤ると、効果がないばかりか悪影響を及ぼすこともありえます。ICTは使い方次第なのです。ただしこれからの時代、ICTに関する知識、運用能力は必須であり、ICTを抜きにした教育はありえないでしょう。

先生がたも、デジタル・リテラシーの十分な習得が必要です。常にすべての新しいICTに精通している必要はありませんが、目的に応じてICTを使いこなせるための知識と経験は不可欠であり、そのための研修や情報収集の機会は確保されねばなりません。オンラインを使った外国語研修や、先生同士のネットワーク構築などもどんどん増えていくべきでしょう。

ICTを効果的に学習に取り入れることのできる児童とそれができない児童との格差の拡大も懸念事項です。繰り返しになりますが、ICTを上手に使いこなすことは、これからの時代を生きていく上に不可欠な能力です。小学校の外国語の授業でも、ICTを学習のツールとしてうまく使えない児童への支援が必要になってくると思いますし、この格差の問題に取り組むことが、外国語教育を含む公教育の一つの大きな責務でしょう。

## 大津のひとこと

今回の付記でバトラーさんが取り上げているＩＣＴの問題はこれからの言語教育のあり方を考える上できわめて重要です。バトラーさんには『デジタルで変わる子どもたち――学習・言語能力の現在と未来』（ちくま新書、２０２１年）という好著があるので、ぜひそちらも読んでいただきたい。

教育におけるデジタル化に関連して、日本でも、さまざまな試みがなされています。バトラーさんが言及しているＧＩＧＡスクール構想もその一つですが、ほかにもいろいろな形態の構想やその実現へ向けた組織づくりがなされています。最近、東京大学エドテック連携研究機構が起ち上げたEd - AI研究会もその一つで、そこでは英語教育に直接かかわる問題も取り上げられています。

バトラーさんが指摘するように、ＩＣＴの得手不得手の特定、先生たちの研修やネットワーク構築の必要性、児童への支援などの問題があることは間違いありません。これらの環境整備や先生たちの技術的な力の向上が重要な問題であることは間違いありませんが、もっと本質的な問題を認識しておく必要があります。

ＩＣＴの開発者と言語教育の関係者との連携の実現です。ＩＣＴの開発者は（当然と言ってしまえば当然なのでしょうが）ＩＣＴの視点から開発を主導しようとします。そのときに問題なのは開発者の言語観や言語教育観がどのようなものであるかです。わたくし自身の体験からすると、それが１９５０年代の認知革命以前の古色蒼然としたものであることも珍しいことではありません。仮に、そうした開発者がいた場合、それを正すのは言語教育関係者の責務です。

ここで「言語教育関係者」と言うとき、念頭にあるのは、日常的に教室で子どもたちと向き合っている先生たちと言語教育を専門分野とする研究者たちです。問題はこの2つのグループの人たちの連携がうまくいっているかというと必ずしもそうとは限らないという点です。場合によっては互いに不信感を抱いているということすらあります。まずはこの連携を確立させることが肝心です。そして、ＩＣＴとどう向き合うべきなのかを時間をかけて話し合う必要があります。

もう一点、触れておきたいことがあります。バトラーさんは「従来学校の外国語教育が習得に力を注いできた知識ベースの言語観よりも、非言語的要素も含んだ、ずっと広義で柔軟な言語観が求められているのです」と言います。そこで、「文法や語彙といった言語知識だけでなく、インターネットに溢れる膨大な情報の中から信ぴょう性のあるものを判断し、必要な情報を知識に変換する力や、デジタル空間および現実空間で、他者との間に有効なネットワークを構築しながら個人または集団の知識を拡大していける能力など」が求められるということになります。

ここで注意しなくてはいけないのは、「従来の言語認知的なリテラシー能力をないがしろにするわけではない」（『デジタルで』１７８頁）という点です。その育成がおろそかになってしまっては元も子もないからです。ある程度まとまった文章を扱う力が低下していないのか、とても心配です。事実、先生たちからは、文章の論理構造を読み解くことができない子どもたちが増えていることを実感しているという声を数多く耳にします。小学校英語を日本型複言語主義の一環に組み込んでいくという「編者の視点Ⅰ」での主張はこの点への配慮という視点から重要な意味を持っています。

# 11　小学校英語の必要性の主張のあとに必要なこと

直山木綿子

## はじめに

２００３年12月、公開シンポジウム「公立小学校での英語教育をめぐって」が慶應義塾大学で開催され、そのシンポジウムの内容が『小学校での英語教育は必要か』にまとめられました。私は、そのシンポジウムでも、その書籍の中でも、小学校英語の必要性について論議する大切さを訴え、その必要性について自分なりの考えを提案しました。その後も、小学校英語について自分の考えを提案する機会をいただくたびに、常に、そのことを話してきました。シンポジウムから、2年半たったいまも、小学校英語の必要性に対する思いは変わっていません。

しかし、この2年半の間に、小学校英語の状況は変わってきました。何より、多くの小学校で英語活動が実施されるようになりましたし、小学校英語に関するセミナーや、委員会主催の小学校英語研修講座も多く開かれるようになりました。本屋には、小学校英語に関する書籍がたくさん並んでいますし、小学校英語コーナーまでできているところもあります。さらに、中教審外国語専門部会は、２００６年3月末に、小学生の柔軟な適応力を生かすことによる英語力の向上、グローバル化の進展への対応、教育の機会均等の確保という観点から「小学校の英語教育を充実する必要がある」と主張し、「小学校高学年においては、年間35単位時間（週1時間）程度、共通の教育内容を設定することを検討する必要がある」とし、事実上、小学校5、6学年で必修化することを提言しています。この提言は最終決定ではなく、今後、外国語専門部会の親部会である教育課程部会で討議されるとしても、ますます英語活動に取り組む学校が増えるでしょうし、各校で実施される英語活動の時数が増えると予想されます。

小学校で英語活動を導入する必要性を感じている私としては、「いい感じ！」といいたいところですが、これでいいのかと大変疑問に思うのです。それは、やはり、いま、なぜ小学校に英語が導入されようとしているのか、何のために小学校で英語活動を行うのかをひとりひとりの先生方が、学校が、委員会がしっかり自分のものにしないまま、「学校長が言うから」「委員会が言うから」「世間が言うから」と進められていることが多いように思うからです。このような現状を前に、小学校英語をなぜ行うのかをいろいろな機会に主張してきた私が次にしなければならないことは、そのようなねらいを達成するような具体的なカリキュラムを提案することだと考えます。なぜなら、そういう具体物がないから、まさか小学校で英語活動の指導に当たると思ってもいなかった小学校の先生方が、いままで何を目標に、何をどのような順で学習するかというカリキュラムを自ら作るという作業をする機会がなかった先生方が、小学校英語の本来のねらいを理解した上で、指導計画を作成し、活動も考え、教材も作って、評価も行うことは困難なことだとわかったからです。

そこで、再び、なぜ小学校で英語活動をするのかについて簡単に触れた後、子どもたちが人と言葉でかかわることの楽しさに気づき、人と言葉でかかわってみようと思うような、そんなカリキュラムをどのように作成するのかについて、自分の考えを述べます。

## 再び、いま、なぜ小学校で英語活動をするのか

私たちの生活を振り返ってみると、ますます言葉がなくても不便なく生活できる場面が増えてきました。コンビニエンスストアに行けば、何も言わずに商品をレジに差し出せば、買うことができます。電車に乗るには、言葉を使わずとも券売機で目的地までの切符を買うこともできます。このように人と言葉でかかわらなくても、生活ができる場面が増えてきています。子どもたちの生活を見ていても、うまく自分の思いが言葉で表せない場面が教室で多く見受けられます。このように、人と言葉でかかわることがだんだん少なくなるということは、生きていく力が弱くなっていくことだと考えます。すなわち、私たちは、自分自身がどん

な人で、どんないいところがあるのかなどという自分の存在に対する確かな認識は、人とかかわる中で行われ、この自分への確かな認識こそが、この情報があふれる現代社会で主体的に生きていくために必要だからです。現在は、情報があふれ、どの情報が自分にとって有益であり、どの情報を選択するかは、自分自身への確かな認識がなければできないと考えます。

そこで、子どもたちにあえて言葉で人とかかわる楽しさを体験させることが大切になってきます。ところが、第3学年、8歳ぐらいの時期になれば、母語であれば、音声によるコミュニケーション力が完成するといわれています。つまり、この頃には、子どもは母語であれば、取り立てて工夫することなく、相手が何を言っているのかを理解し、自分の思いも伝えることができるというわけです。しかし、そのような時期にあえて、子どもたちにとって未知の言語をぶつけることによって、子どもたちは母語でなら、そう注意を傾けることなく相手の話が理解できたことが、未知の言語、外国語となると、相手の表情や身振り・手振りをヒントに、相手の話を理解する必要が出てきます。自分の思いを伝えるために、表情や身振り・手振りをつけ、知っている単語を頼りに一生懸命話をしなければ相手に伝わらないということになります。でも、そうやって母語のときにはしなかった工夫をして相手の思いが理解できたり、自分の思いが伝わったりしたときの喜びは、母語では味わえないものです。その喜びを味わった子どもは、次はもっと相手の話がわかるように言葉を自分のものにしよう、自分の思いをもっと的確に伝えるために言葉を自分のものにしようとするでしょう。こうやって子どもは言葉で人とかかわることの楽しさを体感しながら、言葉を自分のものにしていきます。これは、母語ではなく、子どもにとって未知である外国語だからこそできるのです。このように外国語をあえて児童期に取り入れることで、子どもに言葉の面白さ、言葉で人とかかわることとの楽しさに気づかせることができると考えます。

そして、そのことが、国語力にもつながってくると思います。現に、研究開発学校で長年英語活動に取り組んできた学校が、国語の全国テスト、あるいは全市テストで、「読む」「書く」においては、全国あるいは全市平均を下回っていたり、ほぼ変わらなかったりするにもかかわらず、「聞く」ことにおいては、その平均を10ポイントも上回ったりしているという報告があります。このことは一概に英語活動と関係しているとは言いがたく、今後、このことに関してはデータが取られ、小学校での英語教育と国語力の関係が明確にされる必要がありますが、言語という共通の部分からすれば、児童期という時期にあえて外国語である英語教育を行うことによる国語力の向上は十分考えられることです。

そして、大津氏が言うように、英語教育を通して、国語力を鍛え、言葉に対する感性も芽生え、そのことがまた英語学習にも役立ちます。何より国語力を鍛えることは、思考力を鍛えることにつながるとともに、それはいま求められている「問題解決能力」にもつながります。

## では、具体的にどのようなカリキュラムを作るのか

私は、京都市において、子どもたちに英語によるコミュニケーションを体験させるためのカリキュラム作成にかかわり、本市の先生方と「小学校英語活動指導計画と活動事例集（試案）」を２００2年度に策定しました。ここでは、そのカリキュラムを作成する際の基本となった考え方を紹介します。

私たちが母語を習得してきたことを考えてください。私たちは生まれてから、何万時間も母語を使ってコミュニケーションを図ってきたからこそ、いま、母語によるコミュニケーション能力を身につけています。それと同じように、子どもたちに人と言葉でかかわることの楽しさに気づかせ、自ら言葉で人とコミュニケーションを図ろうとする態度を身につけさせるためには、子どもに言葉によるコミュニケーションを体験させることが必要です。

では、子どもに英語でのコミュニケーションを体験させるカリキュラムとはどのようなものでしょうか。ここで言うカリキュラムとは、一般に言われている、状況・目標・学習内容・指導法・教材・評価をさしています。ここでは、中でも目標と学習内容の設定の仕方について述べることにします。

『小学校英語活動実践の手引』では、「言語習得が主

な目的ではなく、英語に対する興味・関心と英語を活用しようとする態度を育成する」ことをねらいに、「子どもが英語に興味をもち、英語を聞き、また、英語で何かを表現できるという満足感をもたせることが大切である」としています。つまり、子どもに英語を活用してコミュニケーションを図ろうとする意欲をもたせるためには、ジェスチャーや具体物を手がかりにしてでも相手が話す英語が理解できたという経験や、相手に自分の思いを英語で伝えることができたという経験が、小学校英語では大切にされなければなりません。そのような経験を積み重ねていく中で、子どもたちは英語に興味を抱き、さらに相手の英語を聞いてみよう、自分の思いを英語で表現してみようと思うのです。

　まず、英語によるコミュニケーションに関心をもち、もっと相手が話す英語を理解したい、自分も思いをもっと相手に伝えたいという意欲を起こし、それが行動に移されるためには、英語を多少なりとも聞く力、話す力が必要となってきます。つまり「コミュニケーションへの関心・意欲・態度」は、理解の能力、表現の能力に裏打ちされているということです。そして、実際に英語を使ったコミュニケーション体験を積み重ねることにより、言語の面白さや、言語を使ってコミュニケーションを図る大切さに気づくとともに、外国の生活や文化への理解を深めていきます。

　したがって、目標を「英語を通して、聞くことや話すことなどの初歩的な能力を養い、積極的に言語を使ってコミュニケーションを図ろうとする態度の育成を図るとともに、言語の面白さや外国の生活や文化への理解を深める」とし、次の4観点を設定することができます。

| | |
|---|---|
| コミュニケーションへの関心・意欲・態度 | 相手が話す英語を積極的に聞いたり、自分の思いを表現したりする。文字に興味をもち、進んで文字や単語を読んでみようとする。 |
| 理解の能力 | つながりのあるいくつかの文を聞いて、その概要を理解することができる。 |
| 表現の能力 | 身の周りや自分のことについて言葉を用いて表現できる。 |
| 言語や文化についての知識・理解 | 言語の面白さや、言語を使ってコミュニケーションを図る大切さを理解し、外国の生活や文化への理解を深める。 |

次に、学習内容について述べます。どのような内容を、どのような順で子どもに学習させれば、右記の目標が達成できるかということです。先述したように、子どもにコミュニケーションを体験させるために、コミュニケーションが成り立つための要素を考えてみます。

まず、コミュニケーションの媒体となる、音や文字が必要です。ジェスチャーや顔の表情も入るでしょう。当然、人物も必要です。その人物同士の関係も大切な要素です。そして、コミュニケーションが行われている場所、時間も要素です。私自身は、これらをまとめて場面と捉えています。そして、どのようなことについてコミュニケーションが行われるのかという話題も大切な要素です。そして、何より必要なのは、相手に伝えたい、こんなことを伝えたいという気持ちです。これがなければ、コミュニケーションがそもそも起こらないからです。そこで、このコミュニケーションをしようとする気持ち、すなわち、コミュニケーションの目的こそがコミュニケーションが発生する上で一番中心となると考えます。つまり、私たちは、さまざまな目的をもち、それに応じて必要な言葉を選択してコミュニケーションを図ります。たとえば、駅までどう行けばいいのかわからないとき、だれかに「駅までの行き方を教えてほしい」と思うでしょう。行き方を尋ねるという目的のために、私たちは場面に応じて言葉を選びます。たとえば、初めて訪ねた地で見知らぬ人に尋ねるときは、「すみません、○○駅まではどうやって行けばいいのでしょうか」と尋ねるでしょう。ところが、よく知っている人に尋ねる場合には、「ねぇ、○○駅まではどう行けばいいんだっけ」となるでしょう。だれかに挨拶をするという目的で、午前中なら自分と相手の人間関係によって「おはよう」「おはようございます」となりますし、午後なら、「こんにちは」となります。このように、コミュニケーションの目的は「尋ねる」「挨拶をする」であっても、実際に使われる具体表現は、場面や話題によってさまざまなものとなります。

さて、このコミュニケーションの目的は、言語機能(言葉の働き)と呼ばれていますが、このコミュニケーションの中心である言語機能を軸に学習内容を組むことにより、子どもたちにコミュニケーションを体験させることができると考えます。

すでに、研究開発学校などで数多くのカリキュラムが開発されてきていますが、その多くが話題や場面が学習内容の軸になっています。その可能性について否定するものではありませんが、私にはこの「話題」や「場面」を学習内容の軸にする理論的根拠が見つからないのです。たとえば、この「話題」や「場面」にどのようなものがあるのかを考えてみてください。「話題」なら、「動物」「食べ物」「数」「形」「天気」などがあげられますし、「場面」なら「お買い物の場面」「レストランの場面」「道案内の場面」などがあげられるでしょう。しかし、あげ出したら切りがないことに気づかれるはずです。このいくつあるか計り知れないものの中から、理論的根拠をもって子どもに学習させたいものを選択し、順に並べることは不可能です。

では、先に考えた言語機能はどうでしょうか。実は、この言語機能は、さまざまな研究者や研究団体によって分類され、言語機能のリストが作成されており、中でももっとも信頼性が高いという評価を受けたリストに従って、その中から、子どもの発達に合った言語機能を選択配列することができます。このリストでは、言語機能は、大きく分けて次の6種類に分類されています。たとえば、「①事実に関する情報を伝え、求める」言語機能を細かく分ければ「報告する」という言語機能や、「尋ねる」という言語機能があります。「③さまざまなことを行わせる」言語機能であれば、「だれかに何かをするように要求する」言語機能や、「だれかに何かをくれるよう頼む」言語機能があります。それらを具体表現にすると、それぞれ、"This is my pen." "What's this?" "Close your eyes." "I want an apple, please." が考えられるでしょう。もちろん、これらも場面や話題に応じて、"This is my guitar." "What are these?" "Go straight." "Can I have this cake?" と具体表現が変わってきます。

〈J.A. van Ek による言語機能の分類〉

①事実に関する情報を伝え、求める
②意見・判断・考え等を表現し、見つけ出す
③さまざまなことを行わせる

④社交的活動をする
⑤ディスコースを組み立てる（会話を途切れさせないで続ける）
⑥コミュニケーションの修復（コミュニケーションがうまく図られるようにする）

＊（　）内の文言は、筆者による。

さて、次に、上記の言語機能をどのように選択し配列するかについて述べます。実は、外国語に限らず、当然私たちは母語においてもこの言語機能を習得してきています。だから、母語を聞いたり、話したりしてコミュニケーションが成立しているわけです。では、この母語における言語機能をどのように習得してきたかを考えてみましょう。赤ちゃんはまだ言葉が話せない時期に、泣いて何かを表現します。なぜ泣くのでしょうか。「おなかがすいた、何か食べたい」と思って泣くでしょう。つまり、「だれかに何かくれるよう頼んでいる」わけです。つまり、「おしめがぬれて気持ち悪い」と思って泣くでしょう。つまり、「不快を表す」わけです。また、呼びかけに対して答えたり、相手の注意を引いたりするようになります。そして、やがて、単語が口から出るようになると、赤ちゃん言葉で「ぶー、ぶー（車）」「にゃーん（猫）」で、実物を指差したりするようになります。

このように、赤ちゃんがまずどのような言語機能を習得していくかを考えると、「②意見・判断・考え等を表現し、見つけ出す」「③さまざまなことを行わせる」「④社交的活動をする」言語機能であることに気づきます。そして、自分のことから周りのことへと意識が広がり、「①事実に関する情報を伝え、求める」言語機能が習得されていくと考えられます。

そこで、この母語における言語機能の獲得過程をふまえ、小学校においてはじめて英語でコミュニケーションを体験する子どもにも、その楽しさや達成感を味わわせるためには、自分の思いが伝わったという経験をさせることから進めることが大切だと考え、この自分から他者へと向かう順に配列することで、子どもがコミュニケーションを系統的に体験できると考えます。英語活動を始める子どもには、「感情や意思を表現したり、尋ねたりする」言語機能を中心に、やがて「事実に関する情報を伝えたり、求めたりする」言語機能を中心に配列するのが適切ではないかと考えます。

ただ、「⑤ディスコースを組み立てる（会話を途切れさせないで続ける）」「⑥コミュニケーションの修復」に当たる言語機能は、小学校英語のねらいが「英語によるコミュニケーションを図ろうとする態度の育成」であることから、子どもが理解できないことをそのままにせず、自ら相手に働きかけてコミュニケーションを再生することが大切であること、相手とコミュニケーションを続けることが大切であることから、このふたつの言語機能については、全体で扱うのが適切だと考えます。

ここでは、具体的な指導計画は提示しませんが、「京都市小学校英語活動研究会」のホームページ（http://www.edu.city.kyoto.jp/hp/nagamatsu/kenkyukai/s-eigo/）よりこの指導計画はダウンロードできます。

以上の考えに基づき、先述した「試案」を策定しました。現在は、この試案に沿って実践を積みながら修正をしている段階であり、今後、この考えの有効性について考察していく必要があります。ですから、これが完璧なカリキュラムであるというつもりはまったくありませんし、完璧なカリキュラムなどないと思っています。しかし、あえて、提示したいと思います。なぜなら、小学校英語の必要性という理念だけをどんなに語っていても、先生たちがたとえそれを理解していても、よく理解しているつもりであっても、それがなかなか実践へとつながらないからです。それは、先述したように、英語活動の指導に当たると思って教員になっていない小学校の先生たちに、また、学習指導要領に記載された目標と学習内容が具体化された教科書に基づいていままですべての教科を指導してきたために、その教科あるいは領域の必要性を理解し、その上でそれに合う目標と学習内容も設定し、活動も教材も開発し、実践もするなどということを経験してきていない教員に、必要性を理解した上で、カリキュラムを開発し実践も要求することは、厳しいからです。

今後、小学校英語に関係している部署や者、すなわち、文部科学省、教育委員会、研究者は、それぞれの行政、実践、研究という立場を生かし、具体的な活動例と教材を含むカリキュラムをその理論的根拠とともに提示していく必要があります。そして、どのようなカリキュラムが小学校英語の本当のねらいを達成できるのかを、学校、教員を含め、小学校英語関係者で論議するとともに、学校、教員には、実践の交流が必要です。そうしてこそ、どの子にも響く英語活動となっていきます。

＊本稿は大津編著（２００６）収録論考を一部修正して再録したものである。

*After Twenty Years*

付記

# 文部科学省作成小学校外国語教育教材例の変遷から見る、小学校外国語教育

『小学校での英語教育は必要か』『日本の英語教育に必要なこと』における拙稿において、私は、中学校英語科教員や小学校において英語専科としての自身の実践及び、京都市総合教育センター研究課研究員としての研究を基に、小学校における外国語教育を通して子供に付けたい力（必要性）について考えを述べました。また小学校における外国語教育のカリキュラムの在り方、小学校外国語教育に携わる者の役割についても提案をしています。そこで、本稿では、まず、文部科学省が作成・配布をした教材を基にその具体及び、小学校外国語教育の成果と課題について述べ、小学校外国語教育に携わる者の役割について再提案をしたいと思います。

## カリキュラムの具体としての教材例 *Hi, friends!*、*Let's Try!*、*We Can!*

政府による「事業仕分け」により2011年度をもって廃止となった『英語ノート』に代わって、文部科学省は、高学年用外国語活動教材例 *Hi, friends!* を作成し、希望する全小学校に配布をしました。これは、それまで各校で活用されてきた『英語ノート』と大きく内容や構成を変更していません。なぜなら、『英語ノート』で指導することに慣れ始めた小学校の先生方を混乱させないためです。しかしながら、『英語ノー

| 時 | 1 | | 2 | | 3 | | 4 | | 5 | |
|---|---|---|---|---|---|---|---|---|---|---|
| | HF | LT | HF | LT | HF | LT | HF | LT | HF | LT |
| 活動 | や | A | C | S | C | S | C | S | C | |
| | G | WT | G | A | L | L | G | C | A | |
| | G | A | G | L | A | WT | A | A | A | |
| | G | A | G | S | A | A | C | | | |
| | | | L | A | | C | | | | |
| | | | | L | | A | | | | |
| | | | | C | | | | | | |

表　HF と LT の活動比較

表中の文字や記号等は、以下を表す。
A：指導者と児童、児童同士によるやり取り
L：登場人物等の話を聞きとる活動に加えて、紙面に記されているものについて指導者と児童がやり取りをする活動
G：いわゆるゲームで、自分の考えや気持ちなどを伝え合うことがなく、指導者のセリフを繰り返し聞いたり言ったりする活動
WT：映像を視聴し、登場人物等の話を理解する活動に加えて、紙面等にあるものについて指導者と児童がやり取りをする活動
C/S：チャンツ／歌

ト』を活用した小学校の先生方から、アルファベットの大文字と小文字が一時に扱われていて子供に負担感がある、ゲーム設定が多く、結局子供が定型表現を覚えて言うだけになりがちであるという感想が多く聞かれました。このような課題を解消したいとは思いましたが、先述の理由と短期間での作成が求められたことから、*Hi, friends!*では、『英語ノート』の内容や構成からの大きな変更はできないままでした。そのため、教材例が変わっても外国語活動の授業では大きな混乱はなかったと承知しています。ただ、残念だったことは、とある学会で『英語ノート』と*Hi, friends!*を比較し、ページ数の減少をもって*Hi, friends!*の批判をしたことでした。

その後、小学校外国語教育を取り巻く状況が大きく変わり、２０１７年改訂学習指導要領に、中学年に外国語活動、高学年に外国語科が導入され、同時に、学習指導要領に記された目標や内容を具現化した教材例が求められました。そこで、文部科学省は、中学年用教材例*Let's Try!*、高学年用教材例*We Can!*を作成しました。特に、*We Can!*は、新学習指導要領全面実施移行期間に外国語科の指導を踏まえた「外国語活動」の教材として活用されるとともに、新学習指導要領全面実施に伴い各校で活用される初の小学校外国語教科書のモデルという役割も担っていました。

表は、*Hi, friends! 1*（HF）Lesson 4 "I like apples."（全5時間）と*Let's*

*Try! 1*（LT）Unit 4 "I like blue."（全4時間）の単元に設定されている活動を比較しやすいように並べたものです。両単元は、同じ題材でほぼ同じ言語材料を扱っていることから選定しています。この表から、*Hi, friends!* 以降の教材例がどのように移り変わったかを見てみましょう。

表中の網掛けは、実際に指導者が英語を使って自分の考えや気持ちなどを子供に聞かせたり、子供が指導者の質問に答えたり、子供が英語を使って自分の考えや気持ちなどを指導者や友達と伝え合ったりする活動を表しています。この表から、*Let's Try!* では、子供が実際に自分の考えや気持ちなどを伝え合う、いわゆる「言語活動」が各時間の中心となっていることが分かります。紙面の関係上、*We Can!* で設定されている活動については示しませんが、外国語活動に比べて扱う言語材料がぐんと増え、いわゆる「できるようになる」ことが求められる教科としての教材例 *We Can!* では、子供たちが、間違いから学び合う「学習集団」という学級の中で、コミュニケーションを行う目的や場面、状況に応じてさらに既習語句や表現をひねり出し合いながら伝え合う活動がより多く設定されています。

## 小学校外国語活動の成果と課題

文部科学省は、小学校の外国語教育のカリキュラムの例として示した『英語ノート』から *Hi, friends!* へ、そして、*Let's Try!*、*We Can!* へと教材例の作り替えを通して、小学校外国語教育のカリキュラムの提案を行ってきています。外国語を使ってコミュニケーションを図る体験を子供たちにさせることを求められて教員になっていない年代の教員たちが、このような教材例をもとに指導を行うことによって、小学校での指導が、高学年外国語活動の導入検討の際に揶揄された「小学校英語活動の三種の神器」としての「歌って、踊って、決まり文句」から、小学校外国語教育で求められているもの、小学校外国語教育だからこそできるものになりつつあると、次に示す2019年に実施された「全国学力・学習状況調査」中学校英語の結果からも、私は考えています。

小学校の先生方は、「まさか自身が外国語教育に携わると思って教員になっていなかった。なのに……」と思いながらも、真摯に指導に当たっていただいたことで、本調査結果は決して高いとは言えないものの、その報告書には、聞くことの一部について、「外国語活動からの積み重ねにより、一定の定着が図られつつあると考えられる」、「生徒たちの話す意欲の向上は、小学校段階から始まる言語活動の積み重ねの成果ともとらえられる」と記されています。

ただ、小学校外国語教育に関しては、教科書の活用の在り方、指導者の在り方、教員養成の在り方などが課題であり、まだまだ条件整備等をしていく必要があると考えています。

## 小学校外国語教育に携わる者の役割再提案

各自治体教育委員会や学校、先生方についての提案は、先述した拙稿をご参照ください。それを執筆した当時と、小学校外国語教育の展開は変わってしまいましたので、ここでは、私が所属する文部科学省と、いわゆる有識者の方々についてのみ、私の考えを述べて本稿を閉じます。

まず、文部科学省は、小学校での実践をもとに、その成果と課題をきちんと検証し、次期学習指導要領改訂に備えなければなりません。今後、「学習指導要領実施状況調査」により、その成果と課題を明確にしたうえで、教員養成の在り方や専科教員等も含めた指導者の在り方を検討するとともに、小学校教育と外国語たとは言い難いまま小学校外国語教育の開始に踏み切った分、ここでけりを付ける必要があると、私は思っています。

そして、いわゆる有識者の方々には、今一度学習指導要領に記載されている目標及び内容を十分にご理解いただきたいと思います。今、書店には、小学校外国語教育の学習評価に関する書籍が数多く並び、教科書に準拠した単元テストや単元まとめテストも販売され、売れ行きが順調と聞きます。しかし、それらの多くには、新学習指導要領で求められている「思考力、判断力、表現力等」にかかる資質・能力を適切に測っているとは言い難い問題が散見されます。それは、作問や監修、編集をされたいわゆる有識者の方々が、「外国語によるコミュニケーションにおける見方・考え方」や、外国語活動及び外国語科の授業における思考の場面とはどのようなものかを十分にご理解いただいていないからではないかと思われます。今一度、小学校における外国語教育の必要性、小学校ならではの外国語教育のあり方を再考いただいたうえで、学習指導要領を熟読いただき、専門性を生かして、教員養成にあたるとともに、小学校での学びを生かした中学校英語教育の指導改善につても発信を行い、小学校外国語教育を支援いただけることを切に願っています。

## 大津のひとこと

2003年12月6日、慶應義塾大学三田キャンパスでの公開シンポジウム「公立小学校での英語教育をめぐって」の開催当日のことです。主宰者であるわたくしが準備のため、開始時間の1時間半ほど前に会場に行ってみると、だれもいない会場で演壇と会場の様子を下見している若い女性がいました。それが直山木綿子さんとの初めての出会いです。正直に告白すれば、あまりにも心細そうだったので、彼女の出番が終わった後、司会者としてどう盛り立ててあげればよいかを考え始めていました。

直山さんの出番が終わりました。すでに聴衆は直山節に酔っていました。その後の躍動ぶりについては皆さんご存知のとおりです。そして、いまや、視学官という立場においでです。

今回の「付記」で直山さんはちょっとだけつっこんだことを書いています。「小学校外国語教育の必要性について十分論議しつくしたとは言い難いまま小学校外国語教育の開始に踏み切った分、ここでけりを付ける必要がある」と。「編者の視点I」にも書いたように、高学年に英語活動が導入されて以来、環境の整備もほとんどなされていない中で、小学校の先生たちは「英語活動文化」といったものを作り上げようと必死に努力してきました。にもかかわらず、それに対するきちんとした評価もなされないまま、流れは教科化へ一気になだれ込んでいった。これまで「英語活動文化」創出に向けて全力を傾けてきた直山さんにしてみれば、無念だったに違いありません。ここでわかることは、教科化は教科調査官さえ抗うことができない巨大な力に支えられているということです。その力は決して子どもたちのことを念頭に置いたものではなさそうだということにも、そろそろ気づいておきたいものです。

直山さんは言います。「文部科学省は、小学校での実践をもとに、その成果と課題をきちんと検証し、次期学習指導要領改訂に備えなければなりません。今後、「新学習指導要領実施状況調査」により、その成果と課題を明確にしたうえで、教員養成の在り方や専科教員等も含めた指導者の在り方を検討するとともに、小学校教育と外国語教育のすり合わせを十分に行うことが求められます」と。視学官が「文部科学省は」という引いた物言いをすることに違和感がないわけではありませんが、それは省内ダイナミックスを念頭に置いた上での、直山さんの決意表明と受け止めたいと思います。

「付記」の最後の部分に「いわゆる有識者たち」に対する注文が書かれています。「有識者」の顔ぶれ、そろそろ一新すべきだと思います。大学入試への英語民間試験の導入に関連して関係者の「利益相反」が話題になりましたが、それだけでなく、特定の「有識者」に長期間、頼り切っていると、そこに腐敗が生じがちなことは歴史が教えるところです。もっと言ってしまえば、「有識者」の後釜にその「有識者」に関係する人は据えないことを原則とすべきです。そうでないと、顔は代わっても、中身は変わりません。

最後にどうしても付け加えておきたいこと、それは英語活動/英語科と国語科の連携です。広く教科横断的な努力は必要ですが、ことばに関連する英語活動/英語科と国語科の連携はその重要な礎となるはずですから。

直山さん、一緒にやりましょう!

# 12　君と世間との戦いでは世間を支援せよ！
## ――世間の期待と公立の小学校英語教育

津田　正

「公立小学校での英語教育」という問題を前にして、まずは議論の前提を確認しておきましょう。公立小学校での英語教育といった場合、週に何時間ぐらいの授業を実施する英語教育をイメージしているかという問題です。日本児童英語教育学会（ＪＡＳＴＥＣ）がいまから10年前に出したアピール「小学校から外国語教育を！」（１９９５）（樋口ほか編（１９９７）所収）を見ますと、次のようにあります。

異文化理解を目的とする「外国語」を小学校一～三年生で週一時間、四～六年生で週二時間、実施する。ただし、担当教員の確保をはじめとする諸条件が整うまでは、少なくとも四～六年生で週一時間、実施するものとする。

これはさまざまな現実的諸条件を勘案しつつも、「要望」として当時の文部省に提出されたものですから、時間数としては、これが上限と考えてよいでしょう。つまり、可能ならば週2時間、現実的には4～6年生において週1時間ぐらい。私が以下の論で想定している小学校での英語授業もこのぐらいだとお考えください。これは同時に、この議論では、イマージョン教育や「第二言語としての英語教育」の議論を排除するという立場を意味しています。

さて、公立小学校に英語教育を導入する場合、それが英語力向上の点で効果があるのかないのか、まずはそれが最大の議論のポイントになろうかと思います。学校英語への批判として使われるクリシェを使えば、「中学、高校、大学と合計10年もやっているのに、手紙一本書けない、電話一本かけられない」という国民一般の不満が、小学校英語教育によって、その全てではないにせよ、多少なりとも解消されるかという問題です。小学校での英語教育と英語力向上との関係については、いくつかの論考を見るだけでも、週1か週2ぐらいの授業では英語力が上がるわけではないという記述が至るところに見られるということを確認しておきましょう。たとえば、大津由紀雄編著『小学校での英語教育は必要か』（２００４、以下「大津本」と表記）を見ても、唐須論考を唯一の例外としてほぼ全ての論者が、小学校での英語教育導入は英語力向上には直接的に結びつかないという発言をしているように思われます。同書を『英語教育』（２００４年12月号）で書評した金谷憲も「少数の例外を除き、小学校英語教育に積極的な著者にもこのこと（＝小学校英語教育によって、英語力が直接的に上達することはない）が言える点が興味深い」と述べています。

## 国際理解教育への異論

さて、公立小学校の英語教育が、もし、英語力向上の面であまり効果がない、あるいは疑義があるとすれば（ただし、日本児童英語教育学会が『小学校からの外国語教育』（１９９５）において、小学校で英語教育を受けた子どものほうが、そうでない子どもよりも中学、高校段階で英語力の伸びがあるという調査結果を報告していることは公平のために記しておきましょう）、授業時間や教員の確保、教材作りなどなど、さまざまな労苦を乗り越えて英語教育を導入しても、その先行きは必ずしもバラ色ではないということになります。

しかし、これはあくまでも英語力の向上という観点からの考察です。そこで、小学校で行われる英語教育は技能向上以外の側面もあるのだから、それを評価していこうという考え方が出てきます。その典型的な例は、小学校で必要とされているのは英語教育そのものではなくて、英語教育なり英語活動なりを通じた国際理解教育なのであるという見方です。金森強『英語力幻想』（２００４）や「大津本」所収の冨田祐一論文、さらには「個の確立のための教育」として英語活動を位置づける同書の直山木綿子論文もまた、小学校で行われている英語活動を英語力向上のためのものとは見ないという点で同一線上に存在する考えでしょう。そのほか「異文化への寛容性を養う」とか「異なるものへの気づき」といった目的を掲げる教育もこれと同類です。

これらの論者の良心と熱意を私は疑いませんが、こういう考え方にはあまり賛成できません。理由はふたつあります。

第一の――そして本稿の文脈では最大の――理由ですが、たとえば、小学校で行われることになる英語活動とは「国際理解教育」（「個の確立のための教育」「異文化理解教育」「多文化共生教育」などなど）であると定義しましょう。そして、もし仮にその活動が「英語教育」としてではなく「国際理解教育」として成功したとしましょう。世間は満足でしょうか。英語力改善につながらなかったけれども、国際理解教育が成功して、たとえば、外国人への偏見がなくなったとか、異なるものへの興味・関心が高くなったということで、よかった、よかったと思ってくれるのか。そんなことはないでしょう。世間が小学校での英語教育に託している夢は、日本人の英語力の向上ですから、たとえ国際理解教育が成功したとしても、「で、英語はどうなったの？」という質問が返ってくるはずです。

冨田（『大津本』所収）は、「英語が使える日本人」育成構想＝エリート教育、国際理解教育＝多文化共生教育という二分法で、前者を低く、後者を高く見ようとしていますが、私にはこういう見方はかなり無理をしているように見えます。言葉は悪いのですが、見たいものだけを文部科学省の文書に見つけようと躍起になっている、という印象を受けてしまうのです。たしかに、小学校での英語教育導入を訴える声が、競争原理とグローバル化を背景として、経済界から出ているということ、そして、いわゆるエリート教育なるものにもつながる要素を持っていることは否定できないでしょう。しかし、「小学校で英語をやってほしい」という声は、エリートならざる大衆にも支持されていることを見逃してはいけません。日本の大衆も、「エリート」と言われる人々もこぞって「英語の使える日本人」に憧憬のまなざしを向けています。「英語教科化」への一本の長い道のりの過渡期として、「国際理解教育の一環として」という言葉が持ち出されているという側面を過小評価してはいけないと思います。

ここで余談をひとつ。私が現在編集している『英語青年』という雑誌は今年（2005年当時）で創刊107年を迎える、日本でも最古の雑誌のひとつです。昭和初期から太平洋戦争の時期、英語教育の存廃問題がしきりにこの雑誌では議論されました。「役に立たない英語教育などやめてしまえ」とか「敵国語である英語をなぜ勉強しなければいけないのか」といった英語教育廃止論が澎湃としてわき起こりました。それに対して多くの英語教育関係者が英語学習の根拠として提出したのが、「彼を知り我を知らしむる手段」「思考力の鍛錬と国語意識の養成」というような考え方でした。私の見るところ、こういう「英学」的な考え方は、さらに1970年代初頭の平泉・渡部論争における渡部の「教養派」の論拠へと受け継がれ、さらに「教養」「英学」という理念が古色蒼然とし始めたときに、この伝統に接ぎ木されたのが、国際理解教育（異文化理解教育）であり、さらにその最新の「意匠」が多文化共生教育ではないかと疑っています。英語教育で身につけさせるのは英語の技能である以上に、教養なり、異文化や世界に向かう態度の養成のほうである、と考える伝統です。英語教育にはそういう役目もあると思うので、この考え方をいちがいに否定するつもりはありませんが、こういう目的論は、ともすれば教育の現場での具体的な取り組みという次元とは別個に、抽象的な議論に終始しがちです。そして議論が高度化、抽象化していけばいくだけ、「英語教育の非効率」と「ちっとも向上しない日本人の英語」という惨めな現実が残る。これが、日本の学校英語教育をめぐる議論の歴史だったということを確認しておきたいと思います。

話を戻します。私がこういう国際理解教育的な観点から英語教育を捉える発想を好まない第二の理由。これは、大津（「大津本」所収）の言葉をそのまま引用するのがいいでしょう。すなわち、「この議論の最大の問題点は、英語学習と国際理解とがどのように関連するのかが不明確である」（52頁）という理由です。英語教育、英語学習が国際理解とは関係がない、ということではありません。国際理解教育というものがいかなる実践を指すのか、具体的なイメージがつかみにくいのですが、はっきりしているのは、異文化と自分が属している文化の価値観を俯瞰的な位置から眺めることができる人間の育成ということを最終的な目標とするのでしょう。だとするなら、英語だけでなく、社会、理科、国語、算数の学習も必要でしょうし、英語がそのなかで分け持つのは一部に過ぎないということです。たとえば、異なる文化の価値観を知るためには、その価値観が生成されてきた歴史や地理的環境を知らないといけないという点では社会科の一環として考えられるでしょう。その気になれば、給食活動さえも国際理解教育の場となります。たとえば、給食で出されるバナナをきっかけに、フィリピンの植民地としての歴史を論じて、ここから南北問題を論じていけば（鶴見良行氏の『バナナと日本人』などを参考にして）、これも立派な（たかがご飯を食べる時間に国際理解教育をしようなどと考える必要はありませんが）国際理解教育となります。

それに加えて、この種の教育は、理念としては誠に結構であっても、それを実現しようとしたとき、きわめて難しい問題に突き当たることも指摘しておかねばなりません。山田雄一郎『英語教育はなぜ間違うのか』（２００５）は、「異文化」なるものをパターン化して取り出し、それを教えることが、結果的に文化のステレオタイプを教え込むことになるだけだという趣旨の堀部秀雄の言葉（『現代英語教育』１９９８年12月号）を引いています（49—50頁）。実際、具体的な実践をひとつひとつ検討していくと、疑問が次々と出てきてしまうのです。たとえば、直山（「大津本」所収）は、合作パズルを使った活動を紹介し、それをもって「地球のいろいろな地域に住んでいる人たちと英語を使って互いを理解し合い、協力し合えば、地球規模で起こっている課題も解決できる」（２３４頁）ということを教えることができる、と述べています。私はこの活動自体は英語のゲーム活動として面白いものだと思いますし、氏の熱意もよくわかります。しかし、こういう過剰な意味づけを、このゲーム活動に与えるのは無理というものでしょう（ついでながら、この活動は、英語と他の言語の価値の問題について、私の目には疑問の残る取り扱いをしているのですが、それについては詳述しません)。

先の山田雄一郎は、「国際理解の理念は大切だが、それを教材化して指導の直接の対象にすることには反対である」「音楽は音楽の、社会は社会の、英語は英語の授業を、その本筋に沿って実践すればよい。国際理解は、そうした普段の授業の中で自然に促進されるべきであるし、また、そうでなければならないと思っている」(50頁)と述べていますが、私はこの考え方に現時点では賛成です。英語教育とは英語の教育以上のものでも以下のものでもない、のです。言うまでもなく、こうした考え方は、教科の仕切りを強調するもの、「総合的な学習の時間」の理念と逆行するもので、かなり保守的な見方であることは認めなければなりません。ただし、ここで急いで付け加えておきたいのは、「昔に帰れ」式の「総合的な学習の時間」バッシングにも私はかなりの警戒感をもっています。教科の壁を低くする方向はまだまだ実験段階ですから、長い目でその成果を検討していく必要があるでしょう。「現時点では」という書き方をしたのは、将来の可能性まで否定するつもりはないからです。

## 注目すべき「ELEC Crossroads Project 政策提言」

私は冒頭で、ここで議論する公立小学校での英語教育とは、週に1回か2回程度行われる教育を指すと述べました。小学1年生から始めるとか、5年生から始めるとかいう開始学年の問題や、小学1年生から始めて6年間やるのか、それとも小学4～6年生と3年だけやるのかといった学習期間の問題は全く触れませんでした。議論が錯綜すると思ったからです。

ただ、以下で、考慮してみるべきポイントをふたつ書いておきたいと思います。

ひとつは、私のここまでの議論、あるいは多くの小学校英語教育の議論は、現在の6・3・3制を前提にしているということです。小学校での英語教育の是非を問う場合、反対派は中学校からで十分という意見を言われるわけですが、たとえば、学制が変わって中学校がいまの小学5年生から始まることになった場合は小学校英語に反対するのか賛成するのか。小学校英語教育反対論者は、自我の確立した時期から英語を教えるべきだというわけですが、小学5年生とか6年生からならどうなのでしょうか。そもそも、英語教育の導入時期の議論において、中学1年からなら認められるが、小学6年生からだとダメだという絶対的な根拠はあまりないのではないでしょうか。

もうひとつ考えてみていいと思うのは、教科として獲得した英語授業の時間をどういうように配分するかです。たとえば、小学校英語授業に費やす週当たりの授業数が6年間で6時間だとしましょう。その場合、各学年で1時間ずつ導入するという方法もあれば、小学5年生から導入し3時間ずつやるという選択もあります。小学6年生に導入して、週6時間やるという選択もあります。そういう場合、小学校英語教育に賛成なのか反対なのか、と聞かれると、私はかなり迷い始めます。小学校英語に賛成の人も反対の人も一様に前提にしているのは、「週に1回か2回程度の英語授業」です。そして、そういう授業が、6年間（あるいは3年間、あるいは4年間）行われる、というイメージです。「薄く、そして広く」です。しかし、「厚く、そして狭く」という選択はないのでしょうか。

本稿では「中学、高校、大学と合計10年もやっているのに、手紙一本書けない、電話一本かけられない」というおきまりのフレーズを問題にしてきました。私がここで指摘したいのは、「中学、高校、大学と合計10年もやっているのに」という逆接表現を「中学、高校、大学と合計10年もやっているので」手紙一本書けない、電話一本かけられない、というように順接表現として考えることはできないのか、という提案です。むろん、5年やっているよりも10年やったほうが学習量は倍になるので、そのほうが英語力が向上する、という算術は基本的には間違っていません。しかし、たとえば、現在週3時間程度の英語授業を中学、高校と6年間やる、というのではなくて、中学校3年間に週6時間やるという場合、効果が上がるのはどちらなのか。とりわけ、基礎的な英語の定着という点では、後者のほうが効果が上がるかもしれないのです。

こういう問題に関して、すばらしい冴えを見せている論考があります。それは最初に名前を出した金谷憲が中心となって発表した「ELEC Crossroads Project 政策提言」（２０００）です。「国民全体の英語基礎力を確保すること、高度な英語力を必要とする人達にとって必要なレベルを確保するという2つのことに分け」、中学から大学までの英語教育と、学校外で行うべき最優先方策について述べたこの提言にはいくつも注目すべき観点があるので、詳細については、http://www.elec.or.jp/teacher/teacher06.html をご覧ください。ここでは、本稿に関係ある部分のみを――それでも、少し長いのですが――引用します。

国民一般のレベルでは高校卒業までに最低線として、中学校三年間で習う程度の英語の定着を図る。そのための方策として最優先されるべきことは中学校において英語授業の集中度を上げることである。

現行の教育課程で公立中学校では週三～四時間の英語授業を行うことになっているが週四時間としても学校行事、祝日などの関係から実際に行える授業頻度は週三・五時間内外である。週七日で考えると一日おきということになる。次の授業までに習ったことを忘れ、また新しいことを習っては次の授業までにまた忘れるといったことのくり返しになってしまいがちである。中学の基礎英語さえ多くの生徒に定着しない現状は、このような中で生まれているのである。

そこで、授業密度を上げる一番簡単な方法は、授業時間を増やして英語に触れる量や回数を多くすることである。たとえば、中一は週八時間、中二、三年では週五時間程度にすればかなり効果が期待できる。英語力を向上させることが日本人にとっての重要課題だとすればこれは最も常識的な解決方策といえよう。

しかし、他教科との関係などで授業時間増がかなわないとしたら三年間にならして行っている授業を特定の学年に厚く割り当てて集中度を増す方法で学習効率を上げることが考えられる。週四時間とすると三年間では四二〇時間が予定されるから、例えばそのうちの半分二一〇時間を中学一年に配当すると週当たり六時間を確保することが出来る。週五日制が完全実施されることを考えると学校では英語を毎日一時間、そして週一日は二時間教えることが出来る。中二、三では年間一〇五時間、週当たりでは三時間ということになる。

また、中二から英語をはじめるなら、四二〇時間のうち二八〇時間を初年度（つまり中二）にあてると週八時間、残りの一四〇時間を次年度（三年）に配当すると週四時間の授業になる。

国民一般レベルでの英語基礎力の確保には教育用のリソース（教員、教材、授業時間など）を集中投入することが効率的である。多くの生徒を対象とするとき、長期間に亘って間歇的に授業を行っても基礎英語の定着は図れない。この意味では小学校への本格的英語教育の導入は、「リソースの集中投入」に逆行することにもなりかねないので慎重に検討されることが望ましい。授業の集中ということはこれまであまり提案されていないが、生徒の言語習得プロセスの実状を踏まえた対策を講じる上では大変に重要なポイントである。（傍線部筆者）

この提言で興味深いのは、まさに「薄く、広く」を「厚く、狭く」に変換するというパラダイムシフトを行っていることです。中学、高校での授業の集中度を高めるという提案ですから、一見、従来の教育のマイナー・チェンジに見えてしまうのですが、この提言には、小学校英語教育導入という以上の大きな発想の転換があると私には見えます。限られたリソースのなかで何が可能かという現実の問題を射程に入れて提言が行われている点にも注目すべきであり、とりわけ、傍線部に示したような小学校英語教育導入に対する慎重論は傾聴に値します。

この提言はもうひとつ小学校英語教育導入の問題を考えるときに注意すべきポイントを教えてくれます。たとえば、小学校1年生から導入し、週に1回程度、それを6年間続けるとしましょう。「薄く、広く」のイメージです。その子どもが、現在と同様、中学、高校、大学と英語学習を続けると、合計16年の英語教育を受けたという計算になるわけですが、それで不幸なことに仮に英語が身につかなかったら、目も当てられないということです。これは最悪のシナリオでしょう。「小学、中学、高校、大学と合計16年もやっているのに、手紙一本書けない、電話一本かけられない」！

長期にわたって蓄積される英語教育へのルサンチマンはいまの比ではありません。小学校英語教育導入の問題は「早期英語教育」の問題であると同時に、「長期英語教育」の問題でもあるのです。

## 異なる価値観・常識との対話

公立小学校での英語教育が論じられるようになったのは、そもそも「役に立たない学校英語」という不信感に端を発しています。したがって、この問題を論じる場合にも、英語力向上という最大の課題に沿って議論されるのが本筋であると私は考えます。

国際理解教育、異文化理解教育はむろんのこと、大津由紀雄の言うようなメタ言語教育、さらに松川禮子が述べているような小学校カリキュラム改編の契機としての小学校英語という捉え方（いずれの論も「大津本」参照）などなど、小学校における言語教育についてはいろいろな意味づけがなされていますが、「世間と英語教育関係者とのコミュニケーション」という観点から言うと、これは「プロ仕様」の議論に見えるのではないでしょうか。誤解のないように言いますと、私は、これらの議論を無用だと言うつもりは全くありません。英語教育が持っている豊かな可能性はむろん検討されてよいのです。実際、大津や松川の提案、英語能力の基礎となる母語教育の重要性を訴える三森ゆりか（「大津本」所収）の論考など、学ぶところはまことに多いのです。ただ、小学校英語教育の議論が、学校英語教育への不信という文脈のなかで議論されているとき、これらの提案は世間からすると議論のポイントを少しはぐらかされたような気がするのではないか、という危惧を持ちます。

小学校英語教育のシンポジウムや英語教育関係者が書いた文章を拝見していると、同じ業界にいる人間として、まことに胸のすくような意見がたくさんあります。たとえば、斎藤兆史がいくつかの著作で主張する、英語をマスターするのには長い年月と訓練が必要であるという意見。そのとおりです。安井稔（「大津本」所収）が言うように、日本語で「手紙一本」書いたことがない人間が英語で手紙をすらすらと書きようがありません。安井がやむにやまれぬ気持ちで、世間に対して「あなたはちゃんと英語の勉強をしたのですか」

「従来の学校英語教育はそれほどだめなものでしたか」と主張する気持ちも痛いほどわかります。「中学、高校、大学と合計10年もやっているのに、手紙一本書けない、電話一本かけられない」という世間の声には、学校英語教育への偏見と誤謬があり、言語教育を単なる技能教育と考える狭さがあり、さらにまた自己への深い甘えも秘められています。それを指摘したくなるのは、英語教育関係者として当然でしょう。しかし、ここでこそ私たちはこらえなければいけないのではないでしょうか。

不摂生がたたって病気になった人に向かってその身勝手さを責めても仕方ありません。「小学校英語という注射を打ってください」という患者に、その注射はあまり効きませんと言うだけでも不十分です。大事なのは、病人の痛みを少なくも緩和する治療を施すことです。しかも、この患者は何度も何度も病院を訪れては、一部の人には十分に効果のあった昔ながらの薬が効かなかったと言っているのですから、可能ならば別の薬を用意することを考えるべきでしょう。先のELEC Crossroads Project 政策提言は、その意味では、特効薬ではないかもしれませんが、少なくとも試してみる価値のある新薬に思われます。

作家のカフカはそのアフォリズムのなかで「君と世界との戦いでは世界を支援せよ」と書きました——世間（世界）が受け入れてくれない、世界こそ間違っていると言うことはむろん正当である。しかし、世界が自分たちを切り捨てるのが勝手なら世界を見限るのも自分たちの勝手である。それではコミュニケーションは成立しないのだ。自分には理不尽としか思えないような意見がはびこっている世界との戦いのなかで、自分ではなく敢えて世界を支援せよ、世界の目線で自分を見よ。カフカはそう言っています。

公立小学校での英語教育の問題は、世間と英語教育関係者の間のコミュニケーションの問題でもあります。世間の常識（われわれからすれば非常識）と英語教育関係者の常識（世間から見れば非常識）をすり合わせなければなりません。だから小学校から英語をやってほしいという世間の期待をそのまま受け入れよう、というのではありません。それは「俗情との結託」というものでしょう。しかし、そういう期待の底に沈んでいる学校英語教育への不信とルサンチマンを私たちは見過ごしてはなりません。不信の目を投げかける人の目線でいまの学校英語教育の問題を考えねばなりません。だからこそ敢えて私たちはみずからに言い聞かせねばなりません。君と世間との戦いでは世間を支援せよ。

＊本稿は大津編著（２００５）収録論考を一部修正して再録したものである。

*After Twenty Years*

# 付記 大きな理想とプアな現実

「君と世間との戦いでは世間を支援せよ！」と書いたとき、たぶん筆者の心に渦巻いていたのは、世間の、英語教育の現状についての無理解と無知についての怒りでした。どうやらそのようには受け取ってくださらなかった方もおられたようですが、「世間を支援せよ」とは、筆者としては最大限の逆説的表現のつもりでしたし、だからこそ、「世間を支援せよ」と書きながら、その一方で、世間の要望に唯々諾々と応えることは「俗情との結託」にすぎないと釘を刺したつもりでした。

先の文章から16年。この間の英語教育をめぐる大きな事件は、一つは大学入試における民間試験の利用をめぐる問題であり、もう一つは小学校英語の教科化の問題です。前者については、１９８０年代の「週三反対運動」以来、これほどマスコミを賑わせた英語教育問題はありませんでした。それと比べると、小学校英語の教科化については、少なくても民間試験の問題とは違って殆ど話題になっていないというふうに感じますし、ベネッセの２０１８年の保護者への調査でも、英語の教科化については「どちらかと言えば賛成」が圧倒的に多い数字となっています。

ここ数年、文科省は、毎年、各都道府県ごとに、英検などの外部試験を受けたことのある英語教員の割合や、英検準1級以上を取得している教員の割合を、ほとんど見せしめのように新聞に公表しています。こういう調査にどこまで意味があるのかについてはここでは問題にしませんが、こういう調査とマスコミ発表が、日本の英語教育の元凶の一つが、中学高校の英語教員の英語力の低さであるという世論に対して、文科省として対策を講じていることのアリバイとして機能していることは明らかです。

中学高校の英語教育が悪いのは教員のせいだと世間は言ってきました。それならば、英語の教員資格すら持っていない人が殆どのクラス担任が教えている小学校についてはもっと反発が生まれて当然だと思ってしまうのですが（ちなみに、小学校教師のうち英語免許状をもっている教師の割合は平成30年度で５・９％）、少なくても世間からそういう意見が強く主張されているのを目にすることが殆どないのです。現状が知られていないからでしょうか。ＡＬＴあたりがうまく教えているとか、小学校英語は易しいはずだから担任の先生でもやれるとでも思っているのでしょうか。あるいは、民間試験の問題などと違って、その問題が「すぐ、いま」当事者の将来に関わってくるわけではないと判断されるから、つまりそもそも小学校英語の問題は、教育関係者が言うほどには、世間の本音の部分では、優先度の低い問題だからなのでしょうか。

筆者は、２０１８年６月の日本児童英語教育学会での講演で、文科省の直山木綿子さんが、小学校教員にはなんとか英検３級程度の（！）英語力はつけて欲しいと訴えておられたことを鮮明に記憶しています（いっそ、こういう事態をこそ文科省は率先して発表してはどうでしょうか）。この厳しい現実の改善のために、文科省は目下、英語専科の教員を増やす取り組みを始めていますし、中央教育審議会もこの１月に教科担任制の導入を答申しましたが、改革のペースは遅く、おそらく今とはあまり違わない状況があと数年は続くはずです。

どうしてこういう制度的不備が生じているのか。世間や社会という英語教育を受ける側の立場、英語教育政策を立案し実行する文科省、そして実際の教育現場という三者関係の中で、世間と教育現場の間に立つ文科省が、世間（とそれを背景にした政治家の方々）からの要求に応じる（屈する？）形で、従来の「外国語活動」ではなく「教科」としての英語を選択したこと、つまり軸足を現場から世間のほうへ移さざるを得なかったために、教育現場のリソースが十分でない現状との間に矛盾が生じてしまっているわけです。そして、こういう構造は、制度的保証が脆弱なまま、突き進んでしまったがために混乱が生じた民間試験の導入問題と全く同じ構造です。

ちなみに、教科化以前の外国語活動でよく言われたことは、外国語活動において養成するのは、英語のスキルではなくて、「コミュニケーション力」であるということでした。筆者はかつてある学会のシンポジウムで、この言葉は、英語という個別言語に関わるコミュニケーション力という意味合いと、言語にのみ限定されない、人と交流していくうえで必要となる一般的な意味でのコミュニケーション力という二つのレベルで解釈できることを指摘し、世間に対しては「英語のコミュニケーション力をつける教育をしていますよ」という看板を掲げ、小学校教員集団に対しては「これは教科ではなく英語に限らない教育なのだから、あなたたちにも実践ができる教育ですよ」と励ます魔法の言葉なのだと述べたことがあります。小学校の先生は英語のモデルではなく、コミュニケーションを図ろうとする学習者のモデルであるのだから、という不思議な言葉も当時よく聞きました。筆者にはこういう意見は詭弁としか思えないのですが、それはともかくとしても、「コミュニケーション」という言葉が、世間と教育界の、いわば「落としどころ」として機能していたと考えます。そして、なんとか担任教師に英語をやってもらうためのギリギリの言い訳すら捨てさせられたのが、英語の教科化と共に生じた事態であると見えるのです。

なぜに、こんな無理とわかっていることを文科省がしているのかについては、たとえば、最近出た青木栄一さんという方の『文部科学省』（2021、中公新書）というような本を読むべきで、文科省だけでなく、他省庁、官邸、政治家、教育産業など、様々な要因が絡んでいることが理解できます。つまり、文科省だけ批判していれば済むような話ではなく、この10年の間に、世論に便乗する形で政治家たちが文科省を通して教育界を「間接統治」（上記の青木さんの本にある言葉です）する過程で、教育現場に無理難題が次々に押し寄せることになった結果が、一つは大学入試改革の失敗であり、もう一つが小学校英語の教員問題なのだということです。この状況を前にして、筆者はもはや「世間を支援せよ」とはとても言えません。英語教育研究者が今やるべきことは、教育現場で生じている歪みを一つ一つ報告し、問題点を明らかにしていくことしかありません。

入試制度がそうであったように、制度が不備なところで決まって顕在化するのは、格差の問題です。現在の学習指導要領では、小学校で培った「素地」をベースにして、従来の学習指導要領で設定された目標よりも高いレベルの英語力をつけさせることが期待されています。「素地」作りに関わる大きな要因は教員問題であり、そのなかの重要な部分の一つが、教員の英語力と、それをベースにした英語の指導力です。教育史の本を読みますと、その昔、昭和20年代には、正教員と代用教員の差によってどのような学力差が生じるかという研究が行われた時代があったようですが、たとえば、それと似たような研究が必要となってくるのではないでしょうか。また、公立学校と私立学校出身者でどの程度、英語力の違いが生じているのか、地域的な格差があるかどうかも、公教育としての英語教育という性格を考えるなら重要なポイントです。目下、日本で進んでいるのは新自由主義的な教育改革ですし、英語教育というのはどの教科よりも格差が顕著に現れるところだと思うので、なおさらそのように思うのです。

そのさい、特にお願いしたいのは、文科省が出してくるデータだけではなく、第三者による検証も積極的に行って欲しいということです（その好例は寺沢拓敬さんの『小学校英語のジレンマ』〔2020、岩波新書〕）。英語が教科化されたときに、「問題はありつつも効果は着実に上がっている」というデータが文科省から出されていますが、このようなデータは、企業広告でよくいうところの「当社比」以上のものではないと筆者は考えるからです。マスコミ報道は文科省の後追い報道ばかりである、と嘆いたのは故・若林俊輔氏でした。そういう報道ばかりであったがために、あの民間試験問題の混乱が起きたことを私たちはこれから何度も思い出していくべきでしょう。

## 大津のひとこと

この本の目次に「津田正」という名前を見つけたときの反応は二つに分かれるはずです。一つは《おっ、津田さんも書いているのか》と津田さんの論考に赴く人たち。もう一つは《「津田正」ってだれ？》と巻末の「著者紹介」のページをめくる人たち。そう、津田さんはまさに知る人ぞ知る、月刊『現代英語教育』（研究社、現在「休刊」中）の編集長として、数々の名企画を打ち出し、英語教育界にその名を広く知られるようになった人です。その後、研究社の看板月刊誌『英語青年』（同じく「休刊」中）の編集長を務められました。

今回の「付記」でもやってくれました。ことに、「コミュニケーション力」の二枚舌機能の分析、見事です。では、世間は英語（教育）問題についてだけ、そんなあざとい（もっとも、利用している側が津田さんのような分析をしたうえで、世間を欺くために使っていたのかと言えば大いに疑問ですが）作戦にひっかかってしまうのでしょうか。もちろん、そうではありません。でも、どうしてなのでしょうか。

下條信輔さんの『潜在認知の次元――しなやかで頑件な社会を目指して』（有斐閣、２０１９年）にそのヒントが書かれています。下條さんは「原発は、なぜ安全に見えたのでしょうか」という問いを発して、つぎの要因を挙げています（50頁）。

(1)　ヒトは自分の見たいものしか見（え）ないから、ヒトの想像力には限界があるから
(2)　ヒトのこころは型にはまりやすいから

(3) ヒトはなかなか引き返せないから（ちょうど病的賭博者のように、現在の利権を追い求め、未来に負債を作ることには目をつぶってしまうから）

(4) そのうえ、あと付けの再構成（辻褄合わせ）のプロセスが働くから

それぞれについて、その裏づけとなる、認知科学／神経科学の研究成果が載っていますので、関心のある方はぜひ本を読んでください。

人間はそのような「認知バイアス」を持っているのであれば、なんとかその呪文から逃れる術を身につける必要あります。関連する情報を集め、できるだけ合理的に（理に適うように）思考する。これが鉄則です。しかし、そうは簡単にはいきません。現代社会は情報があふれていますから、情報の収集はどうしても選択的になります。その選択が偏っていたら元も子もありません。合理的な思考と言っても認知バイアスが邪魔します。しかし、それは乗り越えていかなくてはなりません。

わたくしのお勧めは二つあります。一つは自分の考えを文章にしてみます。つまり、思索の結果を外部化してみる。もう一つは実験的に、対立する立場に立って、自分自身と対峙してみる。教育ディベートの「きも」の部分です。

ここまで書いてきて、《皮肉なもんだなぁ》と思います。「思考力、判断力、表現力など」を育むもうという学習指導要領に書かれていることが二枚舌機能を利用して説明されるというのですから。教育ディベートも表面的なことばかり追いかけていて、思考とのかかわりなどは話題になることが少ないからです。「いやぁ、大津先生、それは違うかもしれませんよ」と津田さんに言われそうです。「文科省は小学校英語を練習問題として世間に課しているんだと思いますよ」と。

編者の視点Ⅱ

# あとさきを批判的に考えて研究・実践を

亘理陽一

年表（331頁）にある通り、まだ小学校5、6学年での「外国語活動」が創設される以前、「英語活動」を例示した「総合的な学習の時間」が全面実施されるようになった2年後に刊行された『小学校での英語教育は必要か』から現在までに17年、外国語活動の教材例として『英語ノート』が配布された2009年の『危機に立つ日本の英語教育』からは12年が経過しています。その間に、本書に再録された論考がさまざまな角度から提起していた懸念の何がどう引き取られ、その後の小学校英語教育の実態はどのように捉えられ、それについてどのような議論が交わされてきたのでしょうか。本稿では、収録された12本の論考を捉え直す現在地点を得るべく、当時の議論に直接の関与を持たなかった者の立場から、小学校での英語教育を巡る議論のその後を整理し、「危機に立つ日本の英語教育」の現状の素描を試みます。

## 学会誌論文に見る現状と課題

まず、小学校での英語教育についてどのくらいの研究が行われてきたか、刊行された論文数で見てみまし

図1　CiNiiでの「小学校　英語教育」の出版年別検索ヒット数

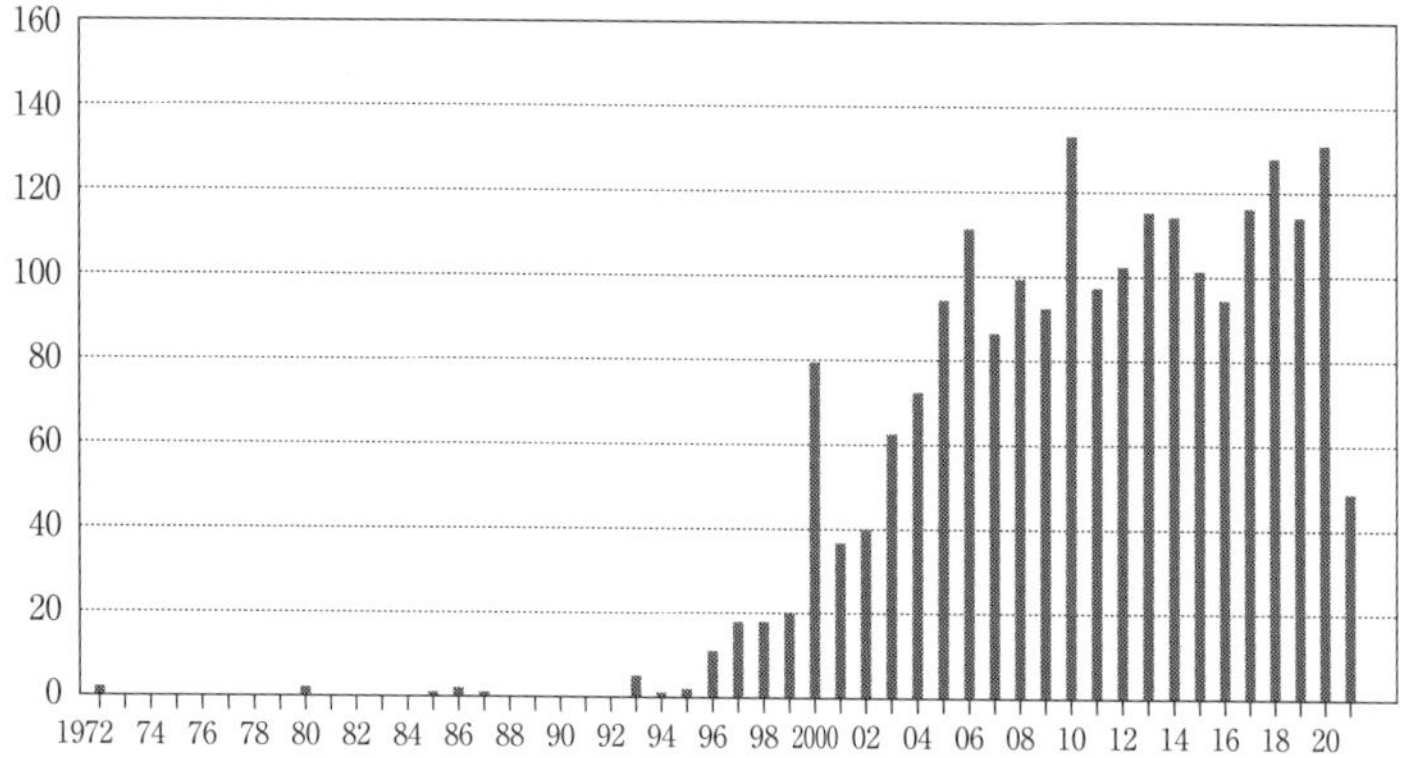


ょう。国立情報学研究所のCiNii（https://ci.nii.ac.jp）で、２００４年から２０２１年の期間で「小学校　英語教育」を含む論文を検索すると１８６５件がヒットします（２０２１年６月時点、以下同様）。学会が発行する定期刊行物や、各大学・研究機関が発行する「紀要」と呼ばれる論文集、英語教育関係の雑誌に掲載された記事などです。期間を指定せずに同じキーワードで検索すると２１７８件がヒットし、発表年を確認できる最も古い資料は１９７２年のものですが、小学校での英語教育に関する約半世紀に亘る論文の85％以上がこの17年間の間に発表されたものということになります。本書に収録された論考で最も新しいものの後、つまり２０１０年以降に限っても１３０５件、約６割を占めます。

　年別に見ると、２０１０年の１３４件を最多として、この15年は平均して毎年１００本強の論文が刊行されていることがわかります（図１）。この増加のトレンドは小学校に関する論文に限ったものではありませんが、２００５年以降、「英語教育」でヒットする論文全体の約１割を「小学校」を含む論文が占めるようになり、２０２０年には約18％を占めるに至っています（図２）。数の上では、小学校英語教育の議論は盛んになったと言えるでしょう。

図2　CiNiiでの「英語教育」の出版年別検索ヒット数

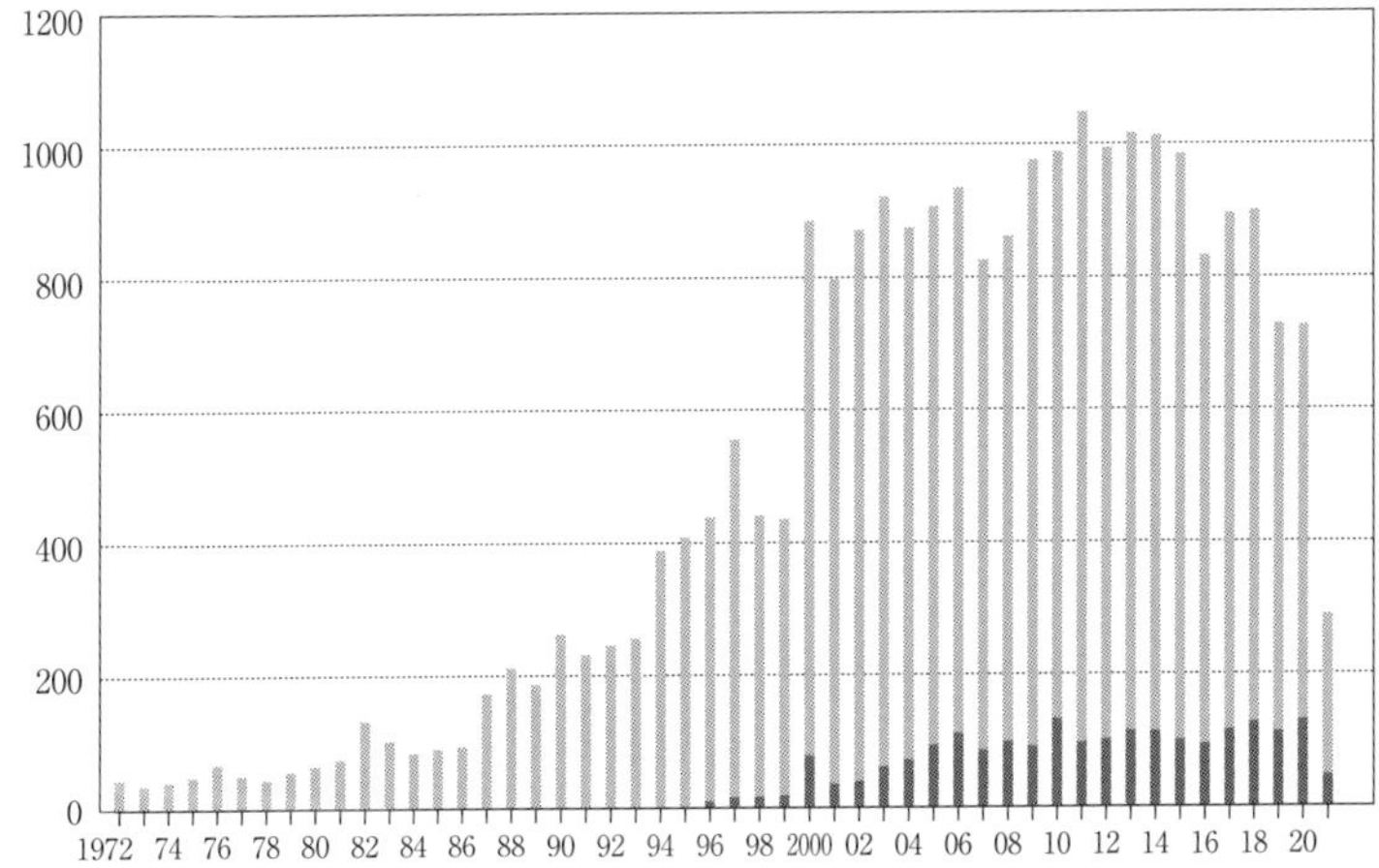


ただしここには、１９８０年に設立された日本児童英語教育学会（ＪＡＳＴＥＣ）が刊行する研究紀要の１９９５年以前の論文と２０１６年、２０１９年以降の論文は含まれていません。その理由は定かではありませんが、津田の論考にも登場するＪＡＳＴＥＣが、２０００年に発足した小学校英語教育学会（ＪＥＳ）と共に、小学校での英語教育の理論的・実践的研究を主たる目的とする学会であることは間違いありません。次に、２００４年以降の両学会誌の論文から研究内容の傾向を概観してみましょう。とは言え、私は両学会ともに会員ではなく、特にＪＡＳＴＥＣについては学会Ｗｅｂページに公開されている第38号（２０１９年）までの掲載タイトルのみに基づく考察であることを断っておかねばなりません。

　日本児童英語教育学会は２０１５年以降『研究紀要』の名称を*JASTEC Journal*に、小学校英語教育学会も２０１２年以降『小学校英語教育学会紀要』の名称を*JES Journal*にあらためているようですが、ここではいずれも後者の名称に統一して言及することにします。

まず、株式会社ユーザーローカルのテキストマイニング・サービス（https://textmining.userlocal.jp）を利用して、両学会誌の論文の傾向を比較してみます（前者は掲載論文に学術論文・学術研究資料・実践報告と提言の区分を設けていますが、ここではその区別を問わないことにします。同様に後者も、第8号より実践論文と研究論文が分けられるようになっていますが、ここではその違いを問いません）。２００４年の *JASTEC Journal* の第23号から２０１９年の第38号までに掲載された１４０本の論文タイトル（内訳を報告しておくと、学術論文が77本、学術研究資料が35本、実践報告と提言が26本、その他が2本です）と、２００4年の *JES Journal* の第4号から２０２１年の第21号までに掲載された２１８本の論文タイトル（内訳は後述の本田ほか、２０２０に譲ります）を分析にかけると、図3、図4のワードクラウドが得られます。

図3　*JASTEC Journal* の論文タイトル

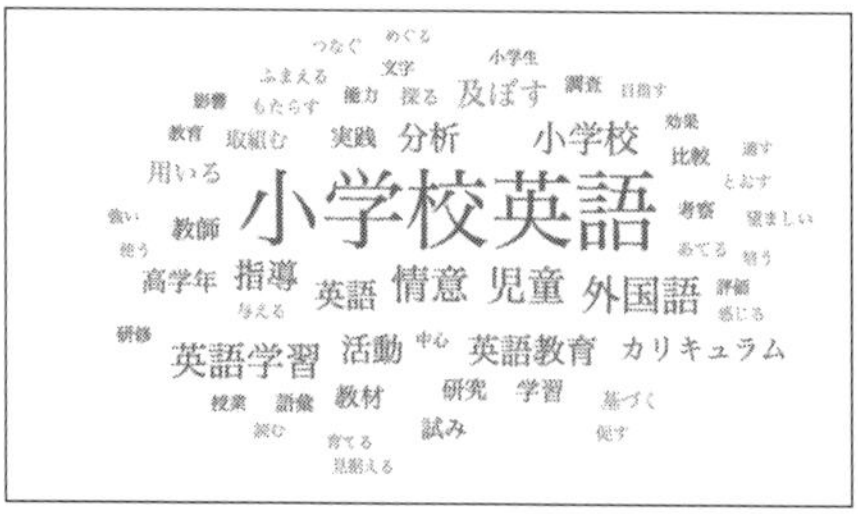


図4　*JES Journal* の論文タイトル

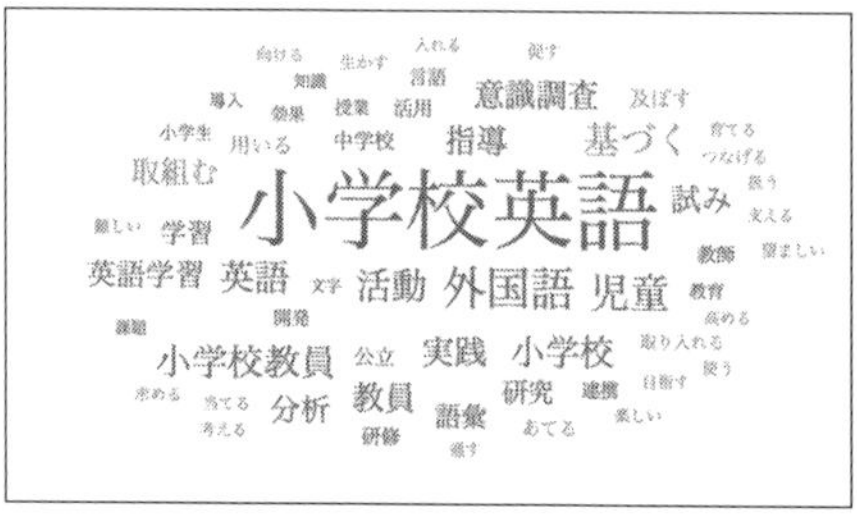


　どちらも「小学校英語」や「外国語」、「児童」の出現頻度が多いのは当然ですが、*JASTEC Journal* には次いで「情意」や「カリキュラム」といった語が目立ち、*JES Journal* には「小学校教員」や「意識調査」の語が目立ちます。両学会誌には同じ著者らが登場し、重なる語も実際多いことが分かりますが、分析では図5のような特徴語が抽出されており、

図５　両学会誌の特徴語マップ

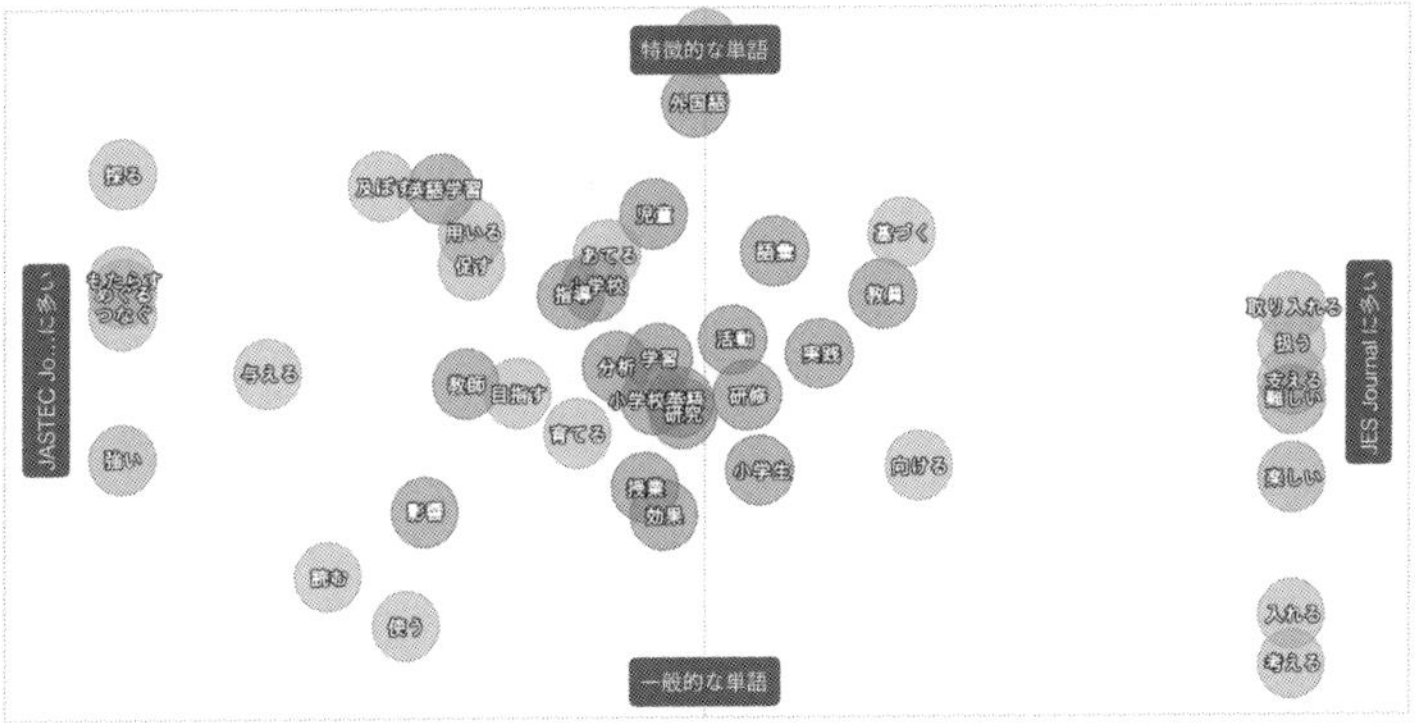


*JASTEC Journal* のほうが教師の働きかけや、期待・予想される子どもの行動に注目した動詞が使われることが多いと言えそうです。

内容についてはどうでしょうか。*JES Journal* については、本田ほか（２０２０）が、「小学校英語における研究動向」と題して第3号から第19号までに掲載された論文１８９本のレビューを行っています。そこでは、リサーチタイプとしては実証研究（89本）と実践報告（50本）で全体の73％を占めること、研究対象としては、中学校／生や大学校／生を対象とするものもあるが、当然小学校／生を対象とするもの（89本）が中心で、教員を対象とするもの（40本）が2割を占めることなどが報告されています。計１３９本の実証研究と実践報告については、手法はさまざまながら、教育的介入有り（45本）より介入無し（79件）が多く、「仮説生成型」の研究が6割にのぼるとのことから、質問紙やテストを通じて、実態から問いを導き出すタイプの研究が主流だと言えそうです。本田ほか（２０２０）は、「対象が児童ということもあり、精緻な実験デザインを組むのが難しいと同時に、倫理的な配慮にも関わる結果であろう」（３５６頁）と考察していますが、授業記録・観察が1割に満たず、児童や教師へインタビューを行った研究もほとんどないというのは、実験デザイン以前に、学会員がいったい小学校での英語教育の何を見ようとしているのか心配にもなる結果です。

本田ほか（２０２０）はさらに、「学習指導要領の変遷に合わせて」（３５６頁）全体を、（１）小学校英語導入期（２００２-２００９年）、（２）小学校外国語活動必修化期（２０１０-２０１７年）、（３）小学校英語教科化期（２０１８、２０１９年）３つの段階に分けてキーワード分析を行っています。図４と重なる部分もありますが、（１）の時期には「指導者」や「教員研修・養成」といったキーワードが相対的に多く登場する一方で、（２）の時期には児童のコミュニケーションに関する項目や、語彙や指導法、教材・教具、評価に関する研究の増加が見られ、（３）の時期には文字や音声の細部が検討されるようになり、文法指導への着目が見られるというように、全体としては（１）から（３）の「段階に移り変わっていくにつれて、研究の内容が細分化・専門家してきている」（３５８頁）とまとめられています。

本田ほか（２０２０）は、（２）の時期の変化に学習指導要領の「コミュニケーション能力の素地の育成」という目標の影響があることを指摘していますが、上述の文法指導への着目なども含め、逆に言えばそれは、「『時々の教育的あるいは政治的流行』を正当化するのに都合の良い論拠をそのつど提供する、という役回り」を演じていないかを学会が自ら問うべきであるということかもしれません（今井２０１５、１９２頁）。実際、Terasawa（2008）を除けば、小学校英語教育政策それ自体を検討しようとする論文が見当たりません。*Hi, friends!* や *We Can!* の分析やそれらを用いた実践報告は見られるものの、『小学校英語活動実践の手引』や『小学校外国語活動・外国語研修ガイドブック』を批判的視点で捉え、それらに改善要求を突きつけるといった論文もなさそうである一方、*JES Journal* では「小中連携」に関する論文、*JASTEC Journal* では〝Can-Do〟を含む論文が散見されるという具合で、掲載論文に現状追認・応対的な傾向があることは否定できないでしょう。ＩＣＴやデジタル教材に関する論文が比較的早くから見られる点はバトラー後藤の付記の要請に対応するものと言えなくもありませんが、津田が付記で求めているような研究の不在が、小学校英語教育研究の現状では弱いところと言えます。

尤もそれは小学校英語教育学会や児童英語教育学会だけに突き付けられるべき批判ではなく、英語教育界全体の問題であり（亘理２０１６）、斎藤が付記で指摘する通り「大学英語教育学会（ＪＡＣＥＴ）をはじめとする英語教育関係者」が「猛省」すべきことと言えるかもしれません（１２４頁）。学会名が出たついでに付記しておくと、ＪＡＣＥＴについては、CiNiiに情報のある２００４年から２０２１年までの支部や部会の刊行物も含めた掲載論文５５２本中、「小学校」を含むのは34本に過ぎません。それらは、実践や教科書分析から現状と課題を明らかにしようとしている中山（２０１７）や成田（２０１７）、あるいは彼女らのその後の論文を除けば、海外の授業視察報告か、小学校英語指導者のための言語教師ポートフォリオ（Ｊ－ＰＯＳＴＬ）の開発・検証を中心に教職課程の「充実」の模索に終始しており、学会として小学校英語必修化の結果について「猛省」しているようには見えないので上記の分析には含めていません。

ＪＡＳＴＥＣは、１９９６年、２００４年に続いて、２０１２年10月に「小学校外国語活動の教科化への緊急提言―グローバル社会における国民の基礎教育として豊かな外国語活動を！」というアピール（http://www.jastec.info/file/appeal2012.html）を学会として公表していますので、猛省どころか現状について最も多くの責任を追うべき団体の一つです。

興味深いのは――という言い方が無責任に響くようであれば、小学校英語教育の研究にとって深刻なのは――そのような提言を行っている学会の学会誌には、本書の12本の論考および付記が繰り返し提起している課題や懸念に応える論文がほとんど見られないということです。それは*JASTEC Journal*に限らず、*JES Journal*についても同様です。

例えば、松川が付記で述べている通り、「小学校への英語教育導入についての最大の問題は今日に至るまで一貫して、だれが教えるのかということ」だと言えるでしょう（56頁）。しかし、上で調べた2004年から2019年の*JASTEC Journal*の140本の論文タイトルに、「専科（教員）」という言葉を含むものは1本もありません。「担任」という言葉を含む論文も、2007年の研修後の担任の意識の変化を報告する論文、担任の指導力向上を目指した2010年の外国語活動の研修報告、同様に担任の授業力向上を目指した Teacher Talk のあり方についての2016年の論文の3本にとどまります。では、論文数は少ないながらも担任が教えるべきというのがJASTECの姿勢なのかというと、上記のアピールでは「小学校外国語（英語）科教員の養成と研修」について、韓国を引き合いに出して、「諸外国の小学校の外国語指導者は、専科教員もしくは担任である」と言い切り、「各小学校に一人ずつでも専科教員を配置」することを求めているのです。そこで同時に要求されている教員養成や研修について、指導者の「養成」に関する論文は2010年までは断続的に5本が確認できますが、そこからは「コア・カリキュラム」の具体化に関わる2019年の2本まで全く音沙汰がありません。学会内部で組織されたプロジェクトチームが作成し、役員総会・臨時総会で承認・採択されたとのことですが、どういう根拠と学術的成果のもとに提言がなされているのか疑問視せざるを得ません（酒井2021）。

JESは、全国英語教育学会（JASELE）と共同で「文部科学省で検討中の『小学校英語教育の改革』に対する提言」（http://www.jasele.jp/wp-content/uploads/appeal_rev.pdf）を2014年に公表しています

（酒井（２０２１）によれば、さらに役員有志が「小学校英語教育の教科化に向けた提言」を２０１５年に文部科学省に提出したとのことですが、JES News Letter 号外にしか掲載されていないため学会員以外は読むことができません）。学会として課題や懸念を整理し、その解決につながる条件整備や研究推進の必要性を訴えた点は評価できますが、これまで *JES Journal* などで積み重ねてきたはずの研究成果に言及がないのはＪＡＳＴＥＣと同様です。

*JES Journal* には「専科」を含む論文が掲載されていますが、２００４年から２０２１年の２１８本のうち3本にとどまります。「担任」を含む論文は２００５年以降10本です。専科教員と担任による絵本の読み聞かせを比較した杉本・湯川・森（２０１０）は外国語活動必修化の比較的早い段階でこの問題を取り上げているとも言えますが、結果として両者には差がない（どちらも児童のテクスト能力を向上させることができる）ことを示すものとなっており、その後の２０１９年の初任専科教員の音声指導についての論文と、６年生のつまずきに関する担任と専科教員に対する２０２１年の調査は、その後の方向性の提言のためというよりは、既に生じている現象に対する臨床的な性格のものでしょう。湯川（２００４）がシンポジウム報告として「英語の教科化を考える前に要る基礎研究」を提言していたＪＥＳでも、松川のように問題を捉えて学会として議論や研究を重ねていたと判断するのは難しそうです。

「だれが教えるのか」に関してもう一つ重要な存在である〝ＡＬＴ〟についても、*JASTEC Journal* で3本、*JES Journal* で2本が確認されるのみで、ＪＡＳＴＥＣが提言で「ＡＬＴや特別非常勤講師等とともに、担任とのティーム・ティーチング等にあたらせる」としている、ティーム・ティーチング（ＴＴ）についてはその内の1本が取り上げているだけなのです。関連して「母語話者」にタイトルで言及している論文が *JES*

*Journal* に2本のみでした。

もう一つ興味深いことに——これが両学会に対する皮肉であることはもう十分お分かりいただけているかと思いますが——本書に掲載された論考を特徴づける「国際理解（教育）」、「異文化コミュニケーション」、「多言語（共生社会）」、「多文化（共生社会）」といったキーワードは、両学会誌の論文タイトルにはほとんど登場しません。「国際理解」を含む論文は、*JASTEC Journal* ではわずかに1本（「国際的（志向性）」を含めれば3本）、*JES Journal* で2本（「国際交流」を含めれば3本）にすぎず、「多言語」・「多文化」に至ってはいずれも0本（*JASTEC Journal* に「異文化」が1本）です。冨田が付記で言及する「「国際理解教育」という枠組みを一種の「軒先《のきさき》」のように利用し「英語教育」を軒下に忍び込ませようとする戦略」（159頁）は、ＪＡＳＴＥＣやＪＥＳではとうに忘れ去られてしまったか、最初からなかったことになっているようです。

このようにして見ると、本書の論考が提起した課題は小学校英語教育研究者にはほとんどまともに引き取られていないという評価が妥当だと言えそうですが、「国際理解」を含む論文が登場したのは *JASTEC Journal* で２０１７年、*JES Journal* でも1本は２０２０年のことであり、後者では「複言語」を含む論文が２０１９年に1本掲載され、さらに「メタ言語」を含む論文も２０１９年以降に3本登場するなど、対応すべき実態（に影響された問題意識）が、10数年遅れて、ようやく本書の論考に追いついてきた可能性も一部にはあるのではないかと私は考えています。ただ、この期間の *JASTEC Journal* には「コミュニケーション（活動・能力）」を含む論文も1本しかなく（*JES Journal* には8本）、その是非はともかく、ここまで読まれたみなさんは「では、残りの大半の論文でいったい彼らは何を論じているのだろう」と訝るかもしれません。

少なくとも、鳥飼・山川・野山の付記の視点が小学校英語教育関係者にわがこととして捉えられるためには、まだまだ長い道のりが必要だと言えるでしょう。あるいはやや悲観的な物言いをすれば、それは言語教育関係者の営為によってというよりは、社会の言語環境の変化によって否応無しに切り拓かれる「けもの道」かもしれませんが。

## 教科化までの過程の評価

### エビデンスに基づく議論と検証

上記の（2）の時期に対する評価として、そのＪＡＳＴＥＣ中部支部に招かれて、２０１７年に「現行学習指導要領下で何ができていて、何ができていないのか」という題の講演をしたことがあります。その内容の一部は亘理（２０１８）として報告したのですが、以下では資料を補いつつ、その概要を再度まとめてみます。

「できていないこと」としてまず指摘したのは、エビデンスに基づく議論と検証です。寺沢（２０１５）は、エビデンスに基づく政策立案・評価の基準（エビデンス階層、亘理ほか２０２１参照）から見ると、小学校英語教育の導入にはかなり質の低いエビデンスしか用意されて来なかったことを分析によって明らかにしています。海外に目を転じると、例えばThe Barcelona Age Factor（BAF）Project（1995–2002）では、６年生から3年生に英語教育の開始が引き下げられる制度変更のタイミングを活用して、8歳、11歳、14歳、18歳以上の学習開始年齢と２００時間、４１６時間、７２６時間の学習時間の条件で実験参加者を揃えた実証研究を行い（ただし７２６時間は8歳、11歳で学習開始したグループのみ）、学習を遅く開始したグループの方が、4技能および文法能力を測る10個のテストにおいておしなべて成績が良かったことを報告しています(Munõz (Ed.), 2006。この研究は、バトラー後藤(2015)でも言及されています)。教科化に伴って2年間70単位時間が4年間210単位時間とされる際、その是非や効果を判断するために、こうした研究が参照されたり実施されたりすることはありませんでした。

とはいえ上記の研究も、エビデンスの質に関して寺沢(2018)が整理した5つの基準に照らすと、学習開始年齢・学習時間とテストの結果以外の要因を考慮しているか(因果効果の推論の精度の問題)や、サンプリングの偏り(結果の他集団への適用可能性)、テストの内容(測定されているものと政策目標との適合の問題)について課題がないわけではなく、それをひとつ持ち出したからといって、エビデンスに基づく議論が十分にできるわけではありません。政策目標と合致した適切な指標について調べられていることはもちろん、その効果の有無や大小が明らかで、より広い範囲に一般化可能な結果が示されているだけでなく、授業後すぐにアンケートやテストをして事足れりとするのではなく、中長期的な影響を見る必要があるからです。

寺沢(2018)が指摘する通り、JASTECは1995年にも小学校からの外国語教育を推進するアピールを出しており、そのために1980年代に調査研究を重ねていますが、いずれの点でも問題がありま す。こうした「児童期に英語を学習した群としていない群の英語力を統計的に比較するというデザイン」(寺沢2018、60頁)は、一見すると尤もらしい「科学的」実証研究に見えますが、政策を立案・評価するためのエビデンスとしての質は低くなりがちなのです。なお、前節で検討した期間の2つの学会誌論文では、早期英語教育の効果に関わる論文は*JASTEC Journal*に1本確認できるのみでした。

津田が付記で言及している通り、今後のためにも、以上の内容について寺沢（２０２０）の一読を広く勧めます。寺沢（２０２０）は、戦前の前史にも触れつつ「政策的に無の時代」から始めて5期の時代区分を設定することで、「日本では国際理解教育という入り口を経由して小学校英語が発展していった」が、それが「80年代の自治体独自の取り組みとも連続性があった」（24頁）ことや、「遊び慣れ親しむだけ」という認識で導入された、総合的な学習の時間における英語活動によって「ほかでもなく小学校卒業生の英語力格差が問題視され、その解消のために、小学校英語の必修化が決定され」（50頁）たことを指摘しています。

**教室での児童の実態の把握**

研究指定校などを中心に、「総合的な学習の時間」以来の約20年の間に実践の蓄積が進んでいるとは言え、系統的な単元ベースの授業づくりに積極的に取り組んでいるところから、単純なゲームの繰り返しによる散発的な授業に甘んじているところまで、これまで観察してきた限りにおいて現状は地域・学校によりさまざまです。菅の付記は、指摘する実態は事実の一端であるとしても、教科調査官を務めた者の言葉として、そしてその立場で論考において述べていたことを踏まえても、無責任だと言わざるを得ません（「スキル・ベース」というより、コンピテンシー・ベースの傾向は外国語科だけの問題ではないでしょう）。*We Can!*（現状では、その後の7社の検定教科書の）のどういう内容が指導者と子どもにとって難しいのか、「多くの小学校」での実践の事実を具体的に蓄積し、問題を「直視」して、先生がたが「指導に辟易」せずに済むためにどうしたらいいかを考えて提言してほしいものです（２４７頁）。それは直山が論考で求めていることでもあったわけですが、それがどの程度満たされたと言えるのか、もう少し直山に付記でリアリスティックな評価を述べてもらいたかったところです。

この間の国による検証・評価のデータとして、２０１１年度と２０１４年度の小学校外国語活動実施状況調査があります。全国の公立学校を無作為抽出し、外国語活動を学ぶ小学校5、6年生と外国語活動で学んだ中学1、2年生各2万人以上に関心・意欲や学習状況などを質問紙で尋ねたものです（併せて、管理職と学級担任・外国語科担当教員、各3千人程度に児童・生徒の変容や課題も尋ねていますが、ここでは児童・生徒の回答に絞って取り上げます）。

直山（２０１５）は、両年度の調査の結果に基づき、「外国語活動全面実施から4年が経つが、おおむねその実施状況は良好と考えられ」、「外国語活動を通して、中・高等学校における英語教育の基盤となる英語への興味・関心・意欲が高まっている」とまとめていますが、「あなたは、英語の授業の内容を理解していると思いますか」というやや誘導的な質問にもかかわらず、否定的に回答した児童がいずれの調査においても1割弱存在することのほうが私は気になります（29頁）。

外国語活動だけに責任が帰せられる問題ではありませんが、自己報告とは言え内容の理解について肯定的である児童が約65%ということは、3割以上の児童、つまり標準サイズの学級で平均的に10人程度が、半分かそれ以上理解しないまま授業に参加しているということになります。あくまで児童の自己報告の結果ですが、むしろ何らかの改善を図るべき状況を示していると思うのは私だけでしょうか。

「英語の授業は好きですか」という質問に対する同様の結果（約7割が肯定的で、約1割が否定的）を考え合わせると、おそらく教室には、（a）授業がわからないし楽しくもない児童、（b）なんとなく「楽しい」だけでわかっていない児童、（c）わかっているが（だからこそ）楽しくない児童が一定数ずつ存在すると推察されます。亘理（２０１８）では「外国語の教科化にあたり、それぞれの課題の分析とサポートがいっそう求められる」（10頁）と指摘しましたが、*JASTEC Journal* や *JES Journal* の近年の論文タイトルには、どうにかしてそれを把握しようとしていることを窺わせるタイトルが散見されます。必修化・教科化に伴う影響が出始めた証拠でしょうか。

**指導体制・環境**

斎藤も指摘する通り、課題の一つは、児童が触れる英語にあると言えます。松川が述べているように、かつては、「英語が滑らかに口から出てこないにしても、堂々とＡＬＴと話し、楽しそうに付き合う担任の姿から、英語は決して難しいものでも、特別なものでもないことを子どもは感じ取れるのではないだろうか」と、「ロール・モデルとしての学級担任の役割」（松川２００４ｂ）が強調されていました。しかし、そのような牧歌的な現実が一般的なものとなっているとは言えないのは周知の事実です。現行の制度的な枠組みの範囲での具体的な指導内容・方法の提案として山田（編）（２０１８）や泉ほか（編）（２０２０）が示されてはいますが、そのような「すぐれた」実践例を批判的に検討し合い、さらに改善を重ねていけるような体制を作ることができている自治体・学校が日本全国に広がっているとはとても思えません。

さらに、サンプルに偏りがあるものの、上智大学（２０１５）の調査では、小学校では高い割合でＡＬＴが単独で授業を行っている実態が示されていました（小学校34％、中学校7％、高校17％）。外国語教育に関する専門的知識・技能がＡＬＴの要件となっていない現状では、彼らに任せておけば安心かと言えば当然そのようなことはありません。外国語を教えた経験がある者は誰しも、その学習者たちにとって理解可能な範囲での適切な語句の選択や、必要十分な言い換えや繰り返し、理解を助ける例の提供や、やり取りを通じた理解の確認・フィードバックが決して簡単なことではないと身をもって知っています。担任もしくは専科の英語教員が中心授業者になったとしても、そのための十分な英語運用能力や知識・経験を持っていなければ問題は変わりません。児童が耳にする英語が『小学校外国語活動・外国語研修ガイドブック』の「クラスルーム・イングリッシュ」をただ暗記して再生するだけのものであれば、早晩、児童や保護者に見限られてしまうでしょう。外国語は唱えるだけでご利益のあるお経ではないのですから。その点で村端（２０１８）は、場面に一対一対応させたフレーズを覚えて再生する「儀式」を促すような従来の表現集から脱却した、小学校段階からの会話の構成と展開の指導に対するすぐれた提言を与えるものとして評価することができます。

直山が付記で「まだまだ条件整備等をしていく必要がある」（２８６頁）と述べているように、依然として、教員養成・研修の体制づくりが急務であることは間違いありません（藤原・仲・寺沢２０１７）。

*JASTEC Journal* や *JES Journal* でも、担任か専科かという視点はともかく、養成・研修については期間全体にまたがって比較的多くの論文が掲載されていると言えます。しかしその養成・研修の充実によって目指すものが、純粋な英語運用能力のみだとは私は考えません。斎藤が付記で「「英語屋」のほうがまだまし」（１２７頁）と述べたくなる気持ちも理解はできますが、これまでの英語教育において、「英語屋」の権威を振りかざすばかりの退屈な授業で多くの英語嫌いが生み出された過去、あるいは生み出され続けている現在も私は忘れてはいません（ここでの話題は小学校での英語教育ですが、過去を振り返って「作業」と多くの学生に揶揄される高校英語教育の実態を肯定することは私にはできません。亘理２０２０）。それは「英語

屋」ですらなく「英語屋もどき」だと斎藤は言うかもしれませんが、山田が付記で述べている通り学ぶのは学習者であって、インターネットなどを通じて豊富な英語にアクセスしやすくなった今においては、教師の英語を相対化したり補ったりする手段は十分にあります。

むしろ重要なことは、教員自身が、外国語である英語と母語による言語使用の担い手の自覚を持って指導に当たれるかどうかでしょう。亘理（２０１８）では、われわれが言葉を用いる目的を、（1）世界を知る・作品を味わう、（2）対人関係を築く・調整する、（3）課題を解決する、（4）モノを生み出す・世界を変えるという4つに分け、これらの経験を豊富に重ねていけるような研修体制・組織づくりが肝要と述べました。ここで言う「世界」とは、子どもたちが直接・間接に関わりを持つ現実社会という意味です。個々の教員の英語運用能力の重要性を否定するわけではもちろんありませんが、山田が付記で述べているように、ことばの学習が「躍動的で楽しいもの」だと自らが実感し、子どもたちとそういう各単元の内容を作っていける教師集団の存在が重要だと思います（１０９頁）。

範囲をさらに広げて考えると、かつて松川（２００４b）が描いた状況が現実になるとすれば、教室内だけでなく、学校や地域も〝ＡＬＴ〟をもっと自然なコミュニティの一員として扱うような環境になっているはずでしょう。そのためには、言語運用能力の不足などから十分な意思疎通ができていないＡＬＴや教職員のサポートも必要です。要するに子どもたちは、われわれ大人が、個人・集団として英語や英語話者とどう向き合っているかを見ているのです。担任に精神論や過剰に高い要求を押し付けて解決する問題ではありません。

本書の執筆者たちがあまり触れていないこととして、「小学校教員養成課程　外国語（英語）コア・カリキュラム」の問題があります。2019年以降の教職課程で小学校教員免許取得を希望する者は、授業実践とそれに必要な知識・理解を学ぶ「外国語の指導法」と、授業実践に必要な英語力と知識、それに英語に関する背景的な内容を学ぶ「外国語に関する専門的事項」を必修科目として学んでいます。ここで述べてきた考え方で「コア・カリキュラム」に記載されている内容を吟味すると、小学校教員免許取得者全員の目標への到達を保証しようと思えば、多くの大学は、根本的な組織・カリキュラム改編を迫られているはずです。それは中・高等学校教員養成の延長でこなせるようなものでも、既存の外国語活動の拡大として済ませられるようなものでもありません。しかし、既に過密な教職課程に用意されたのは「わずか23回程度(3単位程度)の授業」なのです(鳥飼ほか2021、121頁)。この授業担当やカリキュラム運営のためにスタッフを拡充したという大学が実際どのくらいあるでしょうか。亘理(2018)には「各大学がその体制づくりに及び腰だとすれば、のぞいて見たら『コア』が空洞だったということにもなりかねない」という皮肉を忍ばせておきましたが、教育職員免許法及び同法施行規則改正後のカリキュラムが進行する今も「十分に時間と予算をかけた骨太の教員養成に取り組まない限りいかなる教科化も実を結ぶことはないと関係者全員が認識しない限り、小手先のパッチワークで魂のない仏像を量産する」という懸念は残念ながら変わりありません。

## 危機に立つ英語教育のあとさき

最後に、私が外国語科の今後に期待するとすれば、現状散見される、思考を伴わない「ぺらぺらな英語」が少しでも薄っぺらでなくなることです。子どもたちが、自分が日常的に用いる言語と新たに触れる外国語を照らし合わせながら、お互いが満足できるコミュニケーションを模索し、思慮深い言語使用について考え深めることができる授業をより体系的に構想・追究してほしいのです。

それは、理念としては大津（２０１０）が「言語教育」の名で構想した授業と合致するものであり、言い換えれば、「ことばのおもしろさ、豊かさ、怖さを実感」しながら、特定の個別言語を絶対視することなく、「他者の言語表現の意図するところを的確に判断」しようとしながら、その目的・場面・状況が求めると判断することばを効果的に駆使できるようにすることです（大津２００９、３８４頁）。亘理（２０１９）は「自他にとって心地よいコミュニケーションとはどういうものかについて考え、ことばを駆使してそれを実践するための教科」（15頁）という外国語の教科目的論を提示しています。

外国語活動も含めた現行の小学校英語教育の２１０単位時間とは、私にとってそういうボリュームであり、他教科に割くこともできる時間をわざわざ当てるからには、それに見合うだけの単元計画・年間カリキュラム編成が求められていると考えます。しかし、学会の性格を考えれば然るべく結果とは言え、本稿で検討した期間の *JASTEC Journal*、*JES Journal* のいずれにおいても、松川が論考で提示しているような「小学校教育課程の新しい枠組みづくり」という視点の論文は見当たりません（上掲の泉ほか（編）２０２０は、ＪＡＳＴＥＣの設立40周年記念刊行物として小学校外国語教育の役割を述べ、特別支援教育の視点の取り入れにも言及はしていますが、全体としてはあくまで外国語教育の枠内にとどまります）。

他方で、次の教育課程実施状況調査などのデータが出揃っていくにつれ、小学校で２１０単位時間を費やし、中学校でも最大の時間数を占有する公教育としての英語教育は、今後ますますその視点での吟味に晒されることでしょう。例えば２０１９年のベネッセ教育総合研究所「第1回 中学校英語に関する基本調査・

生徒調査」のデータに基づく寺沢（2018）の分析によれば、経験時間で見た場合、中学2年の時点で確認できるのは「100時間経験するごとに偏差値換算で約0.5英語力がアップする」という程度の効果にすぎず（偏差値で言うと5ではなく、0.5です！）、小学校での英語教育を経験した人としなかった人を比べたモデルでも、英語力・異文化理解・英語学習への態度に対する効果は偏差値換算で1.2〜2.2の範囲に留まります。公教育における言語教育観を転換しない限り、「小学校英語の効果は（たとえ統計的に有意だったとしても）ごく微弱なものであり、政策導入に必要なコストに見合うものかどうか疑問を抱かせるもの」（66頁）なのです。

こうして見てくると、『小学校での英語教育は必要か』と問うてから17年が経ち、議論は一周まわって（あるいはスタート地点から動くことなく）松川や大津の論考にたどり着いて（留まって）いるようにも思えます。それと同時にひしひしと感じるのは、津田の論考で指摘されている「世間」との溝です。何のために英語を学び、何のために英語でコミュニケーションをするのかという目的論のレベルでの合意が社会にないまま（ないからこそ）、多くの人が手っ取り早い実用的目的論に飛びついてしまう今の状況で、本書に収められた論考の主張について広く理解を得るのは容易ではないでしょう（亘理2021）。

それでも、少なくとも本稿の考察から言えるのは、小学校英語教育の中だけに閉じた議論は遅かれ早かれ説得力を失い、公教育における英語教育の立場をますます危うくするだろうということです。だからこそ、もう一度本書の論考に立ち戻って、現時点での付記を踏まえ、「狂騒曲」のあとさきを広く、深く議論せねばなりません。17年前に生まれた子どもたちがもうすぐ大学に進学し、数年もすればその中から次の小学校教育の担い手が教室で外国語を教えることになります。今から17年後の「付記」が仮にあったとして、私は

「あの頃と問題は何も変わっていない」と嘆息したくもされたくもありません。

| | | |
|---|---|---|
| 2009<br>（平成 21） | 菅正隆、文部科学省初等中等教育局教科調査官退任（3 月）<br>直山木綿子、文部科学省初等中等教育局教科調査官就任（4 月） | 『危機に立つ日本の英語教育』（慶大出版会）（7 月） |
| 2011<br>（平成 23） | 平成 20 年改訂「小学校学習指導要領」全面実施。 | |
| 2012<br>（平成 24） | 文部科学省外国語活動教材例「Hi, friends!」配布。 | |
| 2013<br>（平成 25） | 「グローバル化に対応した英語教育改革実施計画」公表。<br>小学校中学年で外国語活動、高学年で教科外国語実施の提案。 | 大津由紀雄・江利川春雄・斎藤兆史・鳥飼玖美子『英語教育、迫り来る破綻』（ひつじ書房） |
| 2014<br>（平成 26） | | 江利川春雄・斎藤兆史・鳥飼玖美子・大津由紀雄『学校英語教育は何のため？』（ひつじ書房） |
| 2016<br>（平成 28） | | 斎藤兆史・鳥飼玖美子・大津由紀雄・江利川春雄・野村昌司『「グローバル人材育成」の英語教育を問う』（ひつじ書房） |
| 2017<br>（平成 29） | 「小学校学習指導要領」改訂。中学年に外国語活動、高学年に教科　外国語創設。<br>文部科学省「小学校外国語活動・外国語　研修ガイドブック」公表。 | 鳥飼玖美子・大津由紀雄・江利川春雄・斎藤兆史『英語だけの外国語教育は失敗する―複言語主義のすすめ』（ひつじ書房） |
| 2018<br>（平成 30） | 文部科学省外国語活動教材例「Let's Try!」、教科外国語教材例「We Can!」配布。 | |
| 2019<br>（平成31／令和元） | 中教審教育課程部会「児童生徒の学習評価の在り方について（報告）」取りまとめ。<br>直山木綿子、文部科学省初等中等教育局視学官に就任（4 月）<br>国立教育政策研究所「「指導と評価の一体化のための学習評価に関する参考資料」公表。 | 大津由紀雄・浦谷淳子・齋藤菊枝編『日本語からはじめる小学校英語―ことばの力を育むためのマニュアル』（開拓社）（7 月） |
| 2020<br>（令和 2） | 平成 29 年改訂「小学校学習指導要領」全面実施。 | |

## 年表

*図書については特に断らない限り、大津由紀雄編。

| 西暦年（和暦年） | 文科省関連の動き | 大津関連の動き* |
|---|---|---|
| 1998（平成10） | 学習指導要領改訂。「総合的な学習の時間」創設、取り組み例に「英語活動」を例示。 | |
| 2002（平成14） | 平成10年改訂「小学校学習指導要領」全面実施 | 大津由紀雄・鳥飼玖美子『小学校でなぜ英語？―学校英語教育を考える』（岩波ブックレット） |
| 2003（平成15） | | 慶應シンポ「公立小学校での英語教育をめぐって」（12.6） |
| 2004（平成16） | | 『小学校での英語教育は必要か』（慶大出版会）（7月）<br>慶應シンポ「小学校での英語教育は必要ない！―英語教育の在るべき姿を考える」（12.18） |
| 2005（平成17） | 菅正隆、文部科学省初等中等教育局教科調査官就任（4月） | 『小学校での英語教育は必要ない！』（慶大出版会）（5月）<br>中山成彬文科大臣（当時）宛の「小学校での英語教科化に反対する要望書」（7.19）<br>慶應シンポ「英語教育が目指すべき道を求めて―英語教育政策を考える」（12.10）<br>慶應シンポ番外編（12.17） |
| 2006（平成18） | | 小坂憲次文科大臣（当時）宛の「小学校での英語教科化に反対する要望書」（7.19）<br>『日本の英語教育に必要なこと―小学校英語と英語教育政策』（慶大出版会）（7月） |
| 2008（平成20） | 「小学校学習指導要領」改訂。第5、6学年「外国語活動」創設。 | 慶應シンポ「「『英語が使える日本人』育成のための戦略構想」を超えて」（9.15）<br>教育再生懇談会（安西祐一郎座長）宛の「英語教育のあり方に関する要望書」（9.30）<br>慶應シンポ「言語リテラシー教育のポリティクス」（12.21） |

Council of Europe.

UNESCO (1974) Recommendation concerning education for international understanding, co-operation and peace and education relating to human rights and fundamental freedom. http://www.unesco.org/education/nfsunesco/pdf/PEACE_E.PDF

——— (2001) UNESCO universal declaration on cultural diversity. http://images/unesdoc.unesco.org/images/0012/001271/127160m.pdf

——— (2003) Education in a multilingual world (UNESCO Education Position Paper). UNESCO. http://unesdoc.unesco.org/images/0012/001297/129728e.pdf

UNESCO Institute for Statistics (2020) *What Have We Learnt? : Overview of Findings from a Survey of Ministries of Education on National Responses to COVID-19*. https://openknowledge.worldbank.org/handle/10986/34700

Vygotsky, Lev (1986) *Thought and Language*. Trans. & Ed. Alex Kozulin. MIT Press.

White, Merry (1987) *The Japanese Educational Challenge: A Commitment to Children.* New York: The Free Press.

Whorf, Benjamin L. (1941) The relation of habitual thought and behavior to language. In, John B. Carroll (ed.) (1956) *Language, Thought, and Reality: Selected Writings of Benjamin Lee Whorf.* MIT Press.

Whyte, S., & Cutrim Schmid, E. C. (2018). Classroom technology for young learners. In S. Garton & F. Copland (Eds.), *The Routledge Handbook of Teaching English to Young Learners* (pp. 338–355). Routledge.

Zhou, L., & Li, F. (2020). A review of the largest online teaching in China for elementary and middle school students during the COVID-19 pandemic. *Best Evidence in Chinese Education, 5* (1), 549–567. https://doi.org/10.15354/bece.20.re040

Kramsch, Clair（1998）*Language and Culture*. Oxford University Press.

Krumm, Hans-Jürgen（Hrsg.）（2003）*Sprachenvielfalt. Babylonische Sprachverwirrung oder Mehrsprachigkeit als Chance?* Innsbruck: Studien Verlag.

Lantolf, James, P. & Gabriela Appel（eds.）（1994）*Vygotskian Approaches to Second Language Research.* Wesport, Connecticut/ London: ABLEX.

Lenneberg, Eric H.（1967）*Biological Foundations of Language*. New York: Wiley and Sons.

Munõz, C.（Ed.）（2006）*Age and the Rate of Foreign Language Learning.* Bristol: Multilingual Matters.

Nikolov, Marinane（2000）The Critical Period Hypothesis reconsidered: Successful adult learners of Hungarian and English. *IRAL*, Vol. 38, No. 2, 109−124.

Norton, Bonny.（2000）*Identity and Language Learning: Gender, Ethnicity and Education Change.* Pearson Education.

OECD（2019）*PISA 2018: Insights and interpretations*. http://www.oecd.org/pisa/PISA%202018%20Insights%20and%20Interpretations%20FINAL%20PDF.pdf

Phillipson, Robert（2003）*English-Only Europe? Challenging Language Policy*. London: Routledge.

Robertson, Roland（1992）*Globalization: Social Theory and Global Culture*. London: Sage.

Sapir, Edward（1921）*Language: An Introduction to the Study of Speech*. Harcourt Brace Co.

———（1949〔1929〕）The status of linguistics as a science. In D. G. Mandelbaum.（ed.）（1963）*Selected Writings of Edward Sapir*. Berkeley: Univ. of California Press.

Sato, Nancy E.（2004）*Inside Japanese Classrooms: The Heart of Education*. London: Routledge Falmer.

Semonsky, C. M. S., & Spielberger, M. A.（2004）*Early Language Learning: A Model for Success*. Greenwich, Connecticut, Information Age Publishing.

Singleton, David & Zsolt Lengyel（eds.）（1995）*The Age Factor in Second Language Acquisition: A Critical Look at the Critical Period Hypothesis*. Clevedon: Multilingual Matters.

Terasawa, T.（2008）A typology of the aims of elementary English : An analysis of the debate on the introduction of the language into the curriculum. *JES Journal, 8,* 37−44.

Trim, John L. M.（2007）*Modern Languages in the Council of Europe 1954−1997: International Co-operation in Support of Lifelong Language Learning for Effective Communication, Mutual Cultural Enrichment and Democratic Citizenship in Europe.*

枠』朝日出版社）
————（2018）*CEFR Companion Volume.*
————（2020）*Common European Framework of Reference for Languages: Learning, teaching, assessment. Companion Volume.* Council of Europe.
Crystal, David（1997）*English as a Global Language*. Cambridge University Press.
Cummins, Jim（1980）The cross-lingual dimensions of language proficiency: implications for bilingual education and the optimal age issue. *TESOL Quarterly* 14:175–87.
————（2000）*Language, Power and Pedagogy: Bilingual Children in the Crossfire*. Multilingual Matters.
Cummins, Jim & Merrill Swain（1986）*Bilingualism in Education.* Longman.
DeGraff, Michel（ed.）（1999）*Language Creation and Language Change: Creolization, Diachrony, and Development*. MIT Press
Donato, R., Tucker, G. R., Wudthayagorn, J. & Igarashi, K.（2000）Converging evidence: Attitudes, achievements, and instruction in the later years of FLES. *Foreign Language Annals*, 35（4）, 377–393.
Europäische Gemeinschaften（2004）*Viele Sprachen, eine einzige Familie. Sprachen in der Europäische Union*. Europäische Kommission.
Graddol, David（1997）*The future of English?* The British Council（デイヴィッド・グラッドル著、山岸勝榮訳（1999）『英語の未来』研究社）
Helot, C., & Young, A.（2005）The nation of diversity in language education: Policy and practice at primary level in France. *Language, Culture and Curriculum*, 18（3）, 242–257.
hooks, bell（1995）"this is the oppressors' language/ yet I need it to talk to you" —— Language, a place of struggle. In Anuradha Dingwaney & Carol Maier（eds.）*Between Languages and Cultures: Translation and Cross-Cultural Texts*. Univ. of Pittsburgh Press. p.296
Hymes, Dell（1970）On communicative competence. In J. Gumpertz & D. H. Hymes（eds.）*Directions in Sociolinguistics*. New York: H.R.W.
Jenkins, Jennifer（2000）*The Phonology of English as an International Language*. Oxford University Press.
Kachru, Braj（1986）*The Alchemy of English: The Spread, Functions, and Models of Non-native Englishes.* Univ. of Illinois.
Kecskes, I., & Papp, T.（2000）*Foreign Language and Mother Tongue*, Mahwah, NJ: Lawrence Erlbaum.
Kluckhohn, Clyde & W. H. Kelly（1945）The concept of culture. In Ralph Linton（ed.）*The Science of Man in the World Crisis*. New York: Columbia University Press. pp.78–105.

# 参考・引用文献

渡辺文夫（2005）『異文化と関わる心理学――グローバリゼーションの時代を生きるために』サイエンス社
亘理陽一（2016）「学習指導要領の変遷と評価から何を読みとるか――英語教育における課題と展望」『中部地区英語教育学会紀要』45、289-296頁
――――（2018）「小学校外国語教科化に期待すること」『初等教育資料』964、12-15頁.
――――（2019）「対話実践的に英語を学ぶ」『教育』878、2-10頁
――――（2020）「自律的学習を支える教師の役割」『TEN』特別増刊号、36頁
――――（2021）「外国語コミュニケーション」石井英真（編）『流行に踊る日本の教育』173-198頁、東洋館出版社
亘理陽一・草薙邦広・寺沢拓敬・浦野研・工藤洋路・酒井英樹（2021）『英語教育のエビデンス』研究社

Alred, Geof, Michael Byram & Mike Fleming（eds.）（2003）*Intercultural Experience and Education*. Clevedon: Multilingual Matters.
Birdsong, David（ed.）（1999）*Second Language Acquisition and the Critical Period Hypothesis*. Mahwah, NJ: Erlbaum.
Block, D.（2002）"McCommunication" : A problem in the frame for SLA. In D. Block & D. Cameron（Eds.）*Globalization and Language Teaching*, pp. 117-133, London: Routledge.
Brown, H.D.（2000）*Principles of Language Learning and Teaching*. Longman.
Burstall, Clare（1970）*French in the Primary School*. Hove, Sussex: King, Thorne & Stage.
Byram, Michael（2008）*From Foreign Language Education to Education for Intercultural Citizenship. Essays and Reflections*. Clevedon, Buffalo, Toronto: Multilingual Matters.
Byram, Michael & Karen Risager（1999）*Language Teachers, Politics and Cultures*. Clevedon: Multilingual Matters.
Canale, Michael（1983）From communicative competence to communicative language pedagogy. In Jack C. Richards & Richard Schmidt（eds.）（1983）*Language and Communication*. London: Longman.
Canale, Michael & Merrill Swain（1980）*Theoretical Bases of Communicative Approaches to Second Language Teaching and Testing*. Applied Linguistics, 1（1）, 1-47.
Council of Europe（2001）*Common European Framework of Reference for Languages: Learning, Teaching, Assessment*. Cambrigde University Press.（吉島茂・大橋理枝（他）訳編『外国語の学習、教授、評価のためのヨーロッパ共通参照

て」日本国際理解教育学会『国際理解教育』vol.11, 118−126頁
———— (2016)「欧州評議会：ヨーロッパの『民主主義の学校』——『複言語・複文化主義』の背景にある理念とその課題」『文学部紀要』第29巻2号、1−21頁、文教大学文学部
———— (2017)「ヨーロッパの概念を日本語にどう翻訳するか—— Plurilingualism/pluriculturalism概念の日本語訳をはじめとして」『文学部紀要』第30巻2号、1−23頁、文教大学文学部
山田誠志 (2018)『自分の本当の気持ちを「考えながら話す」小学校英語授業——使いながら身に付ける英語教育の実現』日本標準
山田雄一郎 (2003)『言語政策としての英語教育』渓水社
———— (2005a)『英語教育はなぜ間違うのか』筑摩書房
———— (2005b)『日本の英語教育』岩波書店
———— (2005c)『外来語の社会学』春風社
———— (2006)『英語力とは何か』大修館書店
山田雄一郎・大津由紀雄・斎藤兆史 (2009)『「英語が使える日本人」は育つのか』岩波書店
山本麻子 (2003)『ことばを鍛えるイギリスの学校——国語教育で何ができるか』岩波書店
山本忠行・江田優子ペギー (編著) (2016)『英語デトックス——世界は英語だけじゃない』くろしお出版
山脇啓造 (2005)「2005年は多文化共生元年？」『自治体国際化フォーラム』5月号
湯川笑子 (2004)「英語の教科化を考える前に要る基礎研究」『JES Journal』4、1−7頁
吉島茂・境一三 (2003)『ドイツ語教授法——科学的基盤作りと実践に向けての課題』三修社
吉村峰子・グローブ・インターナショナル・ティーチャーズ・サークル (2001a)『小学校でやってみよう！　英語で国際理解教育 (小学1・2年版)』小学館
———— (2001b)『小学校でやってみよう！　英語で国際理解教育 (小学3・4年版)』小学館
———— (2001c)『小学校でやってみよう！　英語で国際理解教育 (小学5・6年版)』小学館
米原万理 (1998)『不実な美女か貞淑な醜女か』新潮文庫
———— (2000)『ガセネッタ＆シモネッタ』文藝春秋
レドレール、マリアンヌ (三浦信孝訳) (2004)「EUの拡大と通訳システム」『ことばと社会』編集委員会編『ヨーロッパの多言語主義はどこまできたか』80−90頁、三元社

参考・引用文献

平野健一郎（2000）『国際文化論』東京大学出版会、8−12頁
福澤一吉（2002）『議論のレッスン』生活人新書、NHK出版
福澤諭吉著、富田正文校注（2001）『福翁自伝』慶應義塾大学出版会
藤原康弘・仲潔・寺沢拓敬（編）（2017）『これからの英語教育の話をしよう』ひつじ書房
船橋洋一（2000）『あえて英語公用語論』文春新書
文化庁編（2004）『地域日本語学習支援の充実――共に育む地域社会の構築へ向けて』国立印刷局
本田勝久・田所貴大・星加真実・染谷藤重（2020）「小学校英語における研究動向：JES Journalのシステマティックレビュー」『JES journal』20、351−366頁
本名信行（2003）『世界の英語を歩く』集英社新書
松川禮子（1997）『小学校に英語がやってきた！』アプリコット
――――（2003）『小学校英語活動を創る』高陵社書店
――――（2004a）『明日の小学校英語教育を拓く』アプリコット
――――（2004b）「小学校英語活動の何を評価するか」『英語教育』2004年5月号、21−23頁
むさしの参加型学習実践研究会著（2005）『やってみよう参加型学習　日本語教室のための4つの手法――理念と実践』スリーエーネットワーク
村端五郎（2018）『英語教育のパラダイムシフト――小学校英語の充実に向けて』松柏社
茂木弘道（2001）『小学校に英語は必要ない。』講談社
文部省（1998）『小学校学習指導要領』大蔵省印刷局
文部科学省（2001）『小学校英語活動実践の手引』開隆堂出版
――――（2002a）『21世紀の教育改革――文部科学白書（平成13年度）』財務省印刷局
――――（2002b）『小学校英語活動実践の手引』
――――（2003）『「英語が使える日本人」の育成のための行動計画』文部科学省
――――（2020）『公立学校に就学する外国人児童生徒数の推移』https://www.bunka.go.jp/seisaku/kokugo_nihongo/kyoiku/todofuken_kenshu/h24_hokoku/pdf/shisaku_03.pdf
安井綾（2004）『国際化・グローバル化に対応する包括的教育政策の試み――外国籍児童生徒の増加を契機として』慶應義塾大学湘南藤沢学会
山川智子（2004）『「複数言語主義」の解釈と展望――「言語的公共性」の構築にむけて』東京大学大学院総合文化研究科言語情報科学専攻2003年度提出修士学位論文
――――（2005）「欧州評議会が近年提唱する『複数言語主義』概念につい

明治書院
――――（2003）「地域ネットワーキングと異文化間教育――日本語支援活動に焦点を当てながら」『異文化間教育』第18号、異文化間教育学会編、アカデミア出版
――――（2005）「多文化共生社会に対応した言語の教育――「何で日本語やるの？」という観点から」慶應義塾大学英語教育公開シンポジウム「英語教育が目指すべき道を求めて――英語教育政策を考える」予稿集（プログラム）
――――（2006）「多文化共生社会に対応した言語の教育と政策――「何で日本語やるの？」という観点から」『日本の英語教育に必要なこと――小学校英語と英語教育政策』152-170頁、慶應義塾大学出版会
バトラー後藤裕子（2003）『多言語社会の言語文化教育――英語を第二言語とする子どもへのアメリカ人教師たちの取り組み』くろしお出版
――――（2005）『日本の小学校英語を考える：アジアの視点からの検証と提言』三省堂
――――（2015）『英語学習は早いほど良いのか』岩波書店
バトラー後藤裕子・武内麻子（2005）『児童英検テストによる小学校英語活動の効果』日本児童英語教育学会（JASTEC）第26回全国大会 於中部大学 発表資料集、13-16頁
帚木蓬生（2017）『ネガティブ・ケイパビリティ――答えの出ない事態に耐える力』朝日新聞出版
原聖（2003）「ヨーロッパの多言語主義について」『日本語教育新聞　欧州版』EIC Japanese Language College、2003年7月15日発行、2頁
――――（2004）「欧州言語年からわれわれは何を学ぶか」『ことばと社会』編集委員会編『ヨーロッパの多言語主義はどこまできたか』6-13頁、三元社
Parmenter, Lynne（2004）「小学校での外国語教育は英語だけ？」『英語教育』53(2)、30-32頁、大修館書店
樋口忠彦ほか編（1997）『小学校からの外国語教育』研究社
日比谷潤子・平高史也編著（2005）『多言語社会と外国人の学習支援』慶應義塾大学出版会
平泉渉・渡部昇一（1975）『英語教育大論争』文藝春秋
平高史也（2003）「言語政策の枠組み――現代日本の場合を例として」梅垣理郎（編著）『総合政策学の最先端Ⅲ――多様化・紛争・統合』128-151頁、慶應義塾大学出版会
――――（2004）「日本語学習支援から外国語学習へ――フォーラム「ことばとネットワーク」開催に寄せて」『Ja-Net季刊ジャネット』2004年10月25日発行、1-2頁、スリーエーネットワーク

英語教育の進め方』」『英語展望』No.105, 8–13頁、英語教育協議会
――――（2001）「小学校・英語活動の進め方」後藤典彦・冨田祐一編著『はじめてみよう！　小学校・英語活動』アプリコット、46–63頁
――――（2002）「はじめてみよう小学校・英語活動」『東書教育シリーズ』東京書籍、2-9頁
――――（2004）「公立小学校における英語活動の現状と今後の課題」『教室の窓』Vol.1、14–15頁、東京書籍
冨田祐一・Lynne Parmenter（2006）「クリティカルに異文化を読み解く」『クリティカル・シンキングと教育』世界思想社
鳥飼玖美子（2003）「英語教育改革は中学校から」朝日新聞「私の視点」（2003年10月28日）
――――（2004）「大学入試にリスニング試験は必要か？」『論座』4月号、145頁、朝日新聞社
鳥飼玖美子・鈴木希明・綾部保志・榎本剛士（編）（2021）『よくわかる英語教育学』ミネルヴァ書房
直山木綿子（2003）「小学校英語活動におけるカリキュラムの構成要素についての考察」『英語教育研究』No.26、関西英語教育学会
――――（2015）「外国語活動の成果と課題を踏まえたこれからの小学校外国語教育」『初等教育資料』929、28–31頁
中島平三（2004）「小学校の英語――発音・聞き取りに徹して」『朝日新聞』2004年3月20日朝刊「私の視点（ウィークエンド）」
中津燎子（1978）『何で英語やるの？』文春文庫
――――（2005）『英語と運命――つきあい続けて日が暮れて』三五館
中山夏恵（2017）「小学校外国語活動における異文化間能力育成に関わる指導の現状と課題―― *Hi, friends!* の分析を中心に」*Language Teacher Education*、4（1）、43–58頁
成田潤也（2017）「小学生目線の実践と小学生目線でない実践」*Language Teacher Education*、4（1）、69–77頁
西尾実・石橋幸太郎（監修）（1967）「言語教育学叢書（第1期、全6巻）」文化評論出版
日本経済新聞（2019年2月19日）「小中学生の携帯・スマホ普及率6–7割、原則禁止見直し」https://www.nikkei.com/article/DGXMZO41464170Z10C19A2CC1000/
野上三枝子（1993）「小学校英語教育の現状とその可能性」中山兼芳編『早期英語教育』ニチブン、21–27頁
野田かなえ（2005）『読めた、ということ』2006年3月18日、http://www.borgnan-eigo.com/exp/action-talks.13.htm
野山広（2002）「地域社会におけるさまざまな日本語支援活動の展開――日本語習得支援だけでなく共に育む場の創造を目指して」『日本語学』5月号、

――――（2002）『「先進諸国」の外国語教育――日本の外国語教育への示唆』日本オフセット株式会社
上智大学（2015）．『ALT 小学校・中学校・高等学校における ALT の実態に関する大規模アンケート調査研究 2014 年度中間報告書』
白畑知彦（2001）「追跡：研究開発学校で英語に接した児童のその後の英語能力」『英語教育』10 月増刊号、59-63 頁、大修館書店
杉谷眞佐子（2019）「『異文化理解』と『視点を変える力』の育成：ドイツの『歴史』教科書にみられる図像資料から考える」『関西大学人権問題研究室紀要』77 巻、1-35 頁、関西大学人権問題研究室
杉本光穂・湯川笑子・森明宏（2010）「英語専科教員および担任による絵本読み聞かせ」『JES Journal』10、31-36 頁
杉村昌昭（1998）「複数性と横断性」複数文化研究会（編）『〈複数文化〉のために――ポストコロニアリズムとクレオール性の現在』234-236 頁、人文書院
鈴木孝夫監修、川澄哲夫編著（1978）『資料日本英学史 2――英語教育論争史』大修館書店
――――（1988）『資料日本英学史 1 上――英学ことはじめ』大修館書店
――――（1998）『資料日本英学史 1 下――文明開化と英学』大修館書店
鈴木武夫・冨田祐一・アレン玉井光江（2002）『小学生の英語の学習状況と理解力の調査研究』中央教育研究所
竹内敏晴（1975）『ことばが劈かれるとき』思想の科学社
田中克彦、ハラルト・ハールマン共著（1985）『現代ヨーロッパの言語』岩波新書
田辺洋二（2003）『これからの学校英語――現代の標準的な英語・現代の標準的な発音』早稲田大学出版部
多和田葉子（2003）『エクソフォニー――母語の外へ出る旅』岩波書店
筑波大学付属小学校（2006）『教育研究』5 月号、社団法人初等教育研究会
デイヴィッド・クリスタル著、斎藤兆史・三谷裕美訳（2004）『消滅する言語――人類の知的遺産をいかに守るか』中央公論新社
寺沢拓敬（2015）「英語教育学における科学的エビデンスとは？――小学校英語教育政策を事例に」『外国語教育メディア学会（LET）中部支部外国語教育基礎研究部会 2014 年度報告論集』15-30 頁
――――（2018）「小学校英語に関する政策的エビデンス――子どもの英語力・態度は向上したのか？」『関東甲信越英語教育学会誌』32、57-70 頁
――――（2020）『小学校英語のジレンマ』岩波書店
唐須教光（2002）『なぜ子どもに英語なのか――バイリンガルのすすめ』NHK ブックス
冨田祐一（1998）「『早期英語教育に関するトピックの検討』と『公立小学校の

京都市教育委員会・京都市小学校英語活動研究会（2004）『「指導計画と活動事例集（試案）」を基にした実践事例集　STEP 1 ～ 2』
京都市小学校英語活動研究会（2005）「京都発！世界の人とつながるために　京都市における小学校英語 10 年の歩み」
國弘正雄（編）（2000）『英語が第二の国語になるってホント ?』たちばな出版
小池生夫（1993）「早期英語教育の歴史と現状」中山兼芳編『早期英語教育』ニチブン、16–20 頁
後藤典彦・冨田祐一編著（2001）『はじめてみよう！　小学校・英語活動』アプリコット
後藤裕子（2003）『多言語社会の言語文化教育――英語を第二言語とする子どもへのアメリカ人教師たちの取り組み』くろしお出版
子どものしあわせ編集部（編）（2000）『どうする？　小学校の英語――国際理解教育と英語をむすぶ』草土文化
小林哲也・米田伸次（編）（1995）『国際理解教育論選集』創友社
斎藤兆史（2000）『英語達人列伝――あっぱれ、日本人の英語』中公新書
――――（2003a）『日本人に一番合った英語学習法――先人たちに学ぶ「四〇〇年の知恵」』祥伝社
――――（2003b）『英語達人塾――極めるための独習法指南』中央公論新社
――――（2017）『英語襲来と日本人――今なお続く苦悶と狂乱』中央公論新社
斎藤兆史・野崎歓（2004）『英語のたくらみ、フランス語のたわむれ』東京大学出版会
酒井英樹（2021）「第 7 章 研究課題を問う：どういう問いを立てるのか」亘理陽一・草薙邦広・寺沢拓敬・浦野研・工藤洋路・酒井英樹『英語教育のエビデンス――これからの英語教育研究のために』105–116 頁、研究社
坂中英徳（2004）『外国人に夢を与える社会を作る――縮小してゆく日本の外国人政策』日華僑報社
佐藤郡衛（2001）『国際理解教育――多文化共生社会の学校づくり』明石書店
佐藤郡衛・吉谷武志編（2005）『ひとを分けるものつなぐもの――異文化間教育からの挑戦』ナカニシヤ出版
佐藤学（1996）『カリキュラムの批評』世織書房
三森ゆりか（2003）『外国語を身につけるための日本語レッスン』白水社
――――（2004）「母語教育がすべての基礎となる」『英語教育』53（2）、15–17 頁、大修館書店
下條美智彦（1998）『ベネルクス三国の行政文化――オランダ・ベルギー・ルクセンブルク』早稲田大学出版部
JACET 関西支部・海外の外国語教育研究会（1999）『東アジアの外国語教育（資料）・日本の外国語教育診断』北斗プリント社

く』春風社
河原俊昭・山本忠行（編著）（2004）『多言語社会がやってきた――世界の言語政策Q&A』くろしお出版
菅正隆（1994）『オーラルコミュニケーション生き生き授業』三友社出版
――――（2005a）「データから読み取る英語教育の課題と今後の展望（1）」連載各教科等の改善／充実の視点［外国語］、『中等教育資料』平成17年6月号、ぎょうせい
――――（2005b）「データから読み取る英語教育の課題と今後の展望（2）――生徒の授業理解度に関して」連載各教科等の改善／充実の視点［外国語］、『中等教育資料』平成17年7月号、ぎょうせい
――――（2005c）「データから読み取る英語教育の課題と今後の展望（3）――授業における英語使用」連載各教科等の改善／充実の視点［外国語］、『中等教育資料』平成17年8月号、ぎょうせい
――――（2005d）「データから読み取る英語教育の課題と今後の展望（5）――「聞くこと」「話すこと」を中心としたコミュニケーション能力と入試」連載各教科等の改善／充実の視点［外国語］、『中等教育資料』平成17年12月号、ぎょうせい
――――（2006）「データから読み取る英語教育の課題と今後の展望（6）――ALTなどのネイティブ・スピーカーの活用状況と効果」連載各教科等の改善／充実の視点［外国語］、『中等教育資料』平成18年1月号、ぎょうせい
――――（2010）『日本人の英語力』開隆堂出版
――――（2019）『日々の授業から校内研修・研究授業までフルサポート！小学校外国語活動・外国語授業づくりガイドブック』明治図書出版
――――（2021）『小学校教師のためのやってはいけない英語の授業』ぎょうせい
菅正隆・中嶋洋一・田尻悟郎（2004）『英語教育ゆかいな仲間たちからの贈りもの』日本文教出版
菅正隆・松下信之（2017）『アクティブ・ラーニングを位置づけた高校英語の授業プラン』明治図書出版
キッズ英語編集部（2004）『子ども英語』5月号、アルク
木下是雄（1981）『理科系の作文技術』中公新書
木村護郎クリストフ（2004）「批判的言語意識と異言語教育」『あえて英語偏重を問う』45–52頁、日本エスペラント学会
――――（編著）（2016）『節英のすすめ――脱英語依存こそ国際化・グローバル化対応のカギ』萬書房
京都市教育委員会・京都市小学校英語活動実践研究グループ（2002）『小学校英語活動指導計画と活動事例集（試案）』

お出版
大津栄一郎（1993）『英語の感覚（上）』岩波書店
大津由紀雄（1982）「言語心理学と英語教育」『英語教育』31（7）、28–31頁、大修館書店
――――（1989）「メタ言語能力の発達と言語教育」『月刊言語』10月号、26–34頁、大修館書店
――――（1994）「英語教育の目的」伊藤健三先生喜寿記念出版委員会編『現代英語教育の諸相』193–200頁、研究社
――――（1995）「「英語帝国主義」はメタ言語能力によって粉砕できる」『現代英語教育』3月号、20–23頁、研究社
――――（1996a）『ことばのからくり（全4冊）』岩波書店
――――（1996b）『探検！　ことばの世界』日本放送出版協会【2004年、新版をひつじ書房から刊行】
――――（1999）「ことばの実験室」佐藤敏彦編『挑戦！　10歳の好奇心――5人の大学教授vs50人の小学4年生』31–70頁、静岡新聞社
――――（2003）『ことばあそびかるた』フレーベル館
――――（2003–2004）「ことばの世界を旅しよう(1)–(12)」『NHK新基礎英語3テキスト』4月号～3月号【2004年4月号から2005年3月号まで連載の「続・ことばの世界を旅しよう」と併せて2008年に『ことばに魅せられて　対話篇』としてひつじ書房から出版された】
――――（2004）「公立小学校での英語教育に異議あり！」『英語教育』53（2）、8–11頁、大修館書店
――――（編著）（2004）『小学校での英語教育は必要か』慶應義塾大学出版会
――――（2006）「教えて住職！　英語教師駆け込み寺最終回」『STEP英語情報』
――――（2009）「英語教育の目的再考」生井健一・深田嘉昭（編）『言語・文化・教育の融合を目指して――国際的・学際的研究の視座から』378–386頁、開拓社
――――（2010）「言語教育の構想」田尻英三・大津由紀雄（編）『言語政策を問う！』1–31頁、ひつじ書房
大津由紀雄・鳥飼玖美子（2002）『小学校でなぜ英語？――学校英語教育を考える』岩波ブックレット、No. 562
落合信彦（2006）「小学校英語教育『亡国論』」『SAPIO』5月24日号所収、小学館
金谷憲（2004）「書評：大津由紀雄編『小学校での英語教育は必要か』」『英語教育』2004年12月号、大修館書店
金森強（2004）『英語力幻想』アルク
河原俊昭（編著）（2004）『自治体の言語サービス――多言語社会への扉をひら

## 参考・引用文献


秋山博介・奥村訓代・野山広共編（2003）『現代のエスプリ 432 マルチカルチュラリズム——日本語支援コーディネータの展開』至文堂
安西祐一郎（1985）『問題解決の心理学——人間の時代への発想』中公新書
安野光雅・大岡信・谷川俊太郎・松居直（1979）『にほんご』福音館書店
ELEC プロジェクト・チーム（座長・金谷憲）「ELEC Crossroads Project 政策提言」（2000）http://www/elec.or.jp/teacher/teacher06.html
庵功雄（2016）『やさしい日本語——多文化共生社会へ』岩波新書
泉惠美子・小泉仁・築道和明・大城賢・酒井英樹（編）（2020）『すぐれた小学校英語授業——先行実践と理論から指導法を考える』研究社
市川力（2004）『英語を子どもに教えるな』中公新書ラクレ
稲垣佳世子・波多野誼余夫（1989）『人はいかに学ぶか——日常的認知の世界』中公新書
井上尚美（1989）『言語論理教育——国語科における思考』明治図書【同著者による『言語論理教育への道——国語科における思考』文化開発社、1977 年の新版】
伊村元道（2003）『日本の英語教育 200 年』大修館書店
今井むつみ・野島久雄（2003）『人が学ぶということ——認知学習論からの視点』北樹出版
今井康雄（2015）「教育にとってエビデンスとは何か——エビデンス批判をこえて」『教育学研究』82（2）、188−201 頁
イ・ヨンスク（2000）「『国語』と言語的公共性」三浦信孝・糟谷啓介（編著）『言語帝国主義とは何か』337−350 頁、藤原書店
岩槻知也（2016）『社会的困難を生きる若者と学習支援——リテラシーを育む基礎教育の保障に向けて』明石書店
岩橋加代子（2005）『英語を‘使う’とは？』2006 年 3 月 18 日、http://www.borgnan-eigo.com/exp/action-talks.7.htm
ヴァン・エック，J.A./J.L.M. トリム著（米山朝二・松沢伸二訳）（1998）『新しい英語教育への指針』大修館書店
ヴィゴツキー，L・S 著、柴田義松訳（2001）『思考と言語』新読書社
上山あゆみ（1991）『はじめての人の言語学——ことばの世界へ』くろしお出版
エドマンド・リーチ、青木保・宮坂敬造訳（1981）『文化とコミュニケーション』紀伊國屋書店
太田雄三（1995）『英語と日本人』講談社
大谷泰照（代表）・杉谷眞佐子・脇田博文・橋内武・林桂子・三好康子（編著）（2010）『EU の言語教育政策——日本の外国語教育への示唆』くろし

**直山 木綿子**（なおやま ゆうこ）〔第 11 章〕

文部科学省初等中等教育局視学官、初等中等教育局教育課程課外国語教育推進室教科調査官、国立教育政策研究所教育課程研究センター教育課程調査官・学力調査官。京都市立中学校二校で英語科教諭、京都市総合教育センター研究課研究員、京都市総合教育センターカリキュラム開発支援センター及び、指導室、京都市教育委員会学校指導課指導主事を経て、現在に至る。主な著書「なぜ、いま小学校で外国語を学ぶのか」（小学館、2019 年）、「イラストで見る全単元・全時間の授業のすべて」外国語活動小学校 3 年生・4 年生、外国語小学校 5 年生・6 年生（東洋館出版社、2021 年、編著）、「小学校外国語教育の指導と評価」（文溪堂、2021 年、監修）など。

**津田 正**（つだ ただし）〔第 12 章〕

研究社出版部勤務。東京都立大学人文学部英文学科卒業。1985 年、研究社に入社。『時事英語研究』編集部を経て、『現代英語教育』『英語青年』の編集長を歴任。以後、英文学、英語学、英語教育の書籍出版に携わる。主な担当書籍に、宮崎芳三『太平洋戦争と英文学者』（1999 年）、大津由紀雄編『学習英文法を見直したい』（2012 年）、寺沢拓敬『「なんで英語やるの？」の戦後史』（2014 年）、亘理陽一ほか『英語教育のエビデンス』（2021 年）、北村一真『英文解体新書』（2019, 2021 年）など。

**山川 智子**（やまかわ ともこ）〔第7章〕

文教大学文学部教授。修士（早稲田大学、1998、文学）。修士（東京大学、2004、学術）。現在、日本言語政策学会理事。専門は言語社会学、ドイツ・ヨーロッパ研究。欧州評議会が提唱する「複言語・複文化主義」の可能性について研究する。著書として、『複言語・複文化主義とは何か――ヨーロッパの理念・状況から日本における受容・文脈化へ』（くろしお出版、2010年、共著）、『英語デトックス――世界は英語だけじゃない』（くろしお出版、2016年、共著）『英語とつきあうための50の問い――英語を学ぶ・教える前に知っておきたいこと』（明石書店、2020年、共著）『「つながる」ための言語教育――アフターコロナのことばと社会』（明石書店、2021年、共著）など。

**野山 広**（のやま ひろし）〔第8章〕

国立国語研究所准教授。早稲田大学大学院及び豪州・Monash大学大学院修了（ロータリー財団国際奨学生）。現在、（一社）多文化社会専門職機構代表理事、基礎教育保障学会副会長、異文化間教育学会理事などを務め、2018年5月には日本語教育学会貢献賞を受賞した。専門は応用言語学、言語政策研究。著作として、『共生－ナガノの挑戦－民・官・学協働の外国籍住民学習支援』（信濃毎日新聞社、2008年、共編著）、『外国人住民への言語サービス――地域社会・自治体は多言語社会をどう迎えるか』（明石書店、2007年、共編著）など。

**菅 正隆**（かん まさたか）〔第9章〕

大阪樟蔭女子大学教授、児童教育学部学部長。岩手県北上市生まれ。一般社団法人日本SDGs協会理事、一般社団法人日本プログラミング検定協会理事、英語授業研究学会理事。前文部科学省初等中等教育局教育課程課教科調査官、国立教育政策研究所教育課程研究センター教育課程調査官。専門は英語教育、教育行政、言語政策。文部科学省教科調査官時代、日本初の小学校外国語活動導入の立役者。著書に『日本人の英語力』（開隆堂、2010年）、『小学校教師のためのやってはいけない英語の授業』（ぎょうせい、2021年）、『わかる！できる！小学校外国語活動・外国語1人1台端末授業づくり完全ガイドブック』（明治図書、2021年、編著）など多数。

**バトラー 後藤 裕子**（ばとらー ごとう ゆうこ）〔第10章〕

ペンシルバニア大学教育大学院教育言語学部教授。Teaching English to Speakers of Other Languages（TESOL）プログラム・ディレクター。Ph. D.（スタンフォード大学、1999、教育心理学）。専門は子供の第二言語および外国語習得、教授法、言語アセスメント。日本語での著作には『多言語社会の言語文化教育』（くろしお出版、2003年、単著）、『日本の小学校英語を考える』（三省堂、2005年、単著）、『学習言語とは何か』（三省堂、2011年、単著）、『英語学習は早いほどよいのか』（岩波新書、2015年、単著）、『デジタルで変わる子どもたち』（ちくま新書、2021年、単著）など。

**斎藤 兆史**（さいとう よしふみ）〔第4章〕

東京大学教授。同大学大学院総合文化研究科教授、教育学研究科副研究科長・評議員、東京大学教育学部附属中等教育学校長などを歴任。専門は英語文体論、英語教育。主要著作として、『英語達人列伝――あっぱれ、日本人の英語』（中央公論新社、2000年）、『英語の作法』（東京大学出版会、2000年）、『英語へのまなざし――斎藤英学塾10周年記念論集』（ひつじ書房、2016年、監修）、『迷える英語好きたちへ』（集英社インターナショナル、2020年、共著）など。

**冨田 祐一**（とみた ゆういち）〔第5章〕

学習院大学文学部教授。早稲田大学教育学部卒業、上越教育大学・大学院・学校教育研究科修了。教育学修士。大学卒業後、都立高校の英語教師をした後、福島大学教育学部にて英語科の教員養成に携わった。その間「LD児相談室」を開設し、読字障害をもつ子供達の英語学習を支援した。その後大東文化大学教授、マンチェスター大学（英国）講師、ナザルバエフ大学（カザフスタン）講師を経て、2015年に学習院大学文学部教授になり現在に至る。学会活動としては、2001年に副会長として「日本第二言語習得学会（J-SLA）」の創設に関わる。「日本児童英語教育学会（JASTEC）」の理事在任中には、国際理解を目指した「えいごリアン」（2000年～2007年）の番組委員として制作に携わった。2005年にはNHKの「基礎英語」の講師として、ラジオ講座に「国際語としての英語」の概念を、日本で初めて導入した。著書には『はじめてみよう小学校英語活動』アプリコット、『英語教育用語辞典』大修館、"CEFR: Academic perspectives from Japan". in M. Byram & L. Parmenter (Eds.) *The Common European Framework of Reference: The Globalisation of Language Education Policy*. Multilingual Matters. などがある。

**鳥飼 玖美子**（とりかい くみこ）〔第6章〕

立教大学名誉教授。中京大学・昭和女子大学客員教授。日本学術会議連携会員。Ph.D.（サウサンプトン大学、2007、人文学）。立教大学大学院異文化コミュニケーション研究科初代委員長（2002.4-2011.3）。日本通訳翻訳学会元会長・名誉会員、日本国際文化学会顧問、国際協力推進協会理事、中央教育研究所理事、日本開発構想研究所理事。専門は、異文化コミュニケーション学・通訳翻訳学・言語教育学。NHK Eテレ「つぶやき英語」講師、NHK WEB「ニュースで英語術」監修。近著に『なんで英語、勉強すんの？』『異文化コミュニケーション学』（岩波書店、2021年）、『通訳者たちの見た戦後史：月面着陸から大学入試まで』（2021年、新潮社）、『よくわかる英語教育学』（ミネルヴァ書房、2021年、著者代表）、『１０代と語る英語教育：民間試験導入延期までの道のり』（筑摩書房、2020年）、『ことばの教育を問いなおす：国語と英語の現在と未来』（筑摩書房、2019年、苅谷剛彦・夏子との共著）、『子どもの英語にどう向き合うか』（NHK出版新書、2018年）など。

## 編者紹介

**大津 由紀雄**（おおつ ゆきお）〔はじめに、編者の視点Ⅰ、第２章、ひとこと、年表〕
慶應義塾大学名誉教授。関西大学・中京大学客員教授。日本学術会議連携会員。Ph.D.（MIT、1981、言語学）。東京言語研究所運営委員長、日本認知科学会会長、言語科学会会長などを歴任。専門は言語の認知科学および言語教育。言語教育関係の著作として、『日本語からはじめる小学校英語——ことばの力を育むためのマニュアル』（開拓社、2019年、浦谷淳子・齋藤菊枝と共編著）、『学習英文法を見直したい』（研究社、2012年、編著）、『ことばの力を育む』（慶應義塾大学出版会、2008年、窪薗晴夫との共編著）など。

**亘理 陽一**（わたり よういち）〔編者の視点Ⅱ、ひとこと〕
中京大学国際学部教授。博士（北海道大学、2008、教育学）。中部地区英語教育学会、外国語教育メディア学会関西支部運営委員を務めた後、現在、一般社団法人ことばの教育理事、日本教育方法学会理事。専門は英語教育学・教育方法学。著作として、『英語教育のエビデンス』（研究社、2021年、共著）『流行に踊る日本の教育』（東洋館出版社、2021年、共著）、『小学校で英語を教えるためのミニマム・エッセンシャルズ』（三省堂、2017年、共編著）など。

## 執筆者紹介（掲載順）

**松川 禮子**（まつかわ れいこ）〔第１章〕
岐阜女子大学学長。岐阜大学名誉教授。修士（東京大学、1973、教育学）。岐阜大学教育学部教授、同副学部長を務めた後、岐阜県教育委員会教育長を経て現職。専門は教育方法学、英語教育学。著作として、『小学校に英語がやってきた！』『明日の小学校英語教育を拓く』（アプリコット、1997年、2004年）『小学校英語活動を創る』（高陵社書店、2003年）など。

**山田 雄一郎**（やまだ ゆういちろう）〔第３章〕
元広島修道大学教授。専門は英語教育および言語政策。主な著作：『言語政策としての英語教育』（渓水社、2003年）、『英語教育はなぜ間違うのか』（ちくま新書、2005年）、『日本の英語教育』（岩波新書、2005年）、『外来語の社会学』（春風社、2007年）、『英単語QUEST2000』（学研プラス、2021年）など。

どうする、小学校英語？
――狂騒曲のあとさき

2021年12月25日　初版第1刷発行

編著者――――大津由紀雄・亘理陽一
発行者――――依田俊之
発行所――――慶應義塾大学出版会株式会社
〒108-8346　東京都港区三田2-19-30
TEL〔編集部〕03-3451-0931
〔営業部〕03-3451-3584〈ご注文〉
〔　〃　〕03-3451-6926
FAX〔営業部〕03-3451-3122
振替　00190-8-155497
https://www.keio-up.co.jp/
装丁―――――廣田清子
印刷・製本――中央精版印刷株式会社
カバー印刷――株式会社太平印刷社


Printed in Japan ISBN978-4-7664-2788-2